कहानियाँ रिश्तों की

दोस्त

अखिलेश

जन्म : 1960, सुल्तानपुर (उ.प्र.)।

शिक्षा : एम.ए. (हिन्दी साहित्य), इलाहाबाद विश्वविद्यालय।

कृतियाँ :

कहानी-संग्रह : आदमी नहीं टूटता, मुक्ति, शापग्रस्त, अँधेरा। *उपन्यास :* अन्वेषण, निर्वासन। *सृजनात्मक गद्य :* वह जो यथार्थ था। *आलोचना :* श्रीलाल शुक्ल की दुनिया (सं.)।

सम्पादन : वर्तमान साहित्य, अतएव पत्रिकाओं में समय-समय पर सम्पादन। आजकल प्रतिष्ठित साहित्यिक पत्रिका तद्भव के सम्पादक। 'एक कहानी एक किताब' शृंखला की दस पुस्तकों के शृंखला सम्पादक। 'दस बेमिसाल प्रेम कहानियाँ' का सम्पादन।

अन्य : देश के महत्त्वपूर्ण निर्देशकों द्वारा कई कहानियों का मंचन एवं नाट्य रूपान्तरण। कुछ कहानियों का दूरदर्शन हेतु फिल्मांकन। टेलिविजन के लिए पटकथा एवं संवाद लेखन। अनेक भारतीय भाषाओं में रचनाओं के अनुवाद प्रकाशित।

पुरस्कार/सम्मान : श्रीकांत वर्मा सम्मान, इन्दु शर्मा कथा सम्मान, परिमल सम्मान, वनमाली सम्मान, अयोध्या प्रसाद खत्री सम्मान, स्पन्दन पुरस्कार, बाल कृष्ण शर्मा नवीन पुरस्कार, कथा अवार्ड।

सम्पर्क : 18/201, इंदिरानगर, लखनऊ-226016 (उ.प्र.)।

श्रीप्रकाश शुक्ल

जन्म : 18 मई, 1965, बरवाँ, सोनभद्र (उत्तर प्रदेश)।

शिक्षा : एम.ए. (हिन्दी), पी-एच.डी. (इलाहाबाद विश्वविद्यालय)। पी.जी. कॉलेज, गाजीपुर में एक लम्बे समय तक कार्य करने के बाद 29 अक्टूबर, 2005 से काशी हिन्दू विश्वविद्यालय, वाराणसी के हिन्दी विभाग में कार्यरत।

कृतियाँ : *कविता-संग्रह :* जहाँ सब शहर नहीं होता, ओरहन और अन्य कविताएँ। *आलोचना :* साठोत्तरी हिन्दी कविता में लोक-सौन्दर्य। कविता के अलावा विभिन्न पत्र-पत्रिकाओं में वैचारिक लेखों का प्रकाशन।

सम्पादन : साहित्यिक पत्रिका 'परिचय' का प्रकाशन / सम्पादन।

सम्पर्क : हिन्दी विभाग, काशी हिन्दू विश्वविद्यालय, वाराणसी-221005

आवरण : पूजा आहूजा

पूजा आहूजा ने ललित कलाओं में अपनी शिक्षा सोफिया कान्वेंट, मुम्बई से प्राप्त की। आप पेंगुइन बुक्स इंडिया में मैनेजिंग ग्राफिक डिजाइनर रही हैं। फिलहाल स्वतंत्र रूप से कार्य कर रही हैं।

शृंखला की अन्य पुस्तकें

रिश्तों के रंग अनेक

प्रेम

दाम्पत्य

परिवार

माँ

पिता

सहोदर

दादा-दादी नाना-नानी

बड़े-बुज़ुर्ग

गाँव-घर

मानवता

श्रृंखला सम्पादक : अखिलेश

दोस्त

कहानियाँ रिश्तों की

सम्पादक

श्रीप्रकाश शुक्ल

राजकमल पेपरबैक्स में
पहला संस्करण : 2014

राजकमल पेपरबैक्स : उत्कृष्ट साहित्य के जनसुलभ संस्करण

राजकमल प्रकाशन प्रा. लि.
1-बी, नेताजी सुभाष मार्ग, दरियागंज
नई दिल्ली-110 002
द्वारा प्रकाशित

शाखाएँ : अशोक राजपथ, साइंस कॉलेज के सामने, पटना-800 006
पहली मंज़िल, दरबारी बिल्डिंग, महात्मा गांधी मार्ग, इलाहाबाद-211 001
36 ए, शेक्सपियर सरणी, कोलकाता-700 017

वेबसाइट : www.rajkamalprakashan.com
ई-मेल : info@rajkamalprakashan.com

बी.के. ऑफसेट
नवीन शाहदरा, दिल्ली-110 032
द्वारा मुद्रित

मूल्य : ₹ 150

आवरण : पूजा आहूजा

KAHANIYAN RISHTON KI : DOST
Series Editor Akhilesh
Edited by Shreeprakash Shukla

ISBN : 978-81-267-2547-2

प्रकाशकीय

'कहानियाँ रिश्तों की' पुस्तक श्रृंखला की योजना सहसा नहीं बनी। यह अनुभव किया जा रहा है कि विभिन्न आर्थिक, सामाजिक और व्यक्तिगत कारणों से सम्बन्धों की अन्तःसलिला क्षीण हो रही है। सम्बन्ध वे सतरंगी सूत्र हैं जिनसे मनुष्यता का इन्द्रधनुषी पट बुना और बना है। व्यापक स्तर पर कहें, तो समग्र सृष्टि ही सम्बन्धों के सतत चक्र का प्रतिफल है। हमारा ध्यान हिन्दी कहानियों की ओर गया जिनमें सम्बन्धों की एक समृद्ध मंजूषा मौजूद है। साहित्य की यही विशेषता है कि वह विस्मृति का धुँधलका दूर कर पाठक को मनुष्यता की नई सुबह के लिए जाग्रत करता है।

इस सन्दर्भ में अनेक रचनाकारों और मित्रों से चर्चा हुई। उन्हें भी यह योजना अच्छी लगी। तय किया गया कि इस पुस्तक श्रृंखला में कुछ चुनिन्दा सम्बन्धों पर पुस्तकें प्रकाशित हों। फलतः जिन सम्बन्धों पर पुस्तकें प्रकाशित की जा रही हैं वे है–प्रेम, दाम्पत्य, परिवार, माँ, पिता, सहोदर, दादा-दादी नाना-नानी, बड़े-बुजुर्ग, दोस्त, गाँव-घर, मानवता। ये पुस्तकें पाठकों की संवेदना व भावना को प्रशस्त करेंगी, ऐसी हमारी मंगलाशा है।

हमारी हार्दिक इच्छा है कि सुधी पाठक इन पुस्तकों को पढ़कर अपनी प्रतिक्रियाओं से हमें अवगत कराएँ। पुस्तकों में सम्मिलित कहानियों पर अपनी राय देते हुए यह सुझाव भी दें कि इन सम्बन्धों पर और किन कहानियों को शामिल किया जा सकता है। यह भी बताएँ कि क्या कुछ और ऐसे सम्बन्ध हैं जिनको केन्द्र में रखकर लिखी गई कहानियों को इस श्रृंखला में रखा जाना अपेक्षित है। पाठकों की सहभागिता से ही शब्दों का लोकतंत्र मजबूत होता है।

'कहानियाँ रिश्तों की' शृंखला की पुस्तकें विभिन्न अवसरों पर भेंट की जा सकती हैं।...या कोई भी व्यक्ति इन्हें पढ़ते हुए अपने रिश्तों का कोई गुमनाम...लापता सिरा हासिल कर सकता है। यह भी जाना जा सकता है कि समय और समाज की गति-मति रिश्तों में व्याप्त आत्मीयता को किस तरह तीव्र अथवा क्षीण करती चलती है। एक संक्रमणशील समाज में सम्बन्धों के भास्वर भविष्य को समर्पित है यह पुस्तक शृंखला-'कहानियाँ रिश्तों की'।

रिश्तों की बुनियाद पर

सम्बन्धों पर आधारित कहानियों की यह शृंखला पाठकों, शोधार्थियों, समाजशास्त्रियों और सामाजिक चिन्तकों के लिए सादर प्रस्तुत है।

यूँ तो हर अच्छी कहानी, सभी अच्छे किस्से इनसानी रिश्तों की बुनियाद पर ही रचे जाते हैं किन्तु कहानियों के हमारे इन संकलनों की नाभि में रिश्तों को सबसे प्रमुख कारक मानने के पीछे कुछ अन्य वजहें भी हैं जिनकी चर्चा यहाँ अनुचित नहीं होगी।

भारतीय समाज में रिश्तों को जितनी मजबूती, आत्मीयता और ऊर्जा हासिल रही है, वह विरल है। एक तरह से कहा जा सकता है कि इस देश के यथार्थ को रिश्तों की समझ के बगैर जाना-समझा नहीं जा सकता है। माँ-पिता, भाई-बहन, दोस्त, दादी-नानी, बाबा-नाना, मामा, मौसा-मौसी, बुआ-फूफा, दादा, चाचा, दोस्ती–अनगिनत सम्बन्ध हैं जो लोगों के अनुभव-संसार में जीवन्त हैं और जिनसे लोगों का अनुभव-संसार बना है। इसीलिए हमारे देश की विभिन्न भाषाओं में लिखी गई कहानियों, उपन्यासों आदि में ये रिश्ते बार-बार समूची ऊष्मा, जटिलता और गहनता के साथ प्रकट हुए हैं। न केवल लेखकों, कवियों, कलाकारों बल्कि सामाजिक चिन्तकों के लिए भी ये रिश्ते एक तरह से लिट्मस पेपर हैं जिनसे वे अपने अध्ययन क्षेत्र के निष्कर्षों, स्थापनाओं, सिद्धान्तों की जाँच कर सकते हैं। अतः रिश्तों पर रची गई कहानियों की यह शृंखला हमारी दुनिया का अंकन होने के साथ-साथ हमारी दुनिया को पहचानने और उसकी व्याख्या करने की परियोजना के लिए सन्दर्भ कोश के रूप में भी ग्रहण की जा सकती है।

कहना जरूरी है कि हमारे देश में विभिन्न प्रकार के नजदीकी मानव सम्बन्धों का स्वरूप कोई स्थिर चीज नहीं रहा है। तरह-तरह के सामाजिक, आर्थिक, सांस्कृतिक परिवर्तनों के सापेक्ष उसमें बदलाव होते रहे हैं। इस शृंखला की विभिन्न कड़ियों में कहानियों के चयन के समय इस बात का ध्यान रखा गया है कि वे किसी एक खास अवधि या कालखंड की न होकर समूची हिन्दी कहानी के खजाने से चुनी जाएँ। अतः इन कहानियों के पाठ से गुजरना आधुनिक समाज के परिवर्तन, विकास

और इनके मानव आत्मा पर पड़नेवाले असर को समझने में भी मददगार हो सकता है। यहाँ उल्लेखनीय है कि कहानियाँ सामाजिक अध्ययन की खुराक भर न हों, इनके होने की बुनियादी और अपरिहार्य शर्त इनका कहानी के रूप में भी सार्थक और विशिष्ट होना है। इसलिए आप इस शृंखला के विभिन्न संकलनों में हिन्दी के वरिष्ठ एवं नए कथाकारों की प्रसिद्ध कहानियों को पढ़ सकते हैं।

इस योजना के सम्पादन के सन्दर्भ में यह कहना आवश्यक है कि इसके प्रत्येक संकलन के अलग-अलग सम्पादक हैं जिनकी समकालीन रचनाशीलता में अपनी ठोस उपस्थिति है। सम्पादन और चयन का वास्तविक कार्य उन्होंने ही किया है। अत: इस आयोजन में जो कुछ अच्छा और स्वीकार्य है वह उन्हीं के कारण है। जो कमियाँ हैं, अन्तर्विरोध हैं यदि वो हैं तो बतौर शृंखला सम्पादक मेरी त्रुटियों, सीमाओं के कारण हैं, उनके लिए मैं आपसे यही अनुरोध करूँगा कि मुआफ करते हुए रिश्तों के इस कथा-संसार में सम्मिलित हों।

आखिर में, मैं राजकमल प्रकाशन के प्रबन्ध निदेशक श्री अशोक महेश्वरी जी का आभारी हूँ कि उन्होंने इस परियोजना के लिए अपनी स्वीकृति दी और शृंखला सम्पादक के रूप में मुझे कार्य करने का न केवल अवसर प्रदान किया बल्कि काम करने की प्रक्रिया में हर तरह की स्वतन्त्रता और सहूलियतें दीं।

भूमंडलीकरण और संचार क्रान्ति के बाद दुनिया काफी बदल गई है। भारतीय समाज के विषय में विचार करें तो कह सकते हैं कि उक्त बदलाव का सर्वाधिक असर यहाँ इनसानी रिश्तों पर ही पड़ा है। उस पर इतने आघात, इतने घाव हुए हैं कि उसके विगत चेहरे को पहचानना नामुमकिन हो चुका है। रिश्तों के मध्य की गरमजोशी, संवेदना, विश्वास, एका आदि के तार छिन्न-भिन्न हो रहे हैं। हम कह सकते हैं कि रिश्तों का यह भरा-पूरा संसार छूट रहा है, बिछड़ रहा है। जब कोई चीज हमसे दूर होती है, छूटती है तभी शायद हमें उसकी सर्वाधिक जरूरत होती है। ये कहानियाँ जड़ों से कटते जा रहे अकेले, निहत्थे आज के आदमी की इस दिशा में कुछ मदद कर सकें, उसके सरोकार और जज्बातों को थोड़ी ताकत दे सकें, यही हमारी आकांक्षा है।

–अखिलेश

सम्पादकीय

जीवन यदि परिस्थिति सापेक्ष है तो मित्रता की अवधारणा भी परिस्थिति के अनुसार बदलती जाती है। समाज की वर्गीय संरचना, चाहे अनचाहे, हमारे मित्रतापूर्ण सम्बन्धों को प्रभावित करती है। यही कारण है कि सामाजिक संरचना के बदलते क्रम में मित्रता ने कई रूप धारण किया है और कई बार तो यह इतनी 'राजनैतिक' हो जाती है कि इसकी केवल 'स्मृतियाँ' ही रह जाती हैं। लेकिन ये 'स्मृतियाँ' ही वे शरण-स्थली हैं जो समय-समय पर साहित्य में व्यक्त होती रहती हैं क्योंकि ऐसे बहुत कम उदाहरण मिलते हैं जहाँ बचपन की मित्रता प्रौढ़ वय में भी सुरक्षित रह पाती हो।

इसका मुख्य कारण तो यह है कि सभी भावों में मित्रता का भाव सबसे 'जनतान्त्रिक' भाव हुआ करता है क्योंकि 'समता' का दर्शन सबसे अधिक यहीं पर मिलता है लेकिन जैसे-जैसे समाज की जनतान्त्रिक प्रक्रिया में अवरोध उत्पन्न होता है, मित्रता का भाव भी 'समता' से हटकर 'श्रेष्ठता बोध' में और 'सहजता' से हटकर 'हीनता बोध' में रूपान्तरित होने लगता है। ज्यादातर हम इसे विकास के नाम पर समझने की कोशिश करते हैं जहाँ व्यक्ति तत्त्व की प्रधानता, भाव तत्त्व की उपेक्षा करता है। यहाँ तक तो ठीक भी है किन्तु जब सामाजिक संरचना की 'वर्ण श्रेष्ठता' आधुनिक होते समाजों में अपनी राजनैतिक जगह तलाशने लगती है तब एक ऐसे 'समूहवाद' का जन्म होता है जिसे हम 'साम्प्रदायिकता' कहते हैं जहाँ व्यक्तिगत सम्बन्धों का 'सहज' अतीत नहीं, बल्कि जातिगत सम्बन्धों का 'महान' अतीत होता है और यही 'महानता' मित्रता की अमूल्य धरोहर को छिन्न-भिन्न कर डालती है। आधुनिक होते भारतीय समाज की यह एक अनिवार्य परिणति है और साहित्य में इसके विविध रंग दिखाई देते हैं।

हिन्दी कहानियों में प्रेमचन्द से लेकर अब तक मित्रता से जुड़ी जो कहानियाँ यहाँ उपलब्ध हैं, उनसे इस बात की पुष्टि होती है कि प्रेमचन्द के जमाने की मित्रता, जहाँ देशज विश्वास था, आगे चलकर नागर अविश्वास में बदलने लगती है और समाज के विकास के साथ मित्रता के कई रूप दिखाई पड़ते हैं। इसमें 'मित्रघात' एक बड़ा रूप है। सामन्तवाद से पूँजीवाद में बदलता समाज जहाँ मित्रता के लिए कुछ

जगह छोड़ता है, वहीं पूँजीवाद के भीतर साम्राज्यवाद के 'वर्चस्व' व साम्प्रदायिकता के बढ़ते 'वैमनस्य' से मानवीय रिश्ते धीरे-धीरे नष्ट होने लगते हैं और यही कारण है कि 1990 के बाद की लिखी हिन्दी कहानियों में हिन्दू, मुस्लिम रिश्ते ज्यादा प्रमुखता से उभरकर आते हैं।

इस पृष्ठभूमि में यदि कहानियों को समझने की कोशिश की जाए, तो पता चलता है कि मित्रता से जुड़ी कुछ कहानियाँ जहाँ 'मित्रता' के भीतर से सामाजिक सम्बन्धों को समझने की कोशिश करती हैं, वहीं कुछ कहानियाँ ऐसी भी हैं जहाँ 'सामाजिक सम्बन्धों' के दायरे में मित्रता को समझने की कोशिश की गई है। जाहिर है पहली प्रवृत्ति जहाँ स्वत: स्फूर्त है, वहीं दूसरी अंशत: आरोपित लेकिन मित्रता की संरचना की समझ दोनों ही प्रवृत्तियों में लक्षित की जा सकती है।

यहाँ संकलित कहानियों में पहली प्रवृत्ति की प्रतिनिधि कहानियाँ वे हैं जहाँ मित्रता के बनने व बिगड़ने का इतिहास समाज के जातीय व धार्मिक संरचना से निर्धारित न होकर व्यक्ति के आपसी विश्वास व सम्बन्धों के रूप में उभरकर हमारे सामने आता है जहाँ व्यक्तिगत जीवन के छोटे-छोटे स्वार्थ हैं, छोटी-छोटी महत्वाकांक्षाएँ हैं और हैं छोटी-छोटी चुहलबाजियाँ जहाँ मित्रता कहीं 'उम्मीद की आश्वस्ति' में समाप्त होती है तो कहीं 'अवसाद की विडम्बनाओं' में। इसके उपरान्त रह जाती हैं आईने की तरह साफ कुछ यादगार स्मृतियाँ, जहाँ हम अपने बचपन को, उसके संघर्ष को और अपने खुद के जीवन को बनते-बिगड़ते देखते हैं। यह रूप सहज व स्वाभाविक है, जहाँ मित्रता टूटती भी है तो मित्र का जीवन नहीं लेती। इस प्रवृत्ति के अन्तर्गत मित्रता की विविध छवियाँ दिखाई देती हैं जिसके लिए यह जानी जाती है। प्रेमचन्द की 'गुल्ली डंडा', जैनेन्द्र की 'आतिथ्य', चित्रा मुद्गल की 'गर्दी', ममता कालिया की 'सुलेमान', रवीन्द्र कालिया की 'पचास सौ पचपन' और राजीव कुमार की 'एलबम' कुछ ऐसी ही कहानियाँ हैं जहाँ मित्रता की स्थिति व आकांक्षा के बीच एक द्वन्द्व हमेशा चलता रहता है। इसी के भीतर से अपने समय व समाज के तनावपूर्ण रिश्ते व्यक्त होते रहते हैं जो कई बार 'अनलिखी चिट्ठियों' के रूप में हमें पढ़ने के लिए मजबूर करते हैं तो कई बार 'एलबम' में उभरते चेहरों को छूने और महसूस करने को विवश करते हैं। इन कहानियों से गुजरते हुए कई बार ऐसा लगता है कि मित्रता विश्वास से आगे बढ़कर 'विघटन' की प्रक्रिया से जब जुड़ने लगती है तब कथावाचक (गर्दी) जैसे पात्र प्रेम के पक्ष में माँ की ममता के प्रतीक के रूप में बँधी ताबीज को भरी भीड़ में भी फेंककर मित्रता के अग्रगामी मूल्यों के पक्ष में खड़े होने का साहस भी दिखाते हैं। इसी के भीतर दोस्ती की मादक चालाकियाँ भी दिखाई देती हैं जहाँ एक फ्रीलांसर (पचास सौ पचपन) अपने दोस्तों से बचकर अपनी प्रेमिका से दैहिक सम्बन्ध बनाता है तो एक मित्र (आतिथ्य)

अपनी 'हैसियत' के मुताबिक अपने पुराने मित्र से न्यूनतम मैत्रीपूर्ण सम्बन्ध का निर्वाह करना भी भूल जाता है। कहना न होगा कि इन्हीं महत्त्वाकांक्षाओं के बीच 'सुलेमान' (सुलेमान) जैसे चरित्र का उदय भी होता है जो अपने पुराने मित्रों के बीच सत्ता समीकरणों का एक बड़ा चेहरा लेकर दाखिल होता है, जहाँ 'मित्रता' विश्वास से अधिक चमत्कार में रूपान्तरित हो जाती है। यहाँ पर यह आधुनिक समाज में सत्ता संरचना के इर्द-गिर्द उभरते नए किस्म के मध्यवर्ग के 'आन्तरिक टूटन' की कहानी बन जाती है।

इस संकलन की कहानियों में दूसरी प्रवृत्ति वह है जहाँ कथाकार 'मित्रता' को सामाजिक गतिकी के सापेक्ष में देखते हैं। यहाँ 'जाति', 'धर्म' और 'सम्प्रदाय' के कुछ ऐसे मूल्य उभरकर सामने आते हैं जहाँ परस्पर का ठोस विश्वास और दोस्ताना संग-साथ महत्त्वहीन साबित होता है और उसकी जगह लेता है एक ऐसा आधारहीन अमूर्त अविश्वास जहाँ रिश्तों की सहजता व पवित्रता के लिए कोई जगह नहीं बचती। यह 'अनजानी आस्थाओं' का 'आजमाए सम्बन्धों' के ऊपर विजय का क्षण होता है जिसकी परिणति अनिवार्यतः उन्माद में होती है और हिन्दी समाज में 90 के बाद जैसे-जैसे यह प्रवृत्ति बढ़ती गई है कहानियों में भी इसकी अभिव्यक्ति प्रमुखता से होती गई है। इसे 'देश' के विभाजन से लेकर 'सत्ता' के गलियारों तक में देखा जा सकता है। इस दृष्टि से मो. आरिफ की 'चोर सिपाही', पंकज मित्र की 'अफसाना प्रदूषण का', नीलाक्षी सिंह की 'परिन्दे के इन्तजार-सा कुछ' और रणविजय सत्यकेतु की 'कर्फ्यू' जैसी कहानियों में देखा जा सकता है। 'चोर सिपाही' गुजरात में गोधरा कांड की पृष्ठभूमि में डायरी की शक्ल में लिखी साम्प्रदायिक विद्वेष की कहानी है जहाँ इस्माइल के बचपन के दोस्त मनुसुख पटेल, दोस्त न होकर आतंक के एक ब्रांड में रूपान्तरित हो गए हैं। इसी प्रकार 'अफसाना प्रदूषण का' नामक कहानी कस्बे में कर्फ्यू के बीच दोस्ती की हिस्ट्री के हिस्टीरिया में बदलने की कहानी है तो 'परिन्दे के इन्तजार-सा कुछ' नामक कहानी में कैम्पस के भीतर की दोस्ती को बाबरी मस्जिद विध्वंस की पृष्ठभूमि में समझने की कोशिश की गई है जहाँ नसरीन अपने गहरे दोस्त शिरीष के आश्वासन के बावजूद दोस्तों के घर-घर भटकती हुई एक रात चुपके से भाग जाती है जिससे वह सुरक्षित रह सके। यह कहानी 'सम्प्रदाय' के सामने 'रिश्तों' के टूटने की दास्तान है या कि इसे यों भी कह सकते हैं कि यह कहानी समूह के कोलाहल बीच 'व्यक्ति' के निजता के टूटने की त्रासद कथा है। 'कर्फ्यू' (रणविजय सत्यकेतु) कहानी भी दंगे के बीच दोस्ती की कथा है जहाँ फरजाना जैसे दोस्तों की उपस्थिति थोड़ी उम्मीद बँधाती है।

उपर्युक्त प्रवृत्तियों से किंचित अलग 'हंसा रे' (अनुज) कहानी जातिगत विद्वेष की कहानी है जहाँ 'दोस्ती' व 'जातिदर्प' में अन्ततः जातिदर्प की विजय होती है।

कुल मिलाकर यहाँ संकलित कहानियों में मित्रता के अनेक रूप मिलते हैं। उनकी अनेक सामाजिक परतें दिखाई देती हैं जिनसे हिन्दी समाज की संरचना को समझने में सहूलियत होती है। ये कहानियाँ हिन्दी समाज की जटिलता को तो व्यक्त करती ही हैं, साथ में इसका भी पता देती हैं कि एक स्थिति के बाद 'मित्र' संवाद, 'मुक्त' संवाद न होकर 'हैसियत' का पता देने लगता है। ऐसी कहानियाँ लगभग नहीं हैं जहाँ वर्षों के बिछड़े दोस्त या तो मिलने पर अपनी-अपनी हैसियत का पता न दें या फिर एक कमजोर दोस्त की मदद के लिए किसी भी हद तक जाने को तैयार रहें। यहाँ 'दोस्ती' एक कालबद्ध अवधारणा में बदल जाती है जिसका शाश्वत मूल्य यही है कि वहाँ कुछ भी स्थायी नहीं है। बिखरना जैसे उसकी नियति हो। कभी आवेग में तो कभी उन्माद में।

इसी के साथ यह भी कि जैसा कि हर किसी के साथ होता है, यहाँ भी संकलित की गई कहानियाँ अपनी सीमाओं में सूचीबद्ध की गई हैं। सम्भव है कि 'मित्रता' नामक भाव पर लिखी कुछ और कहानियाँ हों जो हमसे छूट गई हों। यदि इनका पता चलेगा, तो हम आगे के संस्करण में उन्हें देने की कोशिश करेंगे।

फिलहाल तो उन सभी के प्रति आभार जिन्होंने किसी-न-किसी रूप में हमारी मदद की। सबसे अधिक तो शृंखला सम्पादक अखिलेश को अहेतुक आभार कि उन्होंने यह दायित्व हमें दिया और हमारी मित्रता पर भरोसा किया। हम चाहकर भी उनकी कहानी 'चिट्ठी', जिसकी विलक्षण व्यंजनात्मकता और आश्वस्तिकारी प्रतिरोधात्मकता हमें छात्र जीवन से ही अभिभूत करती रही है, को यहाँ नहीं दे पा रहे हैं किन्तु यह कहने से अपने को नहीं रोक पा रहे हैं कि अखिलेश की 'कुटिया' (चिट्ठी) से गए दोस्तों ने तो कभी कोई चिट्ठी नहीं लिखी किन्तु उस 'कुटिया' में बाद के वर्षों में जो भीड़ बढ़ती गई है, वह यह बताने के लिए पर्याप्त है कि भारतीय राज्य आज भी अपने नौजवानों के लिए एक सुन्दर विकल्प नहीं दे पा रहा है। अखिलेश ने भले ही अपने दोस्तों को कोई 'चिट्ठी' न लिखी हो किन्तु 'चिट्ठी' अपने आप में उस हर अचीन्हे दोस्त को लिखी गई है, जो कुटिया से निकलने को बेचैन है लेकिन बाहर की दुनिया में पाँव रखते ही जलन व चुभन का अहसास होता है। इस संकलन को तैयार करते समय हम भी इस त्रासद अनुभव से गुजरे हैं। खासकर जब हम अपने नौजवान छात्रों की इस कुटिया को देखते हैं।

अन्त में बन्धुवर अशोक महेश्वरी को धन्यवाद जिन्होंने अत्यन्त पुलकितभाव से जीवन के इस पवित्र पक्ष पर कहानियों का यह संकलन प्रकाशित करने का संकल्प लिया।

—श्रीप्रकाश शुक्ल

अनुक्रम

गुल्ली-डंडा

प्रेमचन्द

1

हमारे अंग्रेजीदाँ दोस्त मानें या न मानें मैं तो यही कहूँगा कि गुल्ली-डंडा सब खेलों का राजा है। अब भी कभी लड़कों को गुल्ली-डंडा खेलते देखता हूँ, तो जी लोट-पोट हो जाता है कि इनके साथ जाकर खेलने लगूँ। न लॉन की जरूरत, न कोर्ट की, न नेट की, न थापी की। मजे से किसी पेड़ की एक टहनी काट ली, गुल्ली बना ली, और दो आदमी भी आ गए, तो खेल शुरू हो गया। विलायती खेलों में सबसे बड़ा ऐब है कि उनके सामान महँगे होते हैं। जब तक कम-से-कम एक सैकड़ा न खर्च कीजिए, खिलाड़ियों में शुमार ही नहीं हो सकता। यह गुल्ली-डंडा है कि बिना हर्र-फिटकरी के चोखा रंग देता है, पर हम अंग्रेजी चीजों के पीछे ऐसे दीवाने हो रहे हैं कि अपनी सभी चीजों से अरुचि हो गई है। हमारे स्कूलों में हरेक लड़के से तीन-चार रुपए सालाना केवल खेलने की फीस ली जाती है। किसी को यह नहीं सूझता कि भारतीय खेल खेलाएँ; जो बिना दाम-कौड़ी के खेले जाते हैं। अंग्रेजी खेल उनके लिए हैं, जिनके पास धन है। गरीब-लड़कों के सिर क्यों यह व्यसन मढ़ते हो। ठीक है, गुल्ली से आँख फूट जाने का भय रहता है। तो क्या क्रिकेट से सिर फूट जाने, तिल्ली फट जाने, टाँग टूट जाने का भय नहीं रहता? अगर हमारे माथे में गुल्ली का दाग आज तक बना हुआ है, तो हमारे कई दोस्त ऐसे भी हैं, जो थापी को बैसाखी से बदल बैठे। खैर, यह अपनी-अपनी रुचि है। मुझे गुल्ली ही सब खेलों से अच्छी लगती है और बचपन की मीठी स्मृतियों में गुल्ली ही सबसे मीठी है। वह प्रातःकाल घर से निकल जाना, वह पेड़ पर चढ़कर टहनियाँ काटना और गुल्ली-डंडे बनाना, वह उत्साह, वह लगन, वह खिलाड़ियों के जमघटे, वह पदना और पदाना,

वह लड़ाई-झगड़े, वह सरल स्वभाव, जिसमें छूत-अछूत, अमीर-गरीब का बिलकुल भेद न रहता था, जिसमें अमीराना चोचलों की, प्रदर्शन की, अभिमान की गुंजाइश ही न थी, यह उसी वक्त भूलेगा जब...घरवाले बिगड़ रहे हैं, पिताजी चौके पर बैठे वेग से रोटियों पर अपना क्रोध उतार रहे हैं, अम्मा की दौड़ केवल द्वार तक है लेकिन उनकी विचारधारा में मेरा अन्धकारमय भविष्य टूटी हुई नौका की तरह डगमगा रहा है, और मैं हूँ कि पदाने मैं मस्त हूँ, न नहाने की सुधि है, न खाने की। गुल्ली है तो जरा-सी, पर उसमें दुनिया भर की मिठाइयों की मिठास और तमाशों का आनन्द भरा हुआ है।

मेरे हमजोलियों में एक लड़का गया नाम का था। मुझसे दो-तीन साल बड़ा होगा। दुबला, लम्बा, बन्दरों की-सी लम्बी-लम्बी पतली-पत्ली उँगलियाँ, बन्दरों की-सी ही चपलता, वही झल्लाहट। गुल्ली कैसी हो, उस पर इस तरह लपकता था, जैसे छिपकली कीड़ों पर लपकती है। मालूम नहीं उसके माँ-बाप थे या नहीं, कहाँ रहता था, क्या खाता था, पर था हमारे गुल्ली-क्लब का चैम्पियन। जिसकी तरफ वह आ जाए, उसकी जीत निश्चित थी! हम सब उसे दूर से आते देख, उसका दौड़कर स्वागत करते थे और उसे अपना गोइयाँ बना लेते थे।

एक दिन हम और गया दो ही खेल रहे थे। वह पदा रहा था, मैं पद रहा था, मगर कुछ विचित्र बात है कि पदाने में हम दिन भर मस्त रह सकते हैं, पदना एक मिनट का भी अखरता है। मैंने गला छुड़ाने के लिए सब चालें चलीं, जो ऐसे अवसर पर शास्त्र-विहित न होने पर भी क्षम्य हैं लेकिन गया अपना दाँव लिये बगैर मेरा पिंड न छोड़ता था।

अनुनय-विनय का कोई असर न हुआ। मैं घर की ओर भागा।

गया ने मुझे दौड़कर पकड़ लिया और डंडा तानकर बोला, "मेरा दाँव देकर जाओ। पदाया तो बड़े बहादुर बन के, पदने की बेर क्यों भागे जाते हो?"

"तुम दिन भर पदाओ तो मैं दिन भर पदता रहूँ।"

"हाँ, तुम्हें दिन भर पदना पड़ेगा।"

"न खाने जाऊँ न पीने जाऊँ?"

"हाँ, मेरा दाँव दिए बिना कहीं नहीं जा सकते।"

"मैं तुम्हारा गुलाम हूँ?"

"हाँ, मेरे गुलाम हो।"

"मैं घर जाता हूँ, देखूँ मेरा क्या कर लेते हो?"

"घर कैसे जाओगे, कोई दिल्लगी है। दाँव दिया है, दाँव लेंगे।"

"अच्छा, कल मैंने तुम्हें अमरूद खिलाया था। वह लौटा दो।"

"वह तो पेट में चला गया।"

"निकालो पेट से। तुमने क्यों खाया मेरा अमरूद?"

"अमरूद तुमने दिया, तब मैंने खाया। तुमसे माँगने न गया था।"

"जब तक मेरा अमरूद न दोगे, मैं दाँव न दूँगा।"

मैं समझता था, न्याय मेरी ओर है। आखिर मैंने किसी स्वार्थ से ही उसे अमरूद खिलाया होगा। कौन निःस्वार्थ किसी के साथ सलूक करता है। भिक्षा तक तो स्वार्थ के लिए ही देते हैं। जब गया ने अमरूद खाया, तो फिर उसे मुझसे दाँव लेने का क्या अधिकार है? रिश्वत देकर तो लोग खून पचा जाते हैं। यह मेरा अमरूद यों ही हजम कर जाएगा? अमरूद पैसे के पाँच वाले थे, जो गया के बाप को भी नसीब न होंगे। यह सरासर अन्याय था।

गया ने मुझे अपनी ओर खींचते हुए कहा, "मेरा दाँव देकर जाओ, अमरूद-समरूद मैं नहीं जानता।"

मुझे न्याय का बल था। वह अन्याय पर डटा हुआ था। मैं हाथ छुड़ाकर भागना चाहता था। वह मुझे जाने न देता था! मैंने गाली दी, उसने उससे कड़ी गाली दी, और गाली नहीं, दो-एक चाँटा जमा दिया। मैंने उसे दाँत काट लिया। उसने मेरी पीठ पर डंडा जमा दिया। मैं रोने लगा। गया मेरे इस अस्त्र का मुकाबला न कर सका। भागा। मैंने तुरन्त आँसू पोंछ डाले, डंडे की चोट भूल गया और हँसता हुआ घर जा पहुँचा! मैं थानेदार का लड़का एक नीच जात के लौंडे के हाथों पिट गया, यह मुझे उस समय भी अपमानजनक मालूम हुआ, लेकिन घर में किसी से शिकायत न की।

2

उन्हीं दिनों पिताजी का वहाँ से तबादला हो गया। नई दुनिया देखने की खुशी में ऐसा फूला कि अपने हमजोलियों से बिछुड़ जाने का बिलकुल दुःख न हुआ। पिताजी दुःखी थे। यह बड़ी आमदनी की जगह थी। अम्मा जी भी दुःखी थीं, यहाँ सब चीजें सस्ती थीं, और मोहल्ले की स्त्रियों से घराव-सा हो गया था लेकिन मैं मारे खुशी के फूला न समाता था। लड़कों से जीट उड़ा रहा था, वहाँ ऐसे घर थोड़े ही होते हैं। ऐसे-ऐसे ऊँचे घर हैं कि आसमान से बातें करते हैं। वहाँ के अंग्रेजी स्कूल में कोई मास्टर लड़कों को पीटे, तो उसे जेल हो जाए। मेरे मित्रों की फैली हुई आँखें और चकित-मुद्रा बतला रही थीं कि मैं उनकी निगाह में कितना ऊँचा उठ गया हूँ। बच्चों में मिथ्या को सत्य बना लेने की वह शक्ति है, जिसे हम, जो सत्य को मिथ्या बना लेते हैं, क्या समझेंगे। उन बेचारों को मुझसे कितनी स्पर्द्धा हो रही थी। मानो कह रहे थे–तुम भाग्यवान हो भाई, जाओ हमें तो इस ऊजड़ ग्राम में जीना भी है और मरना भी।

बीस साल गुजर गए। मैंने इंजीनियरी पास की और उसी जिले का दौरा करता हुआ, उसी कस्बे में पहुँचा और डाक बँगले में ठहरा। उस स्थान को देखते ही इतनी

मधुर बाल-स्मृतियाँ हृदय में जाग उठीं कि मैंने छड़ी उठाई और कस्बे की सैर करने निकला। आँखें किसी प्यासे पथिक की भाँति बचपन के उन क्रीड़ा-स्थलों को देखने के लिए व्याकुल हो रही थीं, पर उस परिचित नाम के सिवा वहाँ और कुछ परिचित न था। जहाँ खंडहर था, वहाँ पक्के मकान खड़े थे। जहाँ बरगद का पुराना पेड़ था, वहाँ अब एक सुन्दर बगीचा था। स्थान की काया-पलट हो गई थी। अगर उसके नाम और स्थिति का ज्ञान न होता, तो मैं इसे पहचान भी न सकता। बचपन की संचित स्मृतियाँ बाँहें खोले अपने उन पुराने मित्रों से गले मिलने को अधीर हो रही थीं; मगर वह दुनिया बदल गई थी। ऐसा जी होता था कि उस धरती से लिपटकर रोऊँ और कहूँ, तुम मुझे भूल गईं। मैं तो अब भी तुम्हारा वही रूप देखना चाहता हूँ।

सहसा एक खुली हुई जगह में मैंने दो-तीन लड़कों को गुल्ली-डंडा खेलते देखा। एक क्षण के लिए मैं अपने को बिलकुल भूल गया। भूल गया कि मैं एक ऊँचा अफसर हूँ, साहबी ठाट में, रोब और अधिकार के आवरण में।

जाकर एक लड़के से पूछा, "क्यों बेटे, यहाँ कोई गया नाम का आदमी रहता है?"

एक लड़के ने गुल्ली-डंडा समेटकर सहमे हुए स्वर में कहा, "कौन गया? गया चमार?"

मैंने यों ही कहा, "हाँ-हाँ वही। गया नाम का कोई आदमी है तो। शायद वही हो।"

"जरा उसे बुलाकर ला सकते हो?"

लड़का दौड़ा हुआ गया और एक क्षण में एक पाँच हाथ के काले देव को साथ लिए आता दिखाई दिया। मैं दूर ही से पहचान गया। उसकी ओर लपकना चाहता था कि उसके गले लिपट जाऊँ, पर कुछ सोचकर रह गया। बोला, "कहो गया, मुझे पहचानते हो?"

गया ने झुककर सलाम किया, "हाँ मालिक, भला पहचानूँगा क्यों नहीं? आप मजे में रहे?"

"बहुत मजे में। तुम अपनी कहो?"

"डिप्टी साहब का साईस हूँ।"

"मतई, मोहन, दुर्गा यह सब कहाँ हैं? कुछ खबर है?"

"मतई तो मर गया, दुर्गा और मोहन दोनों डाकिए हो गए हैं, आप?"

"मैं तो जिले का इंजीनियर हूँ?"

"सरकार तो पहले ही बड़े जहीन थे।"

"अब कभी गुल्ली-डंडा खेलते हो?"

गया ने मेरी ओर प्रश्न की आँखों से देखा, ''अब गुल्ली-डंडा क्या खेलूँगा सरकार, अब तो पेट के धन्धे से छुट्टी नहीं मिलती।''

''आओ, आज हम तुम खेलें। तुम पदाना, हम पदेंगे। तुम्हारा एक दाँव हमारे ऊपर है। वह आज ले लो।''

गया बड़ी मुश्किल से राजी हुआ। वह ठहरा टके का मजदूर, मैं एक बड़ा अफसर। हमारा और उसका क्या जोड़? बेचारा झेंप रहा था लेकिन मुझे भी कुछ कम झेंप न थी, इसलिए नहीं कि मैं गया के साथ खेलने जा रहा था बल्कि इसलिए कि लोग इस खेल को अजूबा समझकर इसका तमाशा बना लेंगे और अच्छी-खासी भीड़ लग जाएगी। उस भीड़ में वह आनन्द कहाँ रहेगा, पर खेले बगैर तो रहा नहीं जाता था। आखिर निश्चय हुआ कि दोनों जने बस्ती से दूर जाकर एकान्त में खेलें। वहाँ कौन कोई देखनेवाला बैठा होगा। मजे से खेलेंगे और बचपन की उस मिठाई का खूब रस ले-लेकर खाएँगे। मैं गया को लेकर डाक बँगले पर आया और मोटर में बैठकर दोनों मैदान की ओर चले। साथ में एक कुल्हाड़ी ले ली। मैं गम्भीर भाव धारण किए हुए था लेकिन गया इसे अभी तक मजाक ही समझ रहा था। फिर भी उसके मुख पर उत्सुकता या आनन्द का कोई चिह्न न था। शायद वह हम दोनों में जो अन्तर हो गया था, वह सोचने में मगन था।

मैंने पूछा, ''तुम्हें कभी हमारी याद आई थी गया? सच कहना।''

गया झेंपता हुआ बोला, ''मैं आपको क्या याद करता हुजूर, किस लायक हूँ। भाग में आपके साथ कुछ दिन खेलना बदा था, नहीं मेरी क्या गिनती।''

मैंने कुछ उदास होकर कहा, ''लेकिन मुझे तो बराबर तुम्हारी याद आती थी। तुम्हारा वह डंडा, जो तुमने तानकर जमाया था, याद है न?''

गया ने पछताते हुए कहा, ''वह लड़कपन था सरकार, उसकी याद न दिलाओ।''

''वाह! वह मेरे बाल-जीवन की सबसे रसीली याद है। तुम्हारे उस डंडे में जो रस था, वह तो अब न आदर-सम्मान में पाता हूँ, न धन में। कुछ ऐसी मिठास थी उसमें कि आज तक उससे मन मीठा होता रहता है।''

इतनी देर में हम बस्ती से कोई तीस मील निकल आए हैं। चारों तरफ सन्नाटा है। पश्चिम की ओर कोसों तक भीमताल फैला हुआ है, जहाँ आकर हम किसी समय कमल के पुष्प तोड़ ले जाते थे और उसके झुमके बनाकर कानों में डाल लेते थे। जेठ की संध्या केसर में डूबी चली आ रही है। मैं लपककर एक पेड़ पर चढ़ गया और एक टहनी काट लाया। चटपट गुल्ली-डंडा बन गया।

खेल शुरू हो गया। मैंने गुच्ची में गुल्ली रखकर उछाली। गुल्ली गया के सामने से निकल गई। उसने हाथ लपकाया जैसे मछली पकड़ रहा हो। गुल्ली उसके पीछे जाकर गिरी। यह वही गया है, जिसके हाथों में गुल्ली जैसे आप-ही-आप जाकर

बैठ जाती थी। वह दाहिने-बाएँ कहीं हो, गुल्ली उसकी हथेलियों में ही पहुँचती थी। जैसे गुल्लियों पर वशीकरण डाल देता हो। नई गुल्ली, पुरानी गुल्ली, छोटी गुल्ली, बड़ी गुल्ली, नोकदार गुल्ली, सपाट गुल्ली, सभी उसे मिल जाती थीं। जैसे उसके हाथों में कोई चुम्बक हो, जो गुल्लियों को खींच लेता हो लेकिन आज गुल्ली को उससे प्रेम नहीं रहा। फिर तो मैंने पदाना शुरू किया। मैं तरह-तरह की धाँधलियाँ कर रहा था। अभ्यास की कसर बेईमानी से पूरी कर रहा था। हुच जाने पर भी डंडा खेले जाता था, हालाँकि शास्त्र के अनुसार गया की बारी आनी चाहिए थी। गुल्ली पर जब ओछी चोट पड़ती और वह जरा दूर पर गिर पड़ती, तो मैं झटपट उसे खुद उठा लेता और दोबारा टाँड लगाता। गया यह सारी बे-कायदगियाँ देख रहा था, पर कुछ न बोलता था, जैसे उसे वह सब कायदे-कानून भूल गए। उसका निशाना कितना अचूक था। गुल्ली उसके हाथ से निकालकर टन-से डंडे में आकर लगती थी। उसके हाथ से छूटकर उसका काम था डंडे से टकरा जाना, लेकिन आज वह गुल्ली डंडे में लगती ही नहीं। कभी दाहिने जाती है, कभी बाएँ, कभी आगे, कभी पीछे।

आधे घंटे पदाने के बाद एक बार गुल्ली डंडे में आ लगी। मैंने धाँधली की, गुल्ली डंडे में नहीं लगी, बिलकुल पास से गई लेकिन लगी नहीं।

गया ने किसी प्रकार का असन्तोष न प्रकट किया।

''न लगी होगी।''

''डंडे में लगती तो क्या मैं बेईमानी करता?''

''नहीं भैया, तुम भला बेईमानी करोगे।''

बचपन में मजाल था, कि मैं ऐसा घपला करके जीता बचता। यही गया गरदन पर चढ़ बैठता लेकिन आज मैं उसे कितनी आसानी से धोखा दिए चला जाता था। गधा है! सारी बातें भूल गया।

सहसा गुल्ली फिर डंडे में लगी और इतने जोर से लगी जैसे बन्दूक छूटी हो। इस प्रमाण के सामने अब किसी तरह की धाँधली करने का साहस मुझे इस वक्त भी न हो सका लेकिन क्यों न एक बार सच को झूठ बनाने की चेष्टा करूँ? मेरा हरज ही क्या है। मान गया, तो वाह-वाह नहीं तो दो-चार हाथ पदना ही तो पड़ेगा। अँधेरे का बहाना करके जल्दी से गला छुड़ा लूँगा। फिर कौन दाँव देने आता है।

गया ने विजय के उल्लास में कहा, ''लग गई, लग गई! टन से बोली।''

मैंने अनजान बनने की चेष्टा करके कहा, ''तुमने लगते देखा? मैंने तो नहीं देखा।''

''टन से बोली है सरकार।''

''और जो किसी ईंट में लग गई हो?''

मेरे मुख से यह वाक्य उस समय कैसे निकला, इसका मुझे खुद आश्चर्य है। इस सत्य को झुठलाना वैसे ही था जैसे दिन को रात बताना। हम दोनों ने गुल्ली को डंडे में जोर से लगते देखा था लेकिन गया ने मेरा कथन स्वीकार कर लिया।

"हाँ, किसी ईंट में ही लगी होगी। डंडे में लगती, तो इतनी आवाज न आती।"

मैंने फिर पदाना शुरू कर दिया लेकिन प्रत्यक्ष धाँधली कर लेने के बाद, गया की सरलता पर मुझे दया आने लगी, इसलिए जब तीसरी बार गुल्ली डंडे में लगी, तो मैंने बड़ी उदारता से दाँव देना तय कर दिया।

गया ने कहा, "अब तो अँधेरा हो गया है भैया, कल पर रखो।"

मैंने सोचा, कल बहुत-सा समय होगा, यह न जाने कितनी देर पदाए, इसीलिए इसी वक्त मुआमला साफ कर लेना अच्छा होगा।

"नहीं, नहीं। अभी बहुत उजाला है। तुम अपना दाँव ले लो।"

"गुल्ली सूझेगी नहीं।"

"कुछ परवाह नहीं।"

गया ने पदाना शुरू किया, पर उसे बिलकुल अभ्यास न था। उसने दो बार टाँड लगाने का इरादा किया, पर दोनों ही बार हुच गया। एक मिनट से कम में वह दाँव पूरा कर चुका। बेचारा घंटा भर पदा, पर एक मिनट ही में अपना दाँव खो बैठा। मैंने अपने हृदय की विशालता का परिचय दिया।

"एक दाँव और खेल लो। तुम पहले ही हाथ में हुच गए।"

"नहीं भैया, अब अँधेरा हो गया।"

"तुम्हारा अभ्यास छूट गया। क्या कभी खेलते नहीं?"

"खेलने का समय कहाँ मिलता है भैया!"

हम दोनों मोटर पर जा बैठे और चिराग जलते-जलते पड़ाव पर पहुँच गए। गया चलते-चलते बोला, "कल यहाँ गुल्ली-डंडा होगा। सभी पुराने खिलाड़ी खेलेंगे। आप भी आओगे? जब आपको फुरसत हो, तभी खिलाड़ियों को बुलाऊँ।"

मैंने शाम का समय दिया और दूसरे दिन मैच देखने आया। कोई दस-दस आदमियों की मंडली थी। कई मेरे लड़कपन के साथी निकले। अधिकांश युवक थे जिन्हें मैं पहचान न सका। खेल शुरू हुआ। मैं मोटर पर बैठा-बैठा तमाशा देखने लगा। आज गया का खेल, उसका वह नैपुण्य देखकर मैं चकित हो गया। टाँड लगाता, तो गुल्ली आसमान से बातें करती। कल की-सी वह झिझक, वह हिचकिचाहट, वह बेदिली आज न थी। लड़कपन में जो बात थी, आज उसने प्रौढ़ता प्राप्त कर ली थी। कहीं कल इसने मुझे इस तरह पदाया होता, तो मैं जरूर रोने लगता। उसके डंडे की चोट खाकर गुल्ली दो सौ गज की खबर लाती थी।

पदनेवालों में एक युवक ने धाँधली की! उसने अपने विचार में गुल्ली लोक ली थी। गया का कहना था, "गुल्ली जमीन में लगकर उछली थी।" इस पर दोनों में ताल ठोंकने की नौबत आई। युवक दब गया। गया का तमतमाया हुआ चेहरा देखकर डर गया। अगर वह दब न जाता, तो जरूर मारपीट हो जाती। मैं खेल में न था, पर दूसरों के इस खेल में मुझे वही लड़कपन का आनन्द आ रहा था, जब हम सब कुछ भूलकर खेल में मस्त हो जाते थे। अब मुझे मालूम हुआ कि कल गया ने मेरे साथ खेला नहीं, केवल खेलने का बहाना किया। उसने मुझे दया का पात्र समझा। मैंने धाँधली की, बेईमानियाँ कीं, पर उसे जरा भी क्रोध न आया। इसलिए कि वह खेल न रहा था, मुझे खेला रहा था, मेरा मान रख रहा था। वह मुझे पदाकर मेरा कचूमर नहीं निकालना चाहता था। मैं अब अफसर हूँ। यह अफसरी मेरे और उसके बीच में दीवार बन गई है। अब मैं उसका लिहाज पा सकता हूँ, अदब पा सकता हूँ, साहचर्य नहीं पा सकता। लड़कपन था, तब मैं उसका समकक्ष था। हममें कोई भेद न था। यह पद पाकर अब मैं केवल उसकी दया के योग्य हूँ। वह मुझे अपना जोड़ नहीं समझता। वह बड़ा हो गया है, मैं छोटा हो गया हूँ।

आतिथ्य

जैनेन्द्र कुमार

1

उनका घर भी दिल्ली में है, पर जान-पहचान हुई यहाँ इतनी दूर आकर। वे भी फर्स्ट ईयर में दाखिल हुए हैं, मैं भी। विषय भी एक ही है—दोनों के पास साइन्स। हॉस्टल में कमरे भी पास-पास हैं। हमारी जान-पहचान खूब गहरी होने लगी। धीरे-धीरे स्थान का नयापन भी दूर हो गया और हम हॉस्टल की जिन्दगी में मिल गए। अभी तक थे तो हॉस्टल में ही, पर कुछ बेसुरे-से लगते थे।

मेरे मित्र पैसे और दिल से अच्छे हैं। खुले हाथ खर्च करते हैं। हाँ, जरा पढ़ने में थोड़ा कुछ...। बड़े कमरे में रहते हैं, थ्री-सीटेड है वह, और इसलिए तिगुना किराया भुगताते हैं। उनके साथ उस कमरे में ही उनका एक नौकर और एक रसोइया रहता है।

थोड़े दिन बीते कि उनके चारों ओर एक मंडली जुट गई। या यह कहें कि उनके रसोइए के चारों ओर एक मंडली जुट गई। कुछ मित्रों ने मुफ्त के नौकर और मुफ्त के श्रीमान को पाकर एक नया मेस खड़ा कर लिया है। मैं भी उस मेस में ही भोजन पाता हूँ।

मित्र का नौकर सबका नौकर है, और महाराज पर भी सभी हुक्म चढ़ा देते हैं। मित्र इससे बड़े प्रसन्न हैं। वास्तव में वे बहुत ही भले आदमी हैं। पन्द्रहवें रोज़ पिकनिक पार्टी की जाती है, और उसका भार भी बिना कहे-सुने वही उठाते हैं, मानो उन्हें मालूम भी नहीं होता। यह पिकनिक की सूझ भी उन्होंने ही सुझाई है, नहीं तो यहाँ किसको पड़ी है और किसके पास पैसा है।

मित्र इस तरह खूब प्रिय और खूब परिचित हो गए हैं। मेरी-उनकी तो बात ही क्या, सभी मानो उनसे घनिष्ठ हो गए हैं और थोड़ा उनका भार और आभार उठाने को तैयार रहते हैं।

इसी तरह साल बीतते रहे। छुट्टी में दिल्ली आते तो वहाँ भी साथ रहते, कॉलेज में तो रहते ही। मुझे उनसे और तरह की बिन-माँगी कृपा मिलती ही थी, उनको भी मुझसे माँगी हुई पढ़ाई की मदद मिल जाती थी। सारांश, हम बहुत अभिन्न हो गए।

2

आखिर आँधी आ गई। कॉलेज टूट-टूटकर गिरने लगे और लड़के भागने लगे। तब मानो यह बड़ा-सा हिन्दुस्तान करवट ले रहा था, करवट के साथ करवट नहीं लोगे, तो मानो कहीं के न रहोगे। गाँधी की उस आँधी की चपेट में मैं भी आया। मेरा दिमाग मानो उड़ने लगा। मानो अभी आसमान-धरती एक कर दूँगा और भारत माता की परतन्त्रता की बेड़ियों को एक चोट में कट-कटकर काट दूँगा। और इस तरह मैं अमर हो जाऊँगा।

कुछ आँधी की झोंक में, कुछ दिल-दिमाग की झोंक में, कुछ समझकर और कुछ शर्मा-शर्मी में मैं तो कॉलेज छोड़ बैठा, मित्र वहीं रहे।

अब मेरे लिए दो ही काम थे—देश-सेवा और भटकन। इस देश-सेवा में कई बरस लगाए, पर नाप नहीं सका कि देश कितने इंच आगे बढ़ा। आखिर जब देश वहीं-का-वहीं दीखा बल्कि चाहे कुछ पिछड़ा हुआ, और सेवा का कुछ अन्त ही नजर नहीं आया और न महत्त्व, कुछ थकान होने लगी और मन और कुछ चाहने लगा। लोग भी मेरी देश-सेवा की कम प्रशंसा करने लगे और उससे तंग से दीखने लगे, और पिता की चिट्ठियों-पर-चिट्ठियाँ आईं और स्त्री की गड़बड़ खबरें, और घर की बेपैसा हालत—तो क्षुब्ध मन से देश-सेवा छोड़ देनी पड़ी। सोचा था, कुछ करके दिखाऊँगा और पुजूँगा। सो कुछ करके तो दिखा न सका, उल्टे पीठ दिखाकर भागना पड़ गया। घर पर आकर चुपचाप बैठ गया। पिता बीमार हैं, स्त्री भी ठीक नहीं है, और बच्चे यहाँ-से-वहाँ और वहाँ-से-यहाँ और सब जगह से फिर-फिरकर चौके में घूम रहे हैं। चौके में कुछ बना नहीं है। कौन बनाए और कैसे बनाए?

पिता-स्त्री की इस बीमारी और बच्चों के घूमने का परिणाम यह हुआ कि मैं एक मिडिल स्कूल में मास्टर हो गया। इस दवा ने काम भी खूब किया। क्योंकि पिता चंगे हो गए, स्त्री भी ठीक रहने लगी। रोटी ठीक बनने और बच्चों को मिलने लगी। पैंतीस रुपए की करामात को अब देखा। हजारों रुपए इकट्ठे किए हैं, और दे दिए हैं, रूखी रोटी भी खाई है और पैदल भी चला हूँ, पर पैसे का पूरा मूल्य और पूरी करामात अब से पहले समझ नहीं आई। देश-सेवा में ऐसी करामात नहीं नजर आई। उसे पैंतीस रुपए में छोड़ देने के लिए मैं पछताता नहीं हूँ। अपनी देश-सेवा में मैं अभी तक एक भी रोगी नहीं अच्छा कर पाया हूँ, एक को भी खुश नहीं कर

पाया हूँ, एक को भी नहीं अपना बना पाया हूँ, यहाँ तक कि अपने को भी कुछ नहीं बना पाया हूँ। लेक्चर से यह कुछ भी काम नहीं होता। इन पैंतीस ने अच्छा भी किया, खुश भी किया, लोग भी कुछ अपने बनते जा रहे हैं, और अपने को भी समझता हूँ, बना रहा हूँ।

3

तो इसी मास्टरी के काल में कोई सात साल बाद एक रोज दिखाई दे गए वही कॉलेज वाले मित्र।

चाँदनी चौक में कुछ खरीद कर रहे हैं। हैट है और चमकते बूट हैं, पतलून बड़ी नफीस है, कोट नाभि से जरा नीचे तक आ गया है।

कॉलेज की मेरी पढ़ाई की श्रेष्ठता धरी रही और मैं झिझकता रहा। बोलूँ या न बोलूँ? बोलूँ तो कैसे बोलूँ, सर, या और कुछ? इतने में ही उन्होंने मुझे देखा।

"ओ-हो! प्रसाद बाबू, तुम कहाँ? हाऊ डू-यू-डू?"

मैंने गुनगुना दिया, "अच्छा हूँ, यहीं हूँ। कृपा है।"

वे निःसंकोच खुलकर बोले, खरीद भी होती जाती थी। एक हैट, कुछ ग्लब्ज, और कुछ और चीजें जिनकी अंग्रेजी नहीं आती, खरीदी गईं। तब फिर हाथ पकड़कर वह मुझे साथ ले चले। मुझे उनके बोलने में थोड़ी कहीं स्वामित्व की ध्वनि मालूम हुई, बाकी कुछ नहीं।

"कहो भाई, क्या करते हो?"

"मास्टरी से पेट भरता हूँ।"

मेरा भी पुराना साहस लौट आया। फिर अच्छी तरह बातें होने लगीं।

पता लगा बी.एस.सी. के बाद वे इंग्लैंड चले गए थे। वहाँ से हॉलैंड-डेनमार्क। उनका विषय गो रक्षा और गोवर्द्धन था। इस सम्बन्ध में वहाँ बड़ा काम हो रहा है। सब देखा। उसी ओर की कोई डिग्री भी लाए हैं। गो-सेवा की ओर उनकी पहले से प्रवृत्ति है। वहाँ जाकर देखा कि इस सम्बन्ध में हिन्दुस्तान में काफी किया जा सकता है। यहाँ, वहाँ से भी ज्यादा सुविधाएँ हैं। उन देशों में ही जाकर हिन्दुस्तान की इस सम्बन्ध की परिस्थिति का अध्ययन किया। ताजे नए वैज्ञानिक तरीके उपयोग में लाए जाएँ, तो यहाँ गो-वंश खूब बढ़ाया और उन्नत किया जा सकता है। लेकिन इस ओर ध्यान नहीं दिया जा रहा है। भारत कृषि-प्रधान देश है। गो-वंश पर उसका आधार है। इसलिए गो-सेवा के प्रश्न में ही उसका निस्तार है। भारत की स्वतन्त्रता भी उसी प्रश्न में संश्लिष्ट है। खेद है कि नेता इस ओर ठीक ध्यान नहीं देते। उनका यही काम होगा कि इस प्रश्न के महत्त्व को प्रकट करें। वे एक गो-शाला (डेयरी)

खोलने जा रहे हैं। बिलकुल आधुनिक तरीके पर। उससे दूध शुद्ध मिलेगा और गो-वंश की रक्षा और उन्नति के सब उपाय काम में लाए जाएँगे। गो-वंश कैसा क्षीण होता जा रहा है और भारत सो रहा है, धिक्कार है!

इस सबका आशय समझ मैंने आश्वासन दे दिया, "डेयरी खोलिए। सेर-भर दूध रोज तो मैं ले लिया करूँगा, अपने मित्रों से भी कहूँगा।"

उन्होंने भी देखा, उनका निष्काम लेक्चर व्यर्थ नहीं गया।

तब और बातें हुईं। अभी 15-20 दिन हुए ही लौटे हैं। बड़ा खर्च पड़ता है। पाँच साल में 12 हजार। परदेश बड़े अच्छे हैं। जी होता था, वहीं रहने लगूँ। पर भारत का ऋण है। उसे चुकाना होगा। भारत को खींचकर उसी पुराने गो-सेवा के लक्ष्य पर लाना होगा। पहले...!

फिर वही लेक्चर था, जिसे मैंने बड़े धीरज से बर्दाश्त किया। घर के पास आया, तब बोले, "अच्छा...!"

मैंने भी कहा, "अच्छा।"

"भाई, कभी-कभी मिल लिया करो।"

"जरूर मिल लिया करूँगा। डेयरी का पता तो लगेगा ही।"

"हाँ-हाँ, क्यों नहीं? वाह!"

इस तरह घर के दरवाजे पर लौट जाने को मुझे स्वतन्त्र छोड़ वे चले गए।

पुराने अभिन्न मित्र को पाकर मैं बहुत प्रसन्न हुआ। घर में जाकर बात सुनाई। सबने मुझे भाग्यशाली स्वीकार किया और अपनी-अपनी श्रद्धा-भेंट उनके दरवाजे पर चढ़ाने को सोचा।

4

उसके बाद दो-एक दफे देखा तो उनमें अन्तर पड़ गया था। बाकी बात वही थी, कपड़े बदल गए थे। यह नहीं कि मूँछें रखा ली हों। हाँ, अब खद्दर की टोपी, और आन्ध्र की मलमल-सी खद्दर की धोती, कुर्ता और चप्पल। बग्घी में बैठे होते थे। मैं पटरी पर चलता होता था। बग्घी सर से निकल जाती थी। कभी देख लेते तो मुस्करा पड़ते थे। तब वे अपनी डेयरी की जुस्तजू में थे, और नेताओं से मिलने-मिलाने का काम करते थे।

आखिर एक दिन दिन-दहाड़े ऐसा बीच-सड़क चल रहा था कि बग्घी को अपने आप रुकना पड़ गया। वे उतर आए। बोले, "कहाँ जा रहे हैं, प्रसादजी?"

"दरियागंज।"

"तो चलिए, मुझे भी उसी तरफ जाना है। बैठ चलिए।"

मैं निष्कंटक बैठ गया। तब पता मिला, डेयरी के काम का आरम्भ हो गया है। तभी वहाँ पहुँचने का निमन्त्रण भी मिला।

"आओ भाई, किसी दिन देख जाना। कुछ नहीं तो सैर ही सही। दूर तो है नहीं। वहाँ से कुल 3-4 मील जगह होगी।"

मैंने कुछ हाँ-हाँ, हूँ-हूँ कर ही दिया।

तब कितनी जमीन ली गई है, किस तरह उसे बोने के लिए बाँटा है, गायों की किस्म और तादाद और विशेषताएँ और गुन-गान और उनका महत्त्व आदि-आदि का अविरल बखान मैंने सुन लिया। उनकी गाड़ी में बैठा था। पर आपसे धीरज से न सुना जाएगा, इसलिए जाने दें।

उनका रास्ता जहाँ अलग होता था, वहाँ...!

"अब यहाँ...!"

मैं चट से बग्घी से कूद पड़ा।

"देखो, प्रसाद–आना। किसी दिन भी आ जाना। नहीं तो मैं ही ले चलूँ?"

मैंने भी कह दिया, "यही ठीक रहेगा। घर पर आठ बजे मिलूँगा। चला चलूँगा इतवार को।"

"अच्छा, मैं गाड़ी लेता आऊँगा। ध्यान रखना।"

"अच्छा।"

उनकी बग्घी चली गई और इतवार को घर पर नहीं आ सकी। पीछे पता चला, आवश्यक काम लग गया था।

5

मेरे घर एक स्वामी जी आए हैं। असहयोग के जमाने ने उन्हें अकस्मात संयोगवश प्रसिद्धि दे डाली है। पर प्रसिद्धि उनके योग्य नहीं है। प्रसिद्धि जैसी बाजारू चीज उनके साथ लगी अच्छी नहीं लगती। वे उससे घबराते भी हैं। मुझ पर उनका विशेष अनुग्रह है। मेरे वे पिता और गुरु सरीखे हैं। मेरे इस अध:पात के जमाने में भी उन्होंने अपना अनुग्रह मुझ पर से नहीं उठा लिया है। वे बड़ी जगह ठहरने और जाने से बचते हैं, और मेरे ही यहाँ ठहरते हैं।

दिल्ली की तंग गलियों और मकानों में उनकी उन्मुक्त आत्मा चैन नहीं पाती, इससे वे दिन में और रात में ज्यादातर बाहर निकल जाते हैं। हाँ, खाने का तो हमारे यहाँ ठीक है, बाकी कुछ नहीं।

इतवार का दिन था। मेरी छुट्टी थी। स्वामी जी ने कहा, "हम तो जाते हैं।"

"कहाँ जाइएगा?"

"जिधर को चल दिया।"

"अच्छा ठहरिए।" मैंने कहा और मित्र की डेयरी जाने के आमन्त्रण की बात सोचनी आरम्भ कर दी। दिन अच्छा है, चलो यही सही और आज ही सही। अपने ऐसे बढ़िया मित्र को दिखाकर अपने मन को भी थोड़ी शाबाशी जीतने की इच्छा हुई। स्वामी जी की निगाह में मैं कुछ उठ ही जाऊँगा। बोला, "स्वामी जी, एक जगह चलते हैं। एक डेयरी है, खुली जगह है, खेती भी है। मेरे एक पुराने मित्र का स्थान है।"

"चलो।"

मैं, मेरी स्त्री, छोटा बच्चा और स्वामी जी–गाड़ी लेकर हम चारों चल दिए। दोपहर होते-होते वहाँ पहुँच गए। मित्र वहीं मिले।

बड़ी लम्बी-चौड़ी जगह है। यह गायों के रहने की जगह है, यहाँ दुही जाती हैं; यहाँ चरती हैं, वगैरह। जमीन इस तरह बाँटी गई है, इतने में चारागाह, इतने में नाज की खेती, इतने में साग-भाजी, थोड़े में फल-फूल, उधर ईख है–यह सब-कुछ भी। पानी का यों इन्तजाम किया, इतनी कठिनाइयों का सामना करना पड़ा, अब बहुत ठीक हो गया है, खर्च बड़ा पड़ गया है–आदि-आदि व्यवसाय की बातें भी; दूध ऐसे ठीक रहता है, जर्म्स नहीं रहने चाहिए, आदि-आदि ज्ञान की बातें, अपने इस आदमी की और उस गो की शिकायत और तारीफ–इस प्रकार मित्र ने फुटकर सूचनाओं और ज्ञान का भंडार हमारे सामने पटक दिया। हमने कुछ सुना, कुछ नहीं सुना और बाकी बिखेर दिया।

हमने गो-सेवा के और कमाई के इस काम को देखकर प्रसन्नता जतलाई।

तब खाने की कुछ इच्छा प्रकट की। लेकिन यह भूल गए कि इस साल पाला कड़ाके का पड़ा था। खेती का सत्यानाश कर गया। चने के पौधे मरे पड़े हैं, बूँट अभी न जाने कब आएँगे, बाल गेहूँ की आई नहीं झुलस गई हैं, इसी से मटर में भी दाने नहीं पड़ पाए हैं। आखिर एक जरा ठीक-सा चने का खेत दीख पड़ा है, किन्तु हैं!

"उसमें फूल आ गए हैं, उसे नहीं। मैं दूसरा खेत बताता हूँ। वहाँ चने का साग ठीक मिलेगा।"

मेरी स्त्री ने चौंककर उस फूलदार चने के साग पर से हाथ उठा लिये। दूसरे खेत पर पहुँचे। कोंपले तोड़-तोड़कर खाकर कुछ तुष्टि प्राप्त की। मित्र इस बीच अपने इस उद्योग की अवस्था हमारे सामने फैलाते रहे।

"खेती यों होती, पर यह पाला...?"

पता चला गाजर-मूली हैं। उन्हें ही मँगाओ भाई! आखिर लौटकर आए और दुग्धशाला के आगे खुले मैदान में खाट डालकर बैठ गए। पेन्सिल-सी मूलियाँ और अंगुल-भर की गाजरें धोकर तश्तरी में पेश की गईं। हम चार जने एक तश्तरी-भर ये फल कैसे खा जाएँगे? तश्तरी सामने पेश करके सभ्यता भी जैसे यह देखने खड़ी

हो गई है। इससे कुछ तो भूख ही खाई और बड़े आहिस्ते से उठाकर तश्तरी में रखी इन फलों की एक-एक तराश खाई। खा चुके तब मित्र ने हुक्म दिया और तश्तरी नौकर उठाकर ले गया।

लेकिन बच्चा भूख नहीं निगल सका है। और मेरी स्त्री भी जरा-जरा...! मैं बड़ा सभ्य बन रहा हूँ, मानो वह तराश भी मेरे पेट में जाकर बैठ गई है। स्वामी जी बड़े प्रसन्न हैं।

एक बात भूल गया। गायों को दुहने वाले आदमी को छह रोज हुए एक गाय ने लात मार दी थी। उसकी आँख में लगी, आँख बेकाम हो गई और उसे अलहदा कर देना पड़ा। अभी तक दूसरे आदमी का बन्दोबस्त हो नहीं पाया है, इसलिए इसे उससे ही काम चलाना पड़ता है। इस तरह मिकदार से आठ पौंड दूध कम दुहा जा रहा है। कारण बताया गया।

"दुहने की एक खास प्रणाली होती है, जोर भी पड़ता है। आदी होने की बात है। जो नहीं जानता वह...!"

लेकिन कारण जानने को हम बहुत उत्सुक नहीं हैं। बस, हो गई बात कि आठ पौंड दूध कम होता है।

तो शाम हो रही है। अब चलना चाहिए। उधर सामने ही पौने दो-सौ पौंड दूध तुल चुका है। अब सील लगा के बाजार में जाएगा। बँधे ग्राहक हैं, वहीं पहुँच जाता है। बल्कि आठ पौंड कम दूध होने से बड़ी मुश्किल हो रही है। डिमांड ज्यादा है, सप्लाई कम--फिर उसमें से भी ये आठ पौंड कम हो गए हैं। बड़ी मुश्किल है!

कैसा साफ-सफेद गाढ़ा दूध भरा रखा है और कितना सारा! बच्चे ने माँ से कहा और मैंने सुना। पर मैं चुप रहा। स्वामी जी ने भी सुना, वे भी चुप रहे और हँस पड़े।

आखिर बच्चे की खातिर स्त्री को बेहयाई भुगतनी पड़ी। अलग बुलाकर कहा, "बच्चे के लिए थोड़े दूध को कह देते!"

मन करारा बनाकर मैंने जवाब दिया, "हाँ-हाँ, सो क्या बात है!"

मैंने फिर मित्र से कहा, "भाई, डेयरी में आए दूध चखा ही नहीं, यह भी कोई बात है?" मित्र पानी हो गए, बोले, "भई प्रसाद, आठ पौंड...!"

आगे की बात नहीं कहूँगा। चुप कर देने वाली सफाई थी।

जी हुआ उस पौने दो-सौ पौंड दूध में थूक दूँ और कीमत देकर मुकाबले को खड़ा हो जाऊँ। लेकिन कहा, "जाने भी दो। तो क्या हुआ? ऐसा क्या मैं कुछ नहीं समझता?"

फौरन हम चले आए। बच्चा भूखा रहा, पर रास्ते में कोई बाजार थोड़े ही पड़ता है जो कुछ लेकर दे दिया जाता!

6

घर के सब लोग इकट्ठा हुए। स्वामी जी ने हँसकर कहा, ''देखे आपके मित्र? यही तो दुनिया है!''

मैं बचाव पर उद्यत हुआ, बोला, ''वे...। लेकिन..!''

पर बात कहने को मिली नहीं। स्वामी जी ने कहा, ''तुमको भी ऐसा बनना चाहिए, समझे!''

मैं चुप।

तब से स्त्री को अच्छी बात कहने को मिल गई है। और मैं चुप हो जाता हूँ। पर मैं भी समझता हूँ--लाचारी एक चीज होती है और नीयत पर हमला नहीं होना चाहिए।

लेकिन स्वामी जी सब बातों पर हँस देते हैं।

गर्दी

चित्रा मुद्गल

टैक्सी वाले ने मीटर डाउन कर प्रश्न-भरी दृष्टि से उसकी ओर देखा।

"सायन सर्किल"...पिछली सीट पर बैठते हुए उसने उत्तर दिया।

एयर बैग उसने दाहिनी खिड़की की ओर सरका दिया। छोटी अटैची नीचे पाँवों के निकट ही रख ली। एयर बैग बहुत भारी है। क्या भरा हुआ है, उसे मालूम नहीं। शक्करपारे रखे हुए हैं, इसकी जानकारी चलते समय उसे विशेष रूप से दी गई ताकि वह यात्रा के दौरान इच्छा हो तो उन्हें चाय के साथ टूँग सके। दीर्घ निःश्वास भरकर उसने स्वयं को सीट पर ढीला छोड़ दिया और आँखें ढाँप लीं। टैक्सी की धीमी-तेज होती रफ्तार उसके ऊपर से गुजरने लगी...

रेनू ने कहा था कि बेसिर-पैर की उड़ती-उड़ती बातें सुनकर मुझे भी कुछ अच्छा नहीं लगा। बल्कि विश्वास नहीं हुआ कि तुम ऐसे हो सकते हो... सम्बन्धों के विकल्प बहुत जरूरी होते हैं, हम सबके लिए। जीने के लिए। विकल्प जरूरी नहीं होते तो शायद हम अपने सगे काका, चाचा, ताई, बुआ के अलावा अन्य किसी को इन रिश्तों से सम्बोधित न करते। लेकिन सत्य की खुरदुरी वास्तविकता एक यह भी है कि उनके आधार अचानक हमारी तृष्णाओं-भावनाओं के दबावों को जाने-अनजाने ग्रहण कर किन्हीं और भावों और रूपों में अँकुआ आकार को छटपटाते अपने नैतिक सम्बोधनों के प्रति बेईमान होने लगते हैं।

"तुम राजी के साथ...इसमें से किसी भी रूप में होओ आपत्ति नहीं, कम-से-कम मुझे नहीं। लेकिन ईमानदारी पहली शर्त है...अपने को जानने और उसे छद्मविहीन होकर जीने की..."

"शायद...ईमानदारी से ज्यादा सही शब्द है 'साहस'..."

"तुम खामोश कैसे हो गए?...

...रास्ते-भर वह उलझा रहा। अपने से नहीं, कुछ अनचाहे दबावों से विवश। यात्रा में वह पढ़ने का शौकीन है। वेद प्रकाश कम्बोज का कोई भी हलका-फुलका जासूसी उपन्यास। नहीं पढ़ पाया...बार-बार खोलकर आँखों के सामने फैला लेने के बावजूद।

दिमाग में रेनू थी। रेनू के साथ वह घर...वह घर जिसके बारे में वह चीख-चीखकर रेनू से अपना असन्तोष व्यक्त करना चाहता था कि तुम एकपक्षीय होकर मेरी ओर ही क्यों उँगली तानकर खड़ी हुई हो? उसकी ओर तुम्हारी उँगली क्यों नहीं उठ रही! वह कहना चाहता था, "रेनू, वह घर मेरे लिए धारा की प्राणलेवा भँवर सदृश्य हो गया है, जिसमें फँसकर अपनी दर्दनाक मौत को रेशे-रेशे महसूस करते हुए उसकी ओर बढ़ना होता है। ये लोग, सिर्फ मेरी अन्त्येष्टि की प्रतीक्षा में हैं...उतावले!"

वह इतना निर्मम और कटु होकर क्यों सोच रहा। उसे अपने ऊपर अचरज हुआ। बरसों बाद जब लोग अपने आत्मीयों से मिलते हैं तो एक स्निग्ध पुलक से भर उठते हैं। उन्हें छोड़ने का मन नहीं करता। किन्तु...उसके साथ सब कुछ विपरीत हुआ। उसे उनसे अलग होना साँसें पाने जैसा लगा। शायद इसलिए कि वह अपनों से नहीं...संशयों से मिला, अविश्वास से भेंट हुई उसकी!

"तेरी तो माँऽऽऽ..." टैक्सी ड्राइवर की भद्दी-सी गाली ने उसे चौंका दिया। वह दाहिनी ओर को लुढ़कते बचा। किसी गाड़ी ने शायद गलत तरीके से ओवर टेक किया।

"मरने की जल्दी है सालाऽऽ...लोगों को," ड्राइवर झुँझला उठा, "देखा सा'ब, आपने? वो मरता, हम लोगों को भी साथ में ले जाता।"

उसे कुतूहल नहीं हुआ। न कोई दिलचस्पी। उसे बेवजह सुनाया जा रहा या सुनाई पड़ रहा। अपने इर्द-गिर्द उबल रही गर्दी (भीड़) से उलझा वह किसी और प्रवंचना के लिए प्रस्तुत नहीं। वह सीधा गेस्ट हाउस पहुँचना चाह रहा। कमरे पर करंदीकर होगा ही। बोलना तो वह बिलकुल नहीं चाहता। अपने से भयभीत है। होठ खोले तो शायद ड्राइवर से कह देगा, "कोली वाड़ा...सरदार नगर चलो। आज इतवार है। राजी घर पर ही होगी...और...और उसकी प्रतीक्षा कर रही होगी..."

"डिच"...एयरबैग पलटकर सीट पर लुढ़क गया। टैक्सी को सहसा ब्रेक का झटका लगा। उसने दरवाजे से लगे हैंडिल को जकड़ लिया।

माँ के लिए यह साड़ी ठीक रहेगी न? खटाऊ की फुलवायल है। मन नहीं किया कि एकदम सादी-सी ले लूँ। हलके बैंजनी फूल हैं। तुम जबरदस्ती पहनाना उन्हें। ब्लाउज कैसा पहनती हैं? सलूके टाइप? तब एक गज पूरा लग जाएगा। बड़ी भाभी के लिए चमड़े का बटुआ रखे दे रही हूँ। तुम बता रहे थे न, उन्होंने हमसे फरमाइश

की थी एक बार? लो, यह रख लो योनेक्स के दो रैकेट! रीता और आलोक के लिए...माँ की चप्पलों के नाप का अन्दाजा है?

हर बार अटैची से कपड़े निकालते हुए हाथ नीचे दबे उपहारों से टकरा गए।

उस रोज गुसल जाने से पहले बड़ी देर तक वह अटैची खोले रहा। मन हो आया कि सबको आवाज देकर करीब बुला ले और सांताक्लॉज की भाँति रह-रहकर कुनमुनाते उपहारों को उनके हाथों में पकड़ा दे, "तुम्हारे लिए राजी ने भेजे हैं...तुम लोग जो उसे...डायन, ठगिनी घोषित करने पर तुले हुए हो।"

किसी को पुकार नहीं पाया। खुसफुसाहटों से भरी शक्लें दंगाइयों-सी हाथों में गंडासे ताने नजर आईं, जो मौका पाकर उन उपहारों की हत्या कर देने को कटिबद्ध लगीं। उसे राजी की भावनाओं की हत्या मंजूर नहीं। उसने कपड़ों के ढेर के नीचे काफी सावधानी से उपहार दबा दिए ताकि जरूरत की चीजें निकालते समय कोई करीब आ भी खड़ा हो तो उसे उनकी भनक न लगे।

चौथे ही दिन माँ ने जिद की, "दोस्तों से अड्डेबाजी बहुत हो गया...पन्द्रह दिनों के लिए ही आया है। वह भी चार साल बाद। रेनू और पुष्पा, दादा-दादा करते नहीं अघातीं। उन दोनों बहनों के पास एक-एक दिन के लिए रह आ। खबर उन्हें लग ही गई होगी कि तू आया हुआ है। सुनकर वे खुद ही चली आतीं। एक तो ससुराल का मामला ठहरा, ऊपर से दोनों के बच्चे स्कूल जाते हैं..."

आज्ञाकारी बच्चे की भाँति माँ की बात फौरन मान ली। रेनू से मिलने की इच्छा उसके भीतर स्वयं बलवती हो रही थी। घर में सिर्फ रेनू ही तो थी, जिससे उसकी पटने की हद तक पटती। उमर में उनमें चार-पाँच साल का अन्तर था। लेकिन रेनू उसे अपने से बड़ा मानने को तैयार ही नहीं होती। कई बार माँ के हाथों इसलिए पिटी कि वह उसे कभी दादा कहकर पुकारने को तैयार नहीं हुई। जब कभी रेनू से खट जाती, वह किसी बहाने माँ से जड़ देता, "चार कप चाय मँगवाई थी ऊपर। पट्ठी ने सुनी-अनसुनी कर दी। आखिर मुझे ही नीचे आकर ले जाना पड़ा। हर्जा नहीं होता पढ़ाई में?"

उस दोपहरी...सीढ़ियाँ फलाँगती जरझौंसी माँ के साथ बड़े भैया को भी ले आई थी दुछत्ती में।

बिखरी किताबों-कॉपियों के बीच ताश जमी हुई थी। सभी की उँगलियों में सिगरेट सुलग रही थी। बड़े भैया और माँ को साक्षात् सामने खड़ा पा मंडली को साँप सूँघ गया। दोस्त कॉपी-किताबें समेटे बिना उठकर सटक लिए। उसके गाल पर एक झन्नाटेदार थप्पड़ जड़कर भैया माँ की छूट को कोसते पाँव पटकते नीचे उतर गए।

अगले ही रोज फरमान जारी हो गया कि दोस्तों के साथ ऊपर पढ़ने के बहाने मौज-मस्ती नहीं चलेगी। पढ़ना ही है तो रेनू के संग बैठकर पढ़। एक दरजे में न हुए तो क्या हुआ, साथ बैठकर पढ़ा तो जा ही सकता है?

साथ कॉपी-किताबें खोल लेने के बावजूद काफी दिनों तक उनमें कुट्टी रही। एक पूरब को मुँह फेर लेता, दूसरा पश्चिम को। लेकिन मन-मुटाव ज्यादा समय तक चल न पाया। दोनों समझौते पर उतर आए।

और वह अंडा प्रकरण! एक दोपहर उसे आमलेट खाने की प्रबल इच्छा हुई वह...जेब में छिपाकर अंडे ले आया। चाय के बहाने रेनू ऊपर स्टोव उठा लाई। माँ किसी के घर अपना चकला-बेलन संग ले बारात की पूड़ियाँ बेलने गई हुई थी। रेनू ने आमलेट बनाया। प्याज के छिलके उसने बड़ी होशियारी से छत की मुँडेर के पिछवाड़े फेंक दिए। माँ के आने से पूर्व बरतन माँज-धो चौके में पहुँचा दिए। लहसून और प्याज से वर्जित घर में अंडे। माँ की कट्टरता से भयभीत दोनों ने पेट-दर्द का बहाना कर उस रात उनके नजदीक बैठकर गरम-गरम फुलके नहीं परसवाए। रेनू दुछत्ती में चार अगरबत्तियाँ एक साथ जलाकर रख गई।

...वही घर! उसके और नटखट रेनू के ऊधमों से उल्लसित कितना। अपरिचित रौनकविहीन मिला उसे! उन हुड़दंगों को उसने सब तरफ घूम-फिरकर टोहने पाने की कोशिश की...

माँ को तमाम वहम हो गए थे।

मसलन वह राह पर नहीं। किसी के बहकावे में अपना दीन-धर्म भूल गया कि वह कोई अनाथ बच्चा नहीं, उसके किए-धरे का कोई हिसाब-किताब लेनेवाला सिर पर मौजूद नहीं। भले ही वह अरसे तक कमाने-धमाने के चक्कर से दूर परदेश पड़ा हुआ। उन वहमों पर अविश्वास की दीवारें चुन दी थीं राजी की चुप्पी ने। माँ की हर जिज्ञासा, बेतुके सवाल का रूप धर उस पर कुल्हाड़ी उठाकर उसकी समझ में नहीं आया कि माँ स्त्री होकर किसी स्त्री की भावनाओं के प्रति नासमझ, कठोर और दुराग्रही क्यों है? उसकी चुप्पी उन्हें बेलगाम प्रपंचों से दूर करने की कोशिश नहीं, अपने मातृत्व की अवहेलना और किसी पिशाचिनी के दुष्प्रभाव का दुष्परिणाम महसूस हुई। जितने दिन वह घर पर रहा माँ ने न जाने कहाँ-कहाँ की राख बड़ी चतुराई से आँखें बचाकर उसकी चाय या दूध में घोल-घोलकर पिलाई। छुआ-छुऊकर टोटके किए। उसे आभास हो गया कि उसके पीछे उसकी अटैची को खोला गया। चीजें रखीं यथास्थान अवश्य दिखीं। बस उनका क्रम बदला हुआ आया।

''तुम्हें सच बता दूँ?'' बोलते-बोलते वह क्षण-भर के लिए ठिठका, कुछ भी नहीं है जो ये सोचे बैठे हुए हैं।

''उस महानगर के बियाबान में, जहाँ रोजी-रोटी की तलाश में पहुँचा व्यक्ति संघर्ष की आरी से बोटी-बोटी होता अपनी संवेदनाओं का रक्त स्वयं पी जाता

है...वहाँ सुरक्षित बचता तभी है जब उसे अनायास किसी घर में अपना घर मिल जाता है। रिश्ते मिल जाते हैं...''

''अपने घर की भभक खतम हो जाती है?''

''तुम भी उलझ गईं?''

''...जो भी बम्बई में तुमसे मिलकर आया, तुम्हें समझकर आया, उसने यही स्पष्ट किया कि तुम उस घर को चलाने लगे हो...''

''घर जरूर चला रहा था। उसकी जरूरत थी। अब राजी खुद नौकरी करने लगी है।''

''राजी!...''

''राजी भाभी! परिवार पर अचानक टूटे पहाड़ के चलते जिन परिस्थितियों में वे अकेले असहाय हुए, वहाँ अगर मैं उन्हें बेसहारा छोड़ देता...तो शायद अपने से ज्यादती होती...तुम सबसे भी क्योंकि तुम सब उस घर में मेरे लिए मूर्त हो गए थे...''

''बच्चे कितने हैं उनके?''

''दो...दो लड़कियाँ। रूना दस की है। मीता छह साल की।''

''उम्र में तुमसे बड़ी है?''

''जानने की आवश्यकता नहीं अनुभव की।''

''इतनी छोटी उम्र में...उमेश को बीमारी क्या हुई?''

''अलसर फट गया...डॉक्टरों को भी हैरानी हुई, इलाज क्यों नहीं हुआ?...तुम्हें उमेश का नाम कैसे पता?''

''भूल गए? तुमने ही तो लिखा था कि उस महानगर में तुम्हें तुम्हारा एक बहुत पुराना अजीज दोस्त मिल गया है, उमेश!''

''सिगरेट मिलेगी?'' उसे अच्छा लगा। रेनू पहले की ही तरह उससे लम्बी-लम्बी बातें नहीं कर रही। तर्क कर रही। जो उनका परस्पर पुराना रिश्ता है और पुराने रिश्ते को अनायास लम्बे अन्तराल के बाद उनके दरमियान सजीव हो उठना तसल्ली दे गया।

''मुश्किल है। ये तो पीते नहीं, रखते जरूर हैं दोस्तों आदि के लिए। देखती हूँ इनकी मेज की दराज में।'' ढूँढ़कर रेनू सिगरेट का पैकेट और माचिस ले आई। वह सिगरेट सुलगाकर बड़ी देर तक मौन हो आया। रेनू को देखता-भर रहा। पता नहीं कहाँ थी वह। उसमें या अपने में।

खामोशी तोड़ी, ''तुम्हारे प्रोफेसर साहब की कहानियाँ-वहानियाँ पढ़ता रहता हूँ, बहुत बकवास झाड़ा करते हैं।''

''बहुत से लोग इस बकवास की तारीफ करते नहीं अघाते। फिर तुम्हें कहानी की समझ कहाँ! तुम तो पढ़ते होगे विनोद-हमीदवाली जासूसी किताबें?''

वह हँसा, "कुछ परिष्कृत हुआ है मामला। वेद प्रकाश कम्बोज पर आ गया हूँ। लौटेंगे कब तक?"

"तीन-चार रोज मद्रास में ही लग जाएँगे। उड़ीसा में भी एक-आध रोज रुकेंगे...सतीश वहीं है। सबसे छोटावाला देवर। याद है?"

"हाँ..."

"एक प्याला कॉफी और चलेगी!..."

"हूँऽऽ..."

उसके खाने से वह कुछ उलझी। आहिस्ता से उसकी कुरसी के हत्थे से आकर टिक गई।

"जरा बच्चों को देखकर आती हूँ। ऊधम ज्यादा ही हो रहा, कॉफी भी बना लाती हूँ। कहाँ तो तुम दिन में कम-से-कम छह-सात बार चाय बनवाकर पिया करते थे...तुम्हें आए हुए पूरा दिन हो रहा और तुमने..." रेनू का स्वर मीठे उलाहने से भर आया।

"भानजे-भानजियों की संख्या तुमने कुछ ज्यादा ही बढ़ा ली।" दूसरी सिगरेट जलाकर उसने होठों में गहरा कश खींचा। "तुम्हें तो सिर्फ एक चाहिए था!"

"चलो, तुम्हें यह परेशानी नहीं झेलनी होगी। दहेज में ही मिल रहे..."

"रेनू!!..."

मुड़ती हुई रेनू क्षणांश उसके स्वर के बर्फीलेपन से जड़ हो उठी। फिर तेजी से मुड़ी और रसोई की ओर बढ़ गई।

वह अपने भीतर विस्मित होता बुदबुदाया, "कहीं रेनू में माँ की आत्मा तो नहीं प्रवेश कर गई?"

उँगलियों के बीच फँसी हुई सिगरेट की टीप घूरी उसने!

उसे माँ के 'डेथ बेड' पर होने का झूठा टेलीग्राम देकर बुलाया गया था...

राजी चिन्तित हो उठी थी। वह भी घबरा उठा।

"छुट्टी की समस्या है?"

"जो भी हो, तुम्हें जाना चाहिए!...लीव विदाउट पे ले लो।"

शुरुआत में उस अपरिचित महानगर के चार दिन भी चार साल से खिंचे हुए महसूस हुए थे। आया तो भीतर-ही-भीतर अनिश्चिन्त था। पता नहीं किस वक्त यह तय कर ले कि उसे इस शहर में कतई नहीं रहना। चलते समय उड़ेली गई दोस्तों की हिम्मत अफजाई भी, यहाँ की दमघोंट गर्दी में हाथों से सरक गई थी। तीसरे रोज ही उसका

जी एकदम भड़भड़ा उठा। गेस्ट हाउस के सँकरे कमरे की दीवारें सिमटती-सी महसूस हुईं। लगा, किसी भी क्षण किसी जेलर का रूमाल हवा में लहराएगा और उसके नीचे से फाँसी का तख्ता खींच लिया जाएगा...

चलते समय अपने कस्बे में दोस्तों ने उसे अच्छी नौकरी पाने के लिए बियर की पार्टियाँ दीं। नौकरी को लेकर वे उससे ज्यादा खुश दिखे थे, "हिन्दुस्तान के सबसे सम्पन्न शहर से मिल सकोगे, यार। हमें देखो, कस्बे की घिसी-पिटी नौकरी में केंचुए से घिसट रहे हैं।"

गाड़ी पर छोड़ने आया पूरा घर अपनी छाती की ऊष्मा उड़ेलता उसे आश्वस्त करता रहा, "हम सब तुम्हारे साथ चल रहे हैं।"

"यार, कुछ जमा-जुमू लो तो जरा अपना भी खयाल रखना। वहाँ के एक-आध कॉलेज में मैंने प्रार्थना-पत्र भेजा हुआ है।" एक दोस्त ने कहा।

"डॉ. सिंहल वहीं हैं। मिलना हो तो मेरे विषय में चर्चा छेड़ना।"

वे सब जानते थे, वह कहीं टिकता नहीं। उसके लिए टिक पाना बड़ा मुश्किल है। किसी वक्त मन उचाट हुआ नहीं कि बोरिया-बिस्तर बाँध शहर से बाहर। कुछ को उसकी ये हरकतें गैर-जिम्मेदाराना लगतीं। कुछ ईर्ष्या से भुनते। कितना बे-मुरव्वत है। किसी को छोड़कर अकेला नहीं हो जाता...

तसवीर बहुत जल्दी बदल गई। वापसी के लिए बोरिया-बिस्तर बँध चुका था कि उसके दम घुटे और ऊबे मन को अचानक उस विकराल शहर की अजनबियत के बीच अपनत्व का स्पर्श मिल गया। वह 'सायन' स्टेशन था, जहाँ उमेश से सहसा उसकी भेंट हो गई।

स्टेशन की गर्दी की धक्का-मुक्की में एक अपरिचित हथेली का दबाव उसे बहुत पीछे लौटा ले गया।

कुछ ज्यादा मोटी हो गई शक्ल और फूल गए शरीरवाले उमेश को पहचानने में थोड़ी मुश्किल हुई। पहचानते ही वे एक-दूसरे के बगलगीर हो गए। उस शहर की पहली आत्मीयता! पहली बौछार की सौंधाती माटी-सी। इलाहाबाद! नैनी की एक फैक्टरी में 'क्रेनों' को संचालित करता छरहरा युवक उमेश। ग्यारह साल पहले उसने मामाजी के पास रहकर कुछ दिनों वहाँ काम किया था। उन कुछ दिनों में वे और उमेश एक हद तक बेतकल्लुफ हो गए थे। शाम के बाद का पूरा समय उनका अपने ढंग से कटने लगा था।

...मामी की झुँझलाहटों में मामा लाचार थे। रात देर से आना उसके बिगड़ेपन का कारण मान लिया गया। दूसरी जगह ठिकाना बनाने का मतलब गलत निकाला जाता। तना-तनी से उखड़कर वह घर लौट आया। बाद में उसके और उमेश के मध्य मुश्किल से एक-आध पत्रों का आदान-प्रदान हुआ होगा। घर पर ही रहकर उसने

मैनेजमेंट का कोर्स किया, पार्ट टाइम जॉब भी। इसी बीच सहसा उसकी नियुक्ति दिल्ली की एक 'फर्म' में हो गई। कोर्स अधूरा छोड़कर वह दिल्ली चला गया। शुरुआत में छुट्टी मिलने का सवाल नहीं उठता था। साल-भर बाद घर पहुँचा, तो माँ ने उसके नाम इकट्ठी हुई तमाम डाक थमा दी, "रेनू थी तो इन्हें भेजा-भाजा करती थी तेरे पास। मुझसे नहीं होता-हवाता। फिर तेरा पता-ठिकाना भी कोई एक हो तो।"

उन्हीं पत्रों के बीच उसे उमेश की शादी का कार्ड मिला।

"सीधा घर चलते हैं, दस मिनट का पैदल रास्ता है।" उमेश ने कहा उससे।

"मैं चाहता हूँ, गेस्ट हाउस में बैग रखकर तनिक तरोताजा हो लूँ?"

"मुझे तो तू पहाड़ खोदकर आया नहीं लग रहा?"

"फिर भी..." उसने जवाब दिया।

"चल, छोड़ भी..."

दोनों ने 'ताशकंद एम्पोरियम' के सामने से सड़क पार की और 'रूपम' वाली गली में मुड़ गए। उमेश की रस-भरी बतकही में ग्यारह साल लम्बा अन्तराल एक-पर-एक प्लेटफॉर्म छोड़ती गाड़ी-सा गंतव्य की ओर बढ़ता फासला तय करता रहा। जब तक वे कोलीवाड़ा 'रेलवे क्रॉसिंग' पर पहुँचे, वह उसकी प्यारी पत्नी राजी, बच्चियों–रूना और मीता–से परिचित हो चुका था। उनकी कद-काठी से ही नहीं, चेहरे, मोहरे, पसंद-नापसन्द, रुचि-अरुचि से भी। पटरियों पर से गुजरते हुए उसे महसूस हुआ कि जैसे वह उमेश के घर पर पिछले ग्यारह वर्षों से निरन्तर आ-जा रहा है। कल रात वह वहीं था।

आज शाम फिर जा रहा है। कोई अन्तराल उनके मध्य गुजरा ही नहीं...

हाउसिंग बोर्ड की चालनुमा इमारतों के बीच से होते हुए वे ट्रांजिट कैम्प से लगी हुई मुख्य सड़क पर आ गए।

"यहाँ सरदारों के ढाबों पर तन्दूरी और फ्राई फिश इतनी लजीज मिलती है कि..."

"तो हो जाए एक दिन बियर का जश्न।"

"बियर की छोड़, बेवड़ा चखा है बम्बई का?"

"बेवड़ा?"

"अड्डे की देसी...परसों-नरसों का कार्यक्रम बनाएँ?"

"पक्का," वह चहका। बम्बई में वह उसकी पहली भट्मारी होगी।

किसी अड्डे पर जाने के प्रस्ताव पर उसे बेहद खुशी हुई। शादीशुदा दोस्तों से वह इस मामले में काफी निराश रहा। कोई कार्यक्रम बनाओ, वे भीगी-बिल्ली से लार टपकाते हुए गले में पड़े 'लाइसेंस' के पट्टे छूने लगते।

"...पता नहीं रांड ने क्या कूट-काटकर पिला दिया जो उसके बच्चों में बाल सफेद कर रहा है।" कुहनियों के नीचे पलकों के भीतर चल रहे स्मृति-दृश्य एकाएक टूट गए। माँ की जहरीली खुश-फुस ने उसकी नींद हुसका दी।

"नर्सिंग होमवाली की लड़की दिखा आप शादी-वादी की बात पक्की करके ही भेजो।" पुष्पा जिज्जी के स्वर में अब और अधिक ढील न देने की चेतावनी थी।

"दो-तीन बार बात निकाली कि भड़क गया—मुझे अभी 'सैटल' होना है।"

"चक्करों में मत आइए। कहीं का नहीं छोड़ा। ज्यादा तिया-पांच करे तो कह दीजिए सीधा कि मैं भी तेरे साथ चलूँगी। सेहत ठीक नहीं मेरी। इलाज का बहाना बना करके टिकट कटा लो।"

"कहा, यह भी कहा।"

"असर नहीं हुआ?"

उसने करवट भरी। माँ और जिज्जी उसके जागने के अन्देशे में सहसा खामोश हो गईं। महसूस हुआ, कमरे में धीरे-धीरे हवा खत्म हो रही। उसे उठकर बाहर निकल जाना चाहिए। उठा नहीं। ढीलेपन से जकड़ा आँखें मूँदे पड़ा रहा।

जिज्जी कल शाम आई हैं उससे मिलने। इस बात पर नाराज थीं कि वह छोटी रेनू से मिल आया, उनसे मिलने नहीं पहुँचा। वे हमेशा ही उससे अपने बड़े होने की हक अदायगी चाहती रहीं। पता नहीं क्यों, अन्य भाई-बहनों की तरह न वह कभी उनका रोब खा पाया, न घर में की गई उनकी दखलन्दाजियों को ही बर्दाश्त कर पाया। उस पर अपने दबदबे को बेअसर देखकर वे हमेशा खुन्नस खाती। डंके की चोट पर घोषणा करतीं, "इसे तो भला आदमी बनना नहीं...न एक दिन यह खानदान की नाक कटवाकर हथेली पर धर दे तो मेरा नाम पुष्पी नहीं..." और बरसों पहले उसको लेकर की गई भविष्यवाणी आज उन्हें असलियत में परिणत होती दिखी तो वे सवा सेर हो उठीं।

उसे पुनः चियाया हुआ पाकर उनकी हिम्मत निर्द्वन्द्व हुई। खुस-फुस फिर शुरू हो गई। माँ बोलीं, "बोला, कहीं कमरा ठीक-ठाक देख लूँ, तब बुला लूँगा।"

"चार साल से बम्बई में है, एक कमरा ठिकाने का नहीं ले पाया? चार सालों में लोग बम्बई में अपना फ्लैट बना लेते हैं?" जिज्जी ने अविश्वास जाहिर किया, "सब बहाने हैं कहीं ब्याह-श्याह तो नहीं कर बैठा गुप-चुप उस रांड से?"

"भगवान जानें।" माँ ने प्रतिक्रिया में निःश्वास भरा।

"भगवान-वगवान! तो क्या...फाँस रखा है उसने। अब छोड़ना भी चाहे तो वह क्यों छोड़ेगी? दूसरा खसम करने का रिवाज जो चल निकला है..."

"कहता है, भाभी है मेरी।"

"उसने कहा और हमने मान लिया। कमाई हड़पने के बहाने हैं हरजाइयों के।"

कब तक पड़े-पड़े सुनता रहे? चादर परे फेंककर उठ बैठा। पंजों में अजीब किस्म की चटकन भरने लगी। जी में आया दोनों डायनों की गरदनें मरोड़कर दीवार से लगी खूँटी पर टाँग दे। पर...फायदा?

माँ इस सम्बन्ध में उससे सीधे-सीधे जवाब-तलब क्यों नहीं करती?...

खूँटी पर टँगा तीन दिन पुराना मैला कुरता उतारकर शरीर पर डाल वह पैर पटकता हुआ कमरे से बाहर निकल आया।

माँ की पुरानी आदत है। जुमले उनके होते हैं, जबान जिज्जी की। विष बुझी। वो कुछ कहना चाहती हैं, वह स्वयं नहीं कहतीं, कहलवाती हैं। और जो कुछ जानना होता है वह दूसरों से सुनती हैं खुद उससे पूछती नहीं...

कुरते से भभक रही अपने ही पसीने की बू ने जी मितला दिया। मुँह में पनिया मतली को उसने जीने की दीवार पर 'पिच्च' से थूका। तीन-चार बार।

इतनी फिकर यहाँ किसे कि वह रेनू के यहाँ से लौटा है और उसकी अटैची मैले कपड़ों से भरी हुई है। कैसा प्यार है? अपनत्व किस बात का?

वहाँ...उस घर में...उसके कपड़े इतने समय तक मैले-कुचैले टँगे होते? वे पिछली रात अपने घर छूट गई रेनू को सहसा बाँह से दबोच अपने निकट खींच लाया और प्रश्न कर बैठा। कितने ताने-तुक्के कस रही थी उस पर कि वह अपने घर, अपने घरवालों की चिन्ता छोड़कर दूसरों की खिदमत में अपना भविष्य स्वाहा कर रहा है।

"बड़ा परिवार है यहाँ फुरसत किसे...।" रेनू ने जवाब दिया।

"वहाँ कैसे फुरसत निकल आती है! घर के कामकाज के साथ राजी नौकरी भी तो कर रही?"

"आदमी को वश में करने के मन्तर भी तो हो सकते हैं ये?"

"वे मन्तर यहाँ नहीं हो सकते?"

"खून के रिश्ते में दिखावों की लल्लो-चप्पो नहीं होती।"

"यानी खून का रिश्ता हर मर्ज का इलाज हो गया? खून का रिश्ता न हुआ तकाजों भरा महाजन का डंडा हो गया?"

साथ चलती रेनू एकाएक निरुत्तर हो आई।

"क्यों फिजूल भाड़ा भरते हो?"

राजी की बात उसे सही लगी थी। गेस्ट हाउस के कमरे में वह रात को सोने भर के लिए ही जाता है। गेस्ट हाउस के यार-दोस्त उस पर फिकरे कसने लगे हैं। "कई जरूरतमन्दों को बिस्तर नहीं मिलते...तू कमरा छोड़ क्यों नहीं देता...?"

बहुत सोचा, राजी और दोस्तों के तर्कों पर गौर करता रहा। उनकी बात शत-प्रतिशत सही लगी। वहाँ जाए बगैर वह रह नहीं सकता। कभी भूले-भटके दोस्तों में फँस भी गया तो कमरे पर लौटकर पता चलता कि राजी का फोन आया था...

तब मन करता कि सोने की बजाय वह फौरन राजी के घर पहुँच जाए। रूना और मीता अभी सोई नहीं होंगी...राजी किसी उपन्यास में स्वयं को उलझाए जाग रही होगी। खाना हो चुका होगा, उसके बावजूद राजी का आग्रह होगा कि साबूत उर्द उसने राजमा बनाया है...वह जरा चखकर तो देखे...? रूना कॉफी पिलाए बगैर नहीं मानेगी। मीता, हमेशा की भाँति ठुनकती एक ही फरमाइश दोहराएगी, "अंकल, हम आज आपको लौटने नहीं देंगे...आज आप हमारे पास सोएँगे और हमें राजा हरिश्चन्द्र की कहानी सुनाएँगे।"

मीता को पौराणिक कथाएँ सुनने का शौक है। अचानक याद आएगा तो तुरन्त माँगेगी, "अंकल मेरी 'एक्लेयर'?..."

पूरा परिवार उसे घेरे हुए था।

उसी क्षण उसे लगा कि जब तक उसने कसम खाने के लिए माँ के सिर पर विवश हो हाथ नहीं रखा, वह जिन्दा था। हाथ रखते ही वह सचमुच बड़े भैया के साथ बहुत पहले चीन की लड़ाई में मारा जा चुका है।

माँ उसे कहाँ समझ पाई?

रेनू उस क्षण अनुपस्थित होकर भी उसके मस्तिष्क में उपस्थित है।

व्यंग्य से पूछा उसने, "वाकई माँ के सिर पर रखा हाथ तुम्हारा ही था?"

रेनू से झूठ नहीं बोल पाया, "नहीं।"

"तो फिर तुमने टैक्सी वाले से सीधे-सीधे क्यों नहीं कहा कि वह तुम्हें सरदार नगर ले चले?"

"मैं वहीं जा रहा हूँ, रेनू!"

अनायास उसका हाथ बाएँ बाजू पर माँ के द्वारा बाँधे गए ताबीज पर चला गया। ...'मौनी बाबा का है...तेरी सेहत ठीक रहेगी...' जानता है, सेहत की आड़ लेकर उस पर टोने-टोटके आजमाए जा रहे हैं। उँगली के जोर से उसने ताबीज का डोरा खींचा। ताबीज को नहीं, अपने सिर पर माँ की कसम धराता हाथ उठा रहा हो और उस हाथ को उसने पीछे से तेजी से चली आ रही 'डबलडेकर' बस के सामने उछाल दिया...

पचास सौ पचपन

रवीन्द्र कालिया

वे तीन थे—आर्टिस्ट, फ्रीलांसर और प्रोफेसर। बड़ी दौड़-धूप के बाद उन्हें रैगड़पुरे में एक कमरा किराए पर मिला था, कमरा पहली मंजिल पर था और नीचे पंजाबी मालिक-मकान अपनी दूसरी बीवी और दो लड़कियों के साथ रहता था। जल्दी ही तीनों कपड़े धोने और मसाले कूटने की आवाज के आदी हो गए थे। पिछले कई महीनों से मालिक-मकान ने किराया बढ़ाने की बात नहीं छेड़ी थी क्योंकि प्रोफेसर हर महीने की पहली तारीख को भाड़ा चुका देता था और इन तीनों को मालिक-मकान की किसी लड़की का नाम तक मालूम नहीं था और न ही इनमें से कोई पानी लेने के बहाने बार-बार नीचे जाता था। अगर फ्रीलांसर प्रयत्न न करता तो शायद इन्हें यह भी पता न चलता कि मकान का नम्बर पचास सौ पचपन है और मालिक-मकान की कितनी लड़कियाँ और कितनी टैक्सियाँ हैं।

फ्रीलांसर सुबह उठने का आदी था और जब तक आर्टिस्ट और प्रोफेसर उठते, वह प्रोफेसर का अखबार चाट जाता और केतली में चाय का पानी चढ़ा देता। उसने मन-ही-मन में तय कर रखा था कि नौकरी मिलते ही वह चाय बनाने की बेगार छोड़ देगा और पहले की तरह ढाबे से चाय का प्रबन्ध कर देगा। दरअसल वे एक ही ढाबे से खाना और चाय वगैरह मँगवाते थे, जिसका नतीजा यह निकला कि जल्दी ही तीनों को अपने रास्ते बदलने पड़े। उनकी आर्थिक स्थिति का अनुमान इस बात से लगाया जा सकता है कि उन तीनों के पास एक ही तौलिया और साबुन की एक ही टिकिया थी, जो घिस-घिसकर इतनी पतली हो चुकी थी कि अगर हाथ से फिसल जाती तो

उठाना मुश्किल हो जाता। उनके पास साबुन खरीदने लायक पैसे होते तो वे साबुन खरीदने की बजाय कोकाकोला पी लेते और घर लौटकर बातों-ही-बातों में प्रोफेसर की खाट पर सो जाते क्योंकि प्रोफेसर का बिस्तर काफी आराम-देह था और उसमें ढूँढ़ने पर भी खटमल नहीं मिलते थे। यह उन बहुत-सी बातों में एक बात थी, जिसे प्रोफेसर की प्रेमिका ने कभी पसन्द नहीं किया कि प्रोफेसर के बिस्तर से सिगरेट की बू आए। अपनी प्रेमिका से प्रेरणा लेकर प्रोफेसर दिन-भर कमरे में धूपबत्ती जलाने लगा, जिसका पता चलते ही आर्टिस्ट खिड़कियाँ खोल देता और प्रोफेसर के जाते ही धूपबत्ती सीढ़ियों पर रख आता।

कुछ ऐसी ही बातों को लेकर एक बार तीनों की प्रेमिकाओं में झगड़ा होते-होते रह गया था, जो गलती से कमरे में इकट्ठी हो गई थीं। तब से तीनों लड़कियों को एक-दूसरी से वितृष्णा हो गई और हरेक को शक है कि बाकी दोनों कुँआरी नहीं हैं। आर्टिस्ट और फ्रीलांसर ने लड़कियों की ऐसी बातों की ओर कभी ध्यान भी नहीं दिया। वे अकसर कहा करते हैं, 'प्रोफेसर, लड़की कोई भी बुरी नहीं होती, अगर वह अपने को गुप्त रोगों से बचाए रख सकती है।' एक दिन वे दोनों ऐसी ही एक लड़की को स्टेट्समैन के बस-स्टॉप से पकड़ लाए थे। प्रोफेसर लड़की को देखते ही नमस्कार की मुद्रा में खड़ा हो गया था। जब उसे असलियत का पता चला तो उसके कान सुर्ख हो गए और वह बच्चों की तरह झेंपने लगा। यह दूसरी बात है कि थोड़ी देर बाद जब उसकी घबराहट दूर हो गई तो प्रोफेसर ने भी अपने हिस्से के पैसे दे दिए। अपने हिस्से के ही नहीं बल्कि फ्रीलांसर के भी। आर्टिस्ट नहीं चाहता था कि फ्रीलांसर के भी पैसे खर्च हों। उसने प्रोफेसर से इतने पैसे ऐंठ लिये कि फ्रीलांसर खिड़की के पास खड़ा देर तक गुनगुनाता रहा।

नौकरी की तलाश में फ्रीलांसर अपनी तमाम जमा-पूँजी बसों के किरायों और सिगरेट-पानी पर खर्च कर चुका था। नौकरी के नाम पर उसे हनुमान-चालीसा और इसी तरह की दूसरी छोटी-छोटी पुस्तिकाओं के प्रूफ-संशोधन का काम मिला था, और मिला था। टार्जन-सीरिज के कुछ उपन्यास लिखने का काम, जिनकी वजह से वह पूरे चावड़ी बाजार में 'टार्जन साहब' के नाम से पुकारा जाता था। पिछले दिनों वह प्रोफेसर की सहायता से ड्रामा के एक स्कूल में भी इंटरव्यू दे आया था, चुन लिए जाने पर जहाँ से दो सौ रुपए प्रतिमाह मिलने की उम्मीद थी। प्रोफेसर ने उसके लिए पूरी कोशिश की थी क्योंकि वह चाहता था कि आर्टिस्ट की

तरह फ्रीलांसर भी कम-से-कम अपने हिस्से का भाड़ा देने की स्थिति में आ जाए। इंटरव्यू से पहले प्रोफेसर ने उसका इंटरव्यू लिया था, "आपका प्रिय नाटककार कौन है?"

"आयनेस्को।"

"उसके कौन-कौन से नाटक आपने पढ़े हैं?"

"एमेडी, द' चेयर्स, द' सन, रहाइ स्नो रिसेस..."

"साले, रहाइ स्नो रिसेस नहीं, रहाइनोसरस।" प्रोफेसर ने कहा, "पाँच बार दुहराओ, रहाइनोसरस...रहाइनोसरस...।"

फ्रीलांसर 'रहाइनोसरस' दुहराता हुआ बस में बैठ गया था। तीन बजे जब वह इंटरव्यू देकर निकला तो आर्टिस्ट और प्रोफेसर उसे बाहर घास पर बैठे नजर आए।

"कैसा रहा?"

"रहाइनोसरस।" फ्रीलांसर बोला।

उसे फ्रीलांसर नाम आर्टिस्ट ने दिया था। जिस दिन से वह चावड़ी बाजार से काम लाने लगा था, आर्टिस्ट उसे फ्रीलांसर कहकर पुकारने लगा था, जब कि पहले वह फ्रीलांसर को दूसरों से इस तरह मिलाया करता था, "ये हैं मेरे दोस्त ईश्वर दयाल, दो सौ रुपए लेकर दिल्ली में संघर्ष करने आए हैं।"

फ्रीलांसर के बारे में प्रोफेसर की राय भी उस दिन बदल गई, जब वह अपने साथ लोहे के एक व्यापारी की बेटी को लेते आया, जो हायर सैकेंडरी में पढ़ती थी और फ्रीलांसर से ज्यादा चुस्त और सुन्दर थी। यह फ्रीलांसर के प्रेम की ही करामात थी कि कुछ दिनों बाद ही घर में एक बाल्टी तथा चिमटा और संडासी-जैसी चीजें नजर आने लगीं। बाल्टी आ जाने के बाद आर्टिस्ट ने भी नहाना शुरू कर दिया, जिसके बारे में मशहूर था कि वह बैसाखी और दीवाली पर ही नहाता है। चिमटे और तवे का उपयोग भी उसी ने किया था। तवे से वह रंगों की तश्तरी का काम लेने लगा और दीवार पर छिपकली देखते ही उसके हाथ चिमटे पर चले जाते। कैनवास और रंग वगैरह खरीदने के खयाल से उसने एक प्रकाशक के यहाँ पार्टटाइम नौकरी भी कर ली थी, परन्तु इससे पूर्व कि वह रंग और कैनवास लाता, उसके पैसे अपनी प्रेमिका के साथ किसी रेस्तराँ के अँधेरे कोने मे बैठने पर खर्च हो जाते। जो थोड़े-बहुत पैसे बचते उससे फ्रीलांसर के सिगरेट का खर्च भी मुश्किल से निकल पाता।

जिस दिन समाचार मिला कि फ्रीलांसर को ड्रामे के स्कूल में दाखिला मिल गया है, आर्टिस्ट, प्रोफेसर और फ्रीलांसर-तीनों कमरे में जोर-जोर से 'रहाइनोसरस' 'रहाइनोसरस' चिल्लाने लगे। फ्रीलांसर को ड्रामे और इंटरव्यू के नाम पर केवल

'रहाइनोसरस' याद था और जब कभी भी तीनों में से कोई किसी उलझन में फँस जाता या प्रसन्न होता तो 'रहाइनोसरस' 'रहाइनोसरस' 'रहाइनोसरस' बुदबुदाने लगता। फ्रीलांसर के दाखिले की सबसे ज्यादा खुशी प्रोफेसर को हो रही थी, क्योंकि इससे पहले फ्रीलांसर कहीं जाने की बजाय घर में बैठकर टार्जन सीरिज के उपन्यास लिखता रहता था और प्रोफेसर की प्रेमिका दरवाजे से ही लौट जाती थी। प्रोफेसर को मालूम था कि उसकी प्रेमिका यह जानते ही फिर से कमरे में आने लगेगी कि अब फ्रीलांसर चौबीसों घंटे घर पर नहीं रहता। प्रोफेसर, आर्टिस्ट और फ्रीलांसर के जाते ही कमरे की सफाई करने लगता और कॉलेज से लौटते ही बिस्तर पर नया बेड-कवर बिछा देता और धूपबत्ती वगैरह जलाकर खिड़की में खड़ा होकर आशिकाना अन्दाज में अपनी प्रेमिका की प्रतीक्षा करने लगता।

ऐसे में एक दिन अचानक उसकी प्रेमिका के बजाय फ्रीलांसर ह्विस्की पीकर चला आया। आते ही उसने प्रोफेसर की नई शीट पर कै कर दी और देवदास के अन्दाज में कालिदास का संवाद दुहराने लगा–" ...लगता है तुमने अपनी आँखों से इन कोरे पृष्ठों पर बहुत कुछ लिखा है...ये पृष्ठ अब कोरे कहाँ हैं मल्लिका? इन पर एक महाकाव्य की रचना हो चुकी है...अनन्त सर्गों के एक महाकाव्य की।...कैसा संवाद है प्रोफेसर, है कि नहीं, एकदम फर्स्ट क्लास! प्रोफेसर, क्या अब समय नहीं आ गया है कि हम तीनों अपनी-अपनी प्रेमिकाओं को लेकर बुद्धा-जयन्ती पार्क चलें और टैक्सी में चलें!"

प्रोफेसर ने जल्दी से चादर उठाकर एक कोने में रख दी और अपने कपड़ों में से नई चादर ढूँढ़ने लगा। वह एक नजर अपने गन्दे बिस्तर पर डालता और एक नजर दरवाजे पर।

"घबरा क्यों रहे हो दोस्त तुम्हारी शीट खराब हो गई? तुम नहीं जानते, इस पर महाकाव्य की रचना हो चुकी है...अनन्त सर्गों के एक महाकाव्य की...बोलो, कब चलोगे बुद्धा जयन्ती पार्क?" फ्रीलांसर बोला।

"पहले तुम्हें अपना टूथब्रश खरीदना चाहिए," प्रोफेसर ने कहा, "वह इतना गन्दा हो चुका है कि मैं उससे अपने जूते साफ करना भी पसन्द न करूँगा।"

"शट अप!" फ्रीलांसर बोला, "मुझे उस व्यक्ति से नफरत है जो अपनी प्रेमिका के खत एकान्त में पढ़ता है।"

आर्टिस्ट वहाँ नहीं था। वह होता तो इस बीच डाकिए की तरह दरवाजा खटखटाकर कोई पुरानी चिट्ठी फेंक देता। जब प्रोफेसर दरवाजे की ओर भागता तो दोनों हँस पड़ते।

"मुझे इस मनहूस जगह में रहना ही नहीं है," प्रोफेसर बोला, "मैं जल्द ही अपने लिए नया घर ढूँढ़नेवाला हूँ।"

"ब्रोक्रेज तुम्हारा बाप देगा," फ्रीलांसर बोला, "यह तभी हो सकता था अगर तुम्हारी माशूक खर्चीली न होती।"

"आप लोगों के धोबी का बिल चुकाते रहने से अनाथालय में दान दे देना कहीं अच्छा है।" प्रोफेसर बोला।

"अब तुम कहीं भी जाकर रह सकते हो, तुम्हारी तमाम चिट्ठियाँ हम पढ़ चुके हैं।" फ्रीलांसर ने प्रोफेसर को सताने का अचूक तरीका इस्तेमाल किया।

प्रोफेसर का रंग सुर्ख हो गया, हस्बेमामूल वह जमीन पर पैर पटकने लगा।

"'मगर प्रोफेसर, इसमें दुःखी होने की कोई बात नहीं। तुमने शायद यह सोचकर चिट्ठियाँ ताले में रख दी थीं कि हमें पता चल जाएगा कि तुम्हारी माशूक की 'आंटी' दो महीनों से नहीं आईं।" फ्रीलांसर ने एक और रद्दा जमाया।

प्रोफेसर के गाल तमतमाने लगे।

'आंटी' एक नया शब्द था, जो आर्टिस्ट ने अपनी प्रेमिका से सुनकर इन लोगों में प्रचलित किया था।

प्रोफेसर खाट के नीचे घुसकर अपनी चप्पल ढूँढ़ने लगा, उसने चप्पल पहनी और फ्रीलांसर की ओर देखे बगैर कमरे से बाहर निकल गया।

"तुम चाय पीकर लौट आओगे सिद्धार्थ!" फ्रीलांसर अपने नाटकीय अन्दाज में बोलता गया, "जब तुम्हें भूख लगती है, तुम हमें भूखा-प्यासा छोड़ रूठकर चले जाते हो। मेरे पास दरियागंज जाने तक का भी किराया नहीं और तुम रूठ गए हो। मेरी जान किराया तो देते जाओ!"

प्रोफेसर कमरे से निकल बस-स्टॉप पर जाकर खड़ा हो गया। फ्रीलांसर कमरे में टहलते हुए बुदबुदाता रहा–"माशूक की तारीखों को लेकर जो आदमी परेशान रहे, वह बच्चों को खाक पढ़ा सकता है। लगता है, तुमने अपनी आँखों से इन कोरे पृष्ठों पर बहुत कुछ लिखा है। ये पृष्ठ अब कोरे कहाँ हैं मल्लिका? इन पर एक महाकाव्य की रचना हो चुकी है।..."

फ्रीलांसर ने संवाद रटते हुए प्रोफेसर की सारी रद्दी इकट्ठी कर ली और बनिए के पास दो रुपए तीस पैसे में बेच दी। फिर वह भी तीखी धूप में खड़ा होकर बस का इन्तजार करने लगा, प्रोफेसर स्टॉप पर नहीं था।

दरियागंज उतरकर फ्रीलांसर ने एक पान खरीदा उसे बँधवाकर जेब में रख लिया। पानेवाले से ही पानी लेकर उसने अपना रूमाल भिगोया और दुकान पर लगे आईनों

में देखते हुए अपना मुँह रगड़ने लगा। पान खाने से पहले उसने जेब से एक स्याही चूस निकाला और मुँह में रखकर चबाने लगा। स्याहीचूस थूककर उसने कुल्ला किया और पान चबाते हुए अपनी प्रेमिका के स्कूल की तरफ चल पड़ा। उसे विश्वास हो गया था कि अब उसकी साँस से ह्विस्की की बू नहीं आ रही। स्कूल में छुट्टी हो चुकी थी। अपनी प्रेमिका उसे कहीं नजर नहीं आई। उसे अफसोस होने लगा कि प्रोफेसर की रद्दी बेचकर दरियागंज आने की अपेक्षा वह घर में सो सकता था। अब उसके सामने एक ही विकल्प रह गया था कि वह आर्टिस्ट को फोन करके बुला ले या उसके दफ्तर चला जाए। आर्टिस्ट को फोन करने या आर्टिस्ट के पास पहुँचने में वह पन्द्रह पैसे खर्च कर भी देता, मगर आर्टिस्ट के पास पहुँचने का एक ही अर्थ था–मैनेजर का उसकी ओर लगातार घूरते रहना और आर्टिस्ट की छुट्टी के बाद उसके साथ फुटबॉल का मैच देखने जाना। फ्रीलांसर को ये दोनों बातें नापसन्द थीं। सड़क पर चलते हुए अगर उसे एहसास हो जाता कि उसकी तरफ कोई घूर रहा है तो वह यहीं खड़ा हो जाता, उसके पैरों में शक्ति नहीं रहती। उसने सोचा, वह अभिनय कैसे कर पाएगा?

"संवाद याद होंगे तो अभिनय हो ही जाएगा।" उसने जल्दी-जल्दी कहा और दूर से एक बस को आते देखकर स्टॉप की ओर लपका। इससे पहले कि वह स्टॉप तक पहुँचता, उसे अपनी प्रेमिका–जैसी कोई लड़की दिखाई दी, जो सड़क के दूसरी ओर चाट के ठेले के पास खड़ी कुछ खा रही थी। फ्रीलांसर ने सड़क-पार करके देखा, वह लड़की उसकी प्रेमिका ही थी और तन्मय होकर गोलगप्पे खा रही थी। फ्रीलांसर भी वहीं जा पहुँचा और अपनी प्रेमिका के साथ-साथ गोल-गप्पे खाने लगा।

गोलगप्पे खाने के बाद उसने अपनी प्रेमिका से पूछा कि वह गोल-गप्पे क्यों खा रही थी।

फ्रीलांसर की प्रेमिका ने पैसे चुकाए और बोली, "तुम्हारे इन्तजार में और क्या कर सकती थी?" सी-सी करते हुए उसने कहा, "आज चटनी बहुत तेज थी।"

"कहाँ जाओगी?" फ्रीलांसर ने पूछा।

"जहाँ तुम कहोगे।" फ्रीलांसर की प्रेमिका ने उत्तर दिया।

"तुम्हारी जेब में कितने पैसे हैं?"

"चाट के पैसे देने के बाद दो रुपए बचे हैं।"

"घर चलें!"

"वहाँ प्रोफेसर होगा और आर्टिस्ट। मैं वहाँ कभी नहीं जाऊँगी।"

''तुम्हारे घर चलें?''

''अगर मम्मी लौट आईं?''

''मम्मी आज तक कभी पाँच बजे से पहले लौटी हैं?'' फ्रीलांसर ने कहा, ''मैं हर हालत में चार बजे चल दूँगा।''

फ्रीलांसर एक कैमिस्ट की दुकान में घुस गया। जब वह लौटकर आया, उसकी प्रेमिका स्कूटर में बैठी उसकी राह देख रही थी।

''मेरा खयाल था, तुम मुझे बस की क्यू में खड़ा कर दोगी।'' फ्रीलांसर ने कहा।

फ्रीलांसर की प्रेमिका मुस्कराई। स्कूटर उसने घर से कुछ फासले पर छोड़ दिया। गली में पहुँचकर उसने इधर-उधर देखा, फाटक खोलकर घर में घुस गई और फ्रीलांसर पिछवाड़े से।

''पापा कहते थे, तुम्हें अपनी फर्म में काम दिलवा देंगे।' फ्रीलांसर की प्रेमिका ने फ्रीलांसर के हाथ में पानी का गिलास थमाते हुए कहा।

''मुझे काम नहीं चाहिए, मुझे बियर चाहिए, पापा से कह देना।''

''तुम्हारे दो सौ रुपयों से घर चल पाएगा?'' फ्रीलांसर की प्रेमिका ने पूछा।

''मुझे घर भी नहीं चाहिए।'' फ्रीलांसर ने कहा और टार्जन की तरह अपनी प्रेमिका को उठाकर ले गया।

''यहाँ नहीं, यह ममी-डैडी का बिस्तर है।'' फ्रीलांसर की प्रेमिका बोली।

''तुम्हारे मम्मी-डैडी तख्त पर क्यों सोते हैं?'' फ्रीलांसर को गरमी लग रही थी, उसने उठकर पंखा खोल दिया। उसकी प्रेमिका भी उठकर परदों की सलवटें खोलने लगी।

फ्रीलांसर के पास समय बहुत कम था। उसने आव देखा न ताव, अपनी प्रेमिका को मुर्गी की तरह वहीं दबोच लिया।

''तुम्हारे मुँह से पेट्रोल की बू आ रही है, तुमने शराब पी है?'' फ्रीलांसर की प्रेमिका ने पूछा।

''मैंने पेट्रोल-पम्प पर नौकरी कर ली है।'' फ्रीलांसर ने कहा।

फ्रीलांसर गुफ्तगू के मूड में नहीं था। मुर्गे की तरह ही, बहुत जल्दी पर फड़फड़ाकर वह सफाई से अलग हो गया तो प्रेमिका उसकी ओर हताश होकर ऐसे स्कूटर वाले की तरह देखने लगी जिसकी सवारी को मीटर पढ़ना आता हो। फ्रीलांसर अपनी प्रेमिका की माँ की ड्रेसिंग टेबिल के सामने बैठकर, आईने में घूरते हुए, कह रहा था, 'मैंने नौटंकी में हिस्सा लेने के लिए एम.ए. किया था या तवे-बाल्टियों का व्यापार करने के लिए? मैंने क्यों किया था एम.ए. मल्लिका? ये पृष्ठ

अब कोरे कहाँ हैं?...इन पर एक महाकाव्य की रचना हो चुकी है।...अनन्त सर्गों के एक महाकाव्य की...!''

फ्रीलांसर की प्रेमिका का ध्यान फ्रीलांसर के संवादों की तरफ नहीं था। उसने तकिया हटाकर चादर के नीचे कर दिया और अपनी हथेलियों से चादर की सलवटें ठीक करने लगी।

''पापा से मिलने कब आ रहे हो?''

''सोचता हूँ, अब आया हूँ तो मिलता ही जाऊँ।'' फ्रीलांसर बोला।

'नहीं, मेहरबानी करो। जितनी जल्दी हो सके जाने की कोशिश करो!'' फ्रीलांसर की प्रेमिका ने कहा, ''इस इतवार को हम लोग तुम्हारा इन्तजार करेंगे, आओगे न!''

''आ जाऊँगा, आर्टिस्ट और प्रोफेसर को भी लेता लाऊँगा।'' फ्रीलांसर ने कहा और पिछवाड़े से ही बाहर निकल गया।

घर में प्रोफेसर था, न आर्टिस्ट। एक कोने में बिस्तर समेत, प्रोफेसर का सारा सामान बँधा पड़ा था। फ्रीलांसर की रीढ़ के नीचे सरसराहट-सी हुई। कमरे के इकलौते मोढ़े पर बैठकर वह प्रोफेसर और आर्टिस्ट का इन्तजार करने लगा। प्रोफेसर और आर्टिस्ट देर तक नहीं लौटे। आखिर आजिज आकर फ्रीलांसर ने बिजली की गति से प्रोफेसर का सारा सामान खोल दिया और यथास्थान जमा दिया। कोने में जो गन्दी शीट पड़ी थी, वह उसे धोबी को दे आया और प्रोफेसर का बिस्तर बिछाकर जूतों-समेत उस पर सो गया।

सुलेमान

ममता कालिया

हम सब उसे प्यार से सुलेमान कहते थे। सुलेमान कौन था, उसकी हमें कच्ची-पक्की जानकारी थी। एक दोस्त का खयाल था। सुलेमान एक बहुत दौलतमन्द शहंशाह था, जिसका खजाना कभी खाली नहीं होता था। दूसरे दोस्त का कहना था, सुलेमान को खुदा की ऐसी बरकत हासिल थी कि वह जो चाहता, कर दिखाता था। खुद मेरा खयाल था कि सुलेमान सपनों का सौदागर था।

सुलेमान के पास बेशुमार सपने थे। इतने जितने भवानी प्रसाद मिश्र के पास बेचने के लिए गीत भी न होंगे। इतवार को दूरदर्शन पर इतने इश्तेहार भी न आते जितने सपने सुलेमान को आया करते। जैसे ही उसे कोई सपना आता, वह उसे लुटा देता। हम लोग भुक्कड़ की तरह उसके सपनों पर टूट पड़ते। वह अपनी कल्पना और प्रतिभा की मदद से कुछ दिन उन सपनों में रद्दोबदल करता रहता। जितने दिन किसी की आँखों में उसका सपना तैरता रहता। वह उससे मिलता-जुलता। लेकिन जिस दिन वह अपने सपने की किश्ती डूबती देखता। वह उस दोस्त से मिलना बन्द कर देता। सपने के डूबने से दोस्त कम चोट खाता, सुलेमान ज्यादा।

सुलेमान एक अच्छा इनसान था। सपने बेचने से पहले उसने और बहुत कुछ बेचने की कोशिश की थी। वह बेहद जहीन था। नरम दिल और नाजुक। उसने बेशुमार किताबें पढ़ रखी थीं। उसे बहुत कुछ याद था नीत्शे से लेकर निर्मल वर्मा तक। खुद वह जिन्दगी के थपेड़ों से वाकिफ था क्योंकि बरसों उसे अपनी प्रतिभा का मोल नहीं मिला। वह जिस इंटरमीडिएट कॉलेज में पढ़ा रहा था, वहाँ सबसे जूनियर था, हालाँकि वहाँ के सबसे सीनियर अध्यापक से भी ज्यादा सीनियर उसकी लियाकत थी। क्लास उसे बहुत प्यार

करती थी। लेकिन अपने साथियों और प्रिंसिपल से उसे कभी प्यार नहीं मिला। वे उससे सशंकित रहते और उसके काम में प्रायः नुक्स निकाला करते।

वह जानता था समाज में महज इंटरमीडिएट कॉलेज की नौकरी के सहारे जिन्दा नहीं रहा जा सकता। एक अदद नौकरी करने वाले लोग आमतौर पर उससे भी खराब जीवन बिता रहे थे। उसके साथी छोटी-छोटी बातों में झूठ बोलते, न चाहते हुए भी अपने से बेहतर स्थितिवालों की खुशामद और जी-हुजूरी करते और पैसा-पैसा दाँत से दबाकर रखने की कोशिश में एक बेस्वाद जीवन जीते। वे किसी भी बात पर राय देते डरते और बोलने से पहले बहुमत टटोलते। सुलेमान को इस माहौल में बेहद तकलीफ होती। आखिर एक दिन उसने नौकरी छोड़ दी। वह लखनऊ चला गया और छह महीने तक उसकी कोई खबर न मिली।

यकायक एक दिन जब वह शहर में नमूदार हुआ, उसके नक्शे बदले हुए थे। उसके कपड़ों में कलफ था, जूते चमक रहे थे और चेहरा उनसे भी ज्यादा। वह स्वदेशी कपड़े पहन, विदेशी सिगरेट फूँक रहा था। उसके तीन टेलीफोन नम्बर थे और उसके घर तेरह अखबार आने लगे थे।

दोस्तों में तहलका मच गया। दोस्त उससे मिलने के लिए आतुर हो गए। किसी को ठीक से यह पता नहीं था कि वह क्या करने लगा है लेकिन सबको यकीन था कि वह कामयाब हो गया है। दोस्तों का खयाल था कि वह सत्ता के गलियारों को नजदीक से देख आया है। दोस्तों के सवालों का जवाब देने की बजाय वह उन्हें सलाह देने की स्थिति में था। उसके अन्दर अपने वतन के लिए बेहद मुहब्बत पैदा हो गई थी। वह बात-बात में कहता, 'मेरा भारत महान'। दोस्त 'मेरा' शब्द पर एतराज करना चाहते लेकिन वह एतराज का जवाब भी इसी नारे से देता। उसने कहा, ''मैंने तय कर लिया है कि अब जिन्दगी में तीन काम बिलकुल नहीं करने हैं।''

''हीरामन की तरह।'' कृष्ण कुमार ने कहा।

उसने इस टिप्पणी पर ध्यान नहीं दिया, ''दरअसल जब आप पैंतीस के हो जाएँ तो यह तय कर लेना चाहिए कि आप क्या-क्या नहीं करना चाहते। नम्बर एक, नौकरी कतई नहीं करनी है। नम्बर दो, वक्त नहीं गँवाना है। नम्बर तीन, कभी किसी को दुश्मन नहीं समझना है।''

दोस्त कायल हो गए। इनमें से एक भी खयाल बुरा नहीं था। अफसोस कि दोस्त अभी इस तरह की कसमें लेने की हालत में नहीं थे। वे शर्मिंदा हुए कि वे ये तीनों काम करते रहे हैं फिर भी सुलेमान उन्हें माफ कर रहा है।

सुलेमान ने अपनी जेब से कई कड़क नोट निकाले और पूरी महफिल के लिए सोलन का पानी मँगवाया। दोस्त निहाल हो गए। कहाँ तो एक सीलबन्द बोतल का दीदार दुश्वार था, कहाँ पूरी दो बोतल उनके बीच पड़ी थीं। उनमें से कई का हाल

तो यह था कि अब हुड़क उठने पर हौली में चक्कड़ चढ़ाते और लुढ़कते-पुढ़कते जब घर पहुँचते तो बीबी की डाँट खाते।

जिसके घर पर बैठका जमा, उसके यहाँ एक से ग्लास भी नहीं थे। वहाँ दो लम्बे दो ठिगने और दो किनारे टूटे काँच के ग्लास थे। सुलेमान ने ड्राइवर को भेजकर एक दर्जन बढ़िया ग्लास मँगवाए। बेमेल और टूटे ग्लास उसकी आँखों को बर्दाश्त नहीं थे।

ये सब बड़े सादा लोग थे। इस वक्त सुलेमान के आने से वाकई खुश थे और उसके करीब होना चाह रहे थे। उनसे अपना जोश सँभल नहीं रहा था और वह बार-बार उफनकर ऊपर आ जाता।

''सुलेभाई, मैंने बहुत याद किया आपको एक दिन जब लोकनाथ में जलेबी खरीदी। आपको जलेबी पसन्द थी न।''

''मैंने मीठा खाना छोड़ दिया है।''

''फिर भी तुम मिठबोले हो।'' एक ने कहा।

''सुलेमान, मुझे लगता है, मैं एक गड्ढ़े में गिरा हुआ हूँ और गड्ढ़ा दिन-ब-दिन गहरा होता जा रहा है। तुम्हारे हाथ का इन्तजार है।''

''मेरे दोनों हाथ दोस्तों के लिए हैं। मुझे आप सबका खयाल न होता तो क्या मैं इस सैयाद शहर में आता?''

''मेरा अफसर बहुत खार खाने लगा है मुझसे, बात-बात में झिड़क देता है।''

''कहो, उसका ट्रांसफर करा दें?''

''ग्रेट सुलेमान ग्रेट।''

''सुलूभाई, मेरा प्रमोशन जुलाई में होना था। विभागीय परीक्षा पास कर ली, इंटरव्यू भी सबसे बढ़िया हुआ, पर पोस्टिंग ऑर्डर ही नहीं आ रहा है।''

''कहाँ अटका है?''

''सुनते हैं, लखनऊ में।''

''पता किया?''

''पता चला, फाइल अभी प्रोसेस में ही नहीं आई है।''

''हूँ, देखना पड़ेगा। किसी से टाय तो नहीं है।''

''होनी नहीं चाहिए। मैं सबसे सीनियर था।''

''तो ऐसा है, मैं तुम्हें दो प्रमोशन एक साथ दिलाने का इन्तजाम करता हूँ, तुम्हारा निदेशक भी क्या याद रखेगा!''

एक दोस्त का हाल सबसे बुरा था। वह न तो नौकरी में था कि प्रमोशन माँगता, न व्यापार में कि परमिट। तरक्की की तड़प लेकिन उसमें भी जोर मार रही थी।

"सुषमा इस साल पच्चीस की हो गई। न उसकी शादी का सिलसिला बन रहा है न नौकरी का। लड़का अलग बी.ए. पास कर आवारागर्दी करता है। पत्नी को डॉक्टर ने दमा बता दिया है सो अलग।"

सुलेमान भावुक होने लगा, "यू मीन, मेरी वह सीता भाभी बीमार हैं जिनके हाथ के पराँठे मैंने बीसियों बार खाए हैं। वह भाभी, जिन्हें अनगिनत बार जगाकर मैंने चाय बनवाई है, मैं कल ही डॉक्टरों की पूरी टीम लखनऊ से रवाना करता हूँ। भाभी का इलाज मैं करवाऊँगा। अब आप इस विषय में बिलकुल न बोलिए।"

दोस्त पशोपेश में पड़ गया। उसके हिसाब से पत्नी की बीमारी इतनी अहम् नहीं थी कि उसके लिए लखनऊ कानपुर एक किया जाए। वह सुलेमान की मदद अपनी नौकरी हासिल करने में लेना चाहता था। "मैं चाहता था कहीं सैटिल हो जाऊँ?"

उसने कहा, "आप अपना बॉयोडाटा मुझे दे दीजिए।"

जब सुलेमान लखनऊ वापस चला उसका ब्रीफकेस देस्तों के बॉयोडाटा से भरा हुआ था। जिनसे उसने नहीं माँगे, उन्होंने भी अपने बॉयोडाटा तैयार कर उसे दे दिए थे। दोस्तों के आगामी दिन उम्मीद और इन्तजार में कटने लगे। कमल आहूजा दफ्तर में हेकड़ी से बैठने लगा, उसे यकीन था, उसे इकट्ठे दो प्रमोशन मिलने वाले हैं। घर के बाहर से जैसे ही कोई कार गुजरती कृष्ण कुमार लपककर बालकनी से झाँकता, क्या पता डॉक्टरों की टीम आ पहुँची हो। वे सब आपस में मिलते तो किसी-न-किसी तरह सुलेमान की चर्चा छिड़ पड़ती और वे उससे दोस्ती का सिलसिला याद करने लगते।

करीब दो हफ्ते बाद एक दिन लखनऊ का एक डॉक्टर आकर सीता को देख गया। उसने रूटीन जाँच की और कुछ दवाएँ लिख दीं। उसकी बात से यह नहीं लगा कि सीता को कोई गम्भीर रोग है, कृष्ण कुमार डॉक्टर के आने से इतना गद्‌गद् हो गया कि उसने दवाएँ खरीदना भी जरूरी नहीं समझा। उसे सुलेमान के अगले तोहफे का इन्तजार था। आखिर उसका बॉयोडाटा सुलेमान के पास था।

हालाँकि डॉक्टर के चक्कर लगा। लेने से सीता की तकलीफ में कोई अन्तर नहीं पड़ा था। पर दोस्तों के मनोबल में पड़ा, उन्हें लगा सुलेमान उन्हें भूला नहीं है। वे और भी शिद्‌दत से उसका इन्तजार करने लगे।

इन्तजार उतावली बढ़ाता है और आदमी को थका डालता है। अच्छे दिनों का इन्तजार आदमी की बुरे दिनों की बर्दाश्त की क्षमता को भी समाप्त करने लगता है। रजा और फजल के साथ भी यही हो रहा था। वे शहर की सँकरी अँधेरी गली में रहते थे। हर चार साला दंगे में उनके पुराने मकान की कुछ-न-कुछ तोड़फोड़ जरूर हो जाती। जबकि वे बाबरी मस्जिद और पर्सनल लॉ जैसे मामलों पर जुबान न खोलते, फिर भी उन्हें डर लगा रहता, क्या पता कब पकड़कर बन्द कर दिए जाएँ।

उनकी दिली ख्वाहिश थी, सुलेमान किसी तरह उन्हें लखनऊ में कोई छोटा-मोटा काम दिला दे तो उन्हें इस गली की चूहा जिन्दगी से निजात मिल जाए।

सुलेमान ने उनसे कहा था, वह ईद पर उनके घर आएगा, ईद आने वाली थी। रजा और फजल ने अम्मी को बीसियों बार ताकीद कर दी थी। इस बार सेवईं बहुत उम्दा बनाना। सुलेभाई खास हमारे घर ईद मनाएँगे।

फजल ने कहा, ''पता नहीं, इस गली में सुलेमान भाई की मोटर घुस पाएगी या नहीं।''

रजा ने एक सुतली ली और नुक्कड़ पर जौहरी की दुकान के आगे खड़ी मोटर का नाप ले आया। फिर उसने गली की चौड़ाई की पैमाइश कर फजल को तसल्ली दी, ''मोटर बखूबी घुस जाएगी, फिर भी तीन फुट गुंजाइश है।'' ईद के रोज उन्होंने बड़ी तबीयत से सारा सामान खरीदा और लगातार अम्मी के आगे-पीछे लगे रहे। ''सेवईं में घी कम न डालना और बालाई सिर्फ सुलेभाई के लिए बचाकर रख लीजिए।''

अम्मी उनकी मर्जी के मुताबिक करती गईं। लेकिन ईद गुजर गई, सुलेमान नहीं आया। किसी ने कहा सुलेमान को पंजाब का मसला सुलझाने के लिए भेजा गया है। किसी ने कहा वह श्रीलंका में तमिल समस्या पर विचार करने गया हुआ है। पक्की तौर पर किसी को कुछ नहीं मालूम था लेकिन दोस्तों का खयाल था कि हर ऊँची उड़ान में वह शामिल है। अगर किसी नेता का कहीं पर धाकड़ भाषण होता, दोस्त कहते, यह सुलेमान से लिखवाया गया है। कभी कहीं कोई नेता जरा महीन या बौद्धिक बात कह देता तो दोस्त दावे से कहते कि आजकल सुलेमान उस नेता का सलाहकार है। कोई कहता, सुलेमान ने लखनऊ में मकान खरीद लिया है। कोई कहता, नहीं, सुलेमान को सरकार ने मंत्री की हैसियत का बँगला एलॉट कर दिया है। उसे सरकार की तरफ से सुरक्षा गार्ड मिला हुआ है और डी.एम., सी.एम., पी.एम. तीनों के यहाँ कभी भी जाने की उसे खुली छूट है। कोई कहता, उसका रोज का खर्च दो सौ रुपए है। कोई कहता, दो हजार रुपए। अकसर इन्हीं मुद्दों पर दोस्तों में बहस छिड़ जाती और बहस करते हुए वे बिलकुल भूल जाते कि अभी कुछ दिन पहले तक सुलेमान उन्हीं की जमात का था, उन जैसा ही एक पढ़ा-लिखा आदमी जिसकी फकीरी उनकी बदहाली से अलग नहीं थी।

जिस तरह दोस्त उसके ऐश-ओ-आराम के बारे में रंगीन ख्वाब देखते उसी तरह सुलेमान के मन में हमेशा फकीरी को लेकर बड़े रोमांटिक खयाल थे। अब जब अगले और पिछले कल का हौवा उसके लिए अर्थ खो चुके थे, उसे जीवन-जगत पर सम्यक् दृष्टि डालना भला प्रतीत होता। सुबह-सुबह जब वह घूमने निकलता

राजनिवास कॉलोनी के आस-पास का शान्त दृश्य उसे बहुत भला लगता। वह देखता हर बँगले के आगे, जींस और टी-शर्ट में नौकर ड्राइवर कार की धुलाई-रगड़ाई कर रहे हैं, इक्का-दुक्का रिक्शों में रिक्शेवाले सवारी के इन्तजार में अलसाए पड़े हैं, बच्चे इस्त्री किए यूनिफार्म में सजे हुए स्कूल के लिए रवाना हो रहे हैं, झाड़ू लगाने वाले मुस्तैदी से सड़क साफ कर रहे हैं, उसका मन गर्व और प्रसन्नता से भर उठता, एक खुशहाल मुल्क को और क्या चाहिए। कितना प्रसन्न है यहाँ का आम आदमी। हर दो-तीन महीने में उसे महँगाई भत्ते की किस्त मिल रही है। उसके बच्चों के लिए अच्छी शिक्षा का प्रबन्ध है। उसके घर में बिजली-पानी जैसी अहम सहूलियतें हैं। सबकी स्वास्थ्य रक्षा के लिए उच्च कोटि के अस्पताल और डॉक्टर हैं। यह सही अर्थों में आजाद भारत है। मेरा भारत महान। सुबह की ताजी हवा के साथ-साथ उसके फेफड़ों में राष्ट्र के लिए गर्व भर जाता और वह बड़े आश्वस्त कदमों से घर की तरफ लौटता। दिन भर सत्ता के समीकरण, विपक्ष में सेंधमारी, प्रेस का प्रबन्ध जैसे कामों के टुकड़ों में वह अपना दिन तमाम करता और रात वक्त-बेवक्त घर लौटते हुए महसूस करता कि वह बहुत थक गया है। उसका मन देश के हर खास आदमी के प्रति ममत्व से भर जाता। आम आदमी को खुश रखने की चिन्ता में आज हर खास आदमी किस कदर परेशान है। आधी-पौनी रातों में मीटिंगें बुलाई जाती हैं, फोन खटखटाए जाते हैं। चिट्ठियाँ टाइप होती हैं। लोकतंत्र की सुरक्षा के लिए कितना कुछ होता है।

कार से उतर वह अपने ड्राइवर को टिप देता और कहता, ''जाओ बाल-बच्चों के साथ मजे करो।''

छह महीने बाद एक दिन फिर शहर में खबर हुई कि सुलेमान आज आया हुआ है। हालाँकि यहाँ उसका पुश्तैनी मकान था, वह वहाँ न ठहरकर एक आलीशान होटल में ठहरा। वहाँ उसने दो कमरे किराए पर लिए तो थोड़ी देर को हलचल मच गई कि सुलेमान अपने ड्राइवर और गार्ड के लिए भी अलहदा कमरा लेता है। जल्दी ही होटल का लाउंज उससे मिलनेवालों से भर गया। इतनी भीड़ किसी मंत्री के मुलाकातियों की भी नहीं लगती होगी, जितनी उस वक्त सुलेमान से मिलने वालों की थी। सुलेमान को महत्त्वपूर्ण बनना आता और भाता था। जितना बड़ा आदमी हो, उतना ही उसे इन्तजार करवाकर अतिशय विनम्रता के साथ कमरे में बुलवाना। देर के लिए खेद प्रकट करना। काम पहली फुर्सत में कर देने का आश्वासन देना। इन सब क्रियाओं में वह निष्णात हो चुका था। सत्ता के गलियारों में इस तरह के नाट्य व्यापार उसने देखे और पचाए थे। उसे अन्दाजा था कि कितने प्रतिशत आश्वासन

और उम्मीद से एक जरूरतमन्द आदमी प्रसन्न होता है। साल छह महीने वह किसी भी ऐसे इनसान को उम्मीद के डिस्नीलैंड में घुमा सकता था।

जो दोस्त सुलेमान से मिलने होटल पहुँचे, उनसे उसने कहा, "इस जगह मैं सिर्फ अजनबियों से मिलता हूँ। दोस्तों के घर मेरे लिए दरगाह से कम पाक नहीं हैं। शाम को मैं खुद आऊँगा आपके दौलतखाने।"

दोस्त अपने-अपने काम कुर्तों की जेबों में डाल वापस लौट गए। रात होते ही सुलेमान आया सुरेश पांडे के घर पर। सारे दोस्त वहाँ पहले से मौजूद थे।

सपनों के सौदागर ने अपनी दाढ़ी पर हाथ फेरा और बड़े बौद्धिक अन्दाज में कहा, "दरअसल यह सोचना गलत है कि सार्थक राजनीति केवल विपक्ष में रहकर की जा सकती है।"

स्वागत भट्टाचार्य इस मंडली में नया आया था। वह कमल आहूजा का दोस्त था। उसने प्रथम श्रेणी में राजनीति शास्त्र में एम.ए. किया था, और आजकल डी.फिल. के सिनॉप्सिस के सिलसिले में कई क्रान्तिकारी किताबें पढ़ रहा था। उसने सुलेमान की तेजी और तरक्की के बारे में तरह-तरह के चर्चे विश्वविद्यालय में सुन रखे थे। उसने कहा, "सार्थक एक अनेकार्थक शब्द है।"

"मैं इस वक्त इस शब्द का उपयोग उसके सबसे उदात्त रूप में कर रहा हूँ?" सुलेमान ने कहा, "अगर पक्ष में बने रहने से मेरे चन्द अजीज दोस्तों का भला हो जाए और पक्ष का भी कृष्ण-पक्ष कम हो जाए तो इसे मैं एक सार्थक प्रवेश कहूँगा।"

"सत्ता-समर्थकों के स्पष्टीकरणों ने 'सार्थक' शब्द को निरर्थक बना दिया है।"

'स्वागत शटअप, स्वागत शटअप।" कई आवाजों ने एक साथ कहा। स्वागत ने एक दर्शक मुद्रा बना ली और चुप बैठ गया।

"सुलेभाई, मेरे बॉयोडाटा का आपने क्या किया?" एक दोस्त ने पूछा।

सुलेमान के पास अद्‌भुत स्मरण शक्ति थी। उसे खूब याद था कि उस बॉयोडाटा में क्या कमी थी।

"आपने उसमें यह नहीं लिखा आप क्या हैं और क्या होना चाहते हैं?"

"ठीक है, मैं बेकार नहीं हूँ। पर ठीक से नौकरी-शुदा भी नहीं। प्राइवेट कॉलेज की नौकरी को आप क्या कहेंगे?"

"उन लाखों बेरोजगारों के बारे में सोचिए जिन्हें एक अदद प्राइवेट नौकरी भी नसीब नहीं है?"

"सुलेभाई, इस तरह बड़ी इनसिक्योरिटी लगती है। हर महीने तबीयत घबराती है।"

"साले, तुम्हें सरकार की गोद में गिरकर ही सिक्योरिटी हासिल होगी!" कृष्ण कुमार ने कहा, "यहाँ कभी साला प्राइवेट-पब्लिक कोई काम ही नहीं मिला।"

"कृष्ण भाई, सीता भाभी की तबीयत अब कैसी है?"

"पहले से बहुत बेहतर है, आपका भेजा हुआ डॉक्टर बहुत अच्छा था," कृष्ण कुमार ने कहा। वह जल्द-से-जल्द अपने बॉयोडाटा के बारे में पूछना चाहता था। उसे यह भी असुविधा हो रही थी कि इतने दोस्तों के बीच उसे अपनी गोपन इच्छा बतानी पड़ेगी। वह सुलेमान के बिलकुल करीब पहुँच गया और फुसफुसाकर बोला, "सुलेभाई, आपने कुछ किया?"

"हाँ, आपके बारे में मेरी गवर्नर से बात हो गई है। इस वक्त राज्य में तीन यूनिवर्सिटियों के वाइस चांसलर बदले जाने हैं, नहीं, हटाए नहीं जा रहे, इनका टर्म पूरा हो रहा है। मैंने तीनों पैनेल में आपका नाम डलवा दिया है। इस वक्त सब लोग जरा सूखा फ्रंट पर व्यस्त हैं। बहुत जल्द आपको कॉल आएगा। कृष्ण भाई, जब आपको कॉल आए तो मेरी लाज रख लीजिएगा। इनकार मत कीजिएगा।"

कृष्ण कुमार के चेहरे पर परमानन्द का भाव आ गया। कहाँ तो वह किसी कॉलेज में लेक्चररशिप मिल जाने की हसरत पाले हुए था। कहाँ उसे तीन-तीन विश्वविद्यालयों के कुलपति पद का प्रस्ताव मिलने वाला था। उसे अपनी धमनियों में नया खून दौड़ता महसूस हुआ।

रजा और फजल रुआँसे हो गए। उन्हें लगा इस खेप में कृष्ण और सुरेश भाई के काम तो हो गए, उनका काम जरूर टल जाएगा। दोनों बेरोजगार थे। उन्होंने कहा, "सुलेभाई", सुलेमान पर सोलन का पानी अपना सुरूर दिखा रहा था। वह सिगरेट हाथ में लिये-लिये मसनद के सहारे बैठे-बैठे ऊँघ गया। तन्द्रा में उसे लगा वह एक बहुत ऊँचे सिंहासन पर आसीन है। उसके आसपास हीरे, जवाहरात, मोती, माणिक बिखरे हुए हैं। अपने दरबार में आने वालों पर वह भर-भर मुट्ठी जवाहरात लुटा रहा है। अन्त में बस वह रह जाता है और उसका सिंहासन।

सुलेमान की नींद खुली तो सामने उसने दोस्तों के चिन्तित चेहरे देखे। उसे अपने दोस्तों पर बड़ा प्यार आया। तकलीफ भी हुई कि ये क्यों इस कदर फकीराना अन्दाज में उसके इर्द-गिर्द बैठे हैं, उसे डपटकर क्यों नहीं कहते, "सुलेमान, तुम यह करते हो कि नहीं!" इनकी हेकड़ी उसे प्यारी थी।

"सुलेभाई, क्या हुआ आपकी तबीयत तो ठीक है?"

"सुलेमान, कुछ खा लीजिए।"

"सुलेमान।"

"सुलेमान।"

उसके मन में कुछ पिघलने लगा। ये दोस्त उसे प्यार करते थे। उन्हें उससे उम्मीदें थीं जो वह पूरी करना चाहता था। वह सोचता था कि एक दिन वह खुद इतनी ताकत में आ जाएगा कि इन सबके काम चुटकी बजाते कर देगा। दोस्तों के इस संसार को वह उमर खैयाम की आँखों में देखता और वक्त के हाथों से

दुनिया की तस्वीर छीनकर बदलना चाहता। काश, वह इन सबके सपने पूरे कर सकता!

"कितने प्यारे हैं ये लोग", उसने सोचा, "सब एक से एक टैलेटेड हैं, कोई लेखक है, कोई अध्यापक, कोई कलाकार। इनकी जिन्दगी कितनी साफ और सादा है। इनके अन्दर जीवन में कितनी ऊपर उठने की गुंजाइश है। इनसे बात करना हरिद्वार की गंगा में नहाने जैसा स्फूर्तिदायक है! लेकिन ये कितनी छोटी-छोटी चीजों के पीछे लगे हैं, ये रोटी, कपड़ा, मकान के अलावा और किसी दिशा में विकास के लिए प्रयत्नशील नहीं हैं। ये अपनी प्रतिभा नहीं पहचानते।"

इन दोस्तों के चेहरे जीवन के ताप से तँबिया गए थे। सुलेमान को ये सब अजीज थे। ये उसके जीते-जागते सपने थे। लखनऊ में उसने देखा था सत्ता पशुओं का यथार्थ और उनकी जड़ता। तब हर पल उसे ये दोस्त याद आते थे। उन्हें उपलब्धि के शुभ-लाभ में लगाकर वह अपने सुन्दर सपने तोड़ना नहीं चाहता था। ये दोस्त उसके फेफड़े थे। इन्हें देखकर वह जिन्दा रहने का मकसद पाता था। सुलेमान को अगर कविता आती होती तो वह इन दोस्तों पर महाकाव्य लिख डालता। लखनऊ में बने सम्पर्क सलाद के समान थे। थोड़ी देर ध्यान न देने पर कुम्हलाकर अपरिचय में बदल जाते जबकि यहाँ के ये सम्बन्ध अचार की तरह थे। हर बार चाहे जितने दिन बाद सुलेमान आता, मर्तबान के मुँह से कपड़ा हटाता और वही खरी, मुकम्मल और सुहानी खुशबू उसे अभिभूत कर देती। ऐसे नेकदिल दोस्तों को टके-टके के लाभ कराकर वह इस खुशबू को खोना नहीं चाहता था। इनके घरों के मचड़े बिस्तर में, मैले तौलियों और टपकती छतों में गहरा अपनापन था। वह आँख मूँदकर बता सकता था कौन से दोस्त की चप्पल में कहाँ सिलाई है और कहाँ कील की मरम्मत।

क्यों बदलना चाहते हैं ये अपना जीवन? उसने खिन्न होकर सोचा। क्या इतना काफी नहीं है कि ये अपने सपने देखते रहें और खुश रहें। इन्हें पता नहीं, कामयाबी एक कुत्ता-दौड़ है। इसमें पड़ा इनसान अपना चेहरा तक नहीं चुन सकता।

सुलेमान का मन भारी हो आया। दोस्तों की निरीहता उसे अन्दर तक हिला रही थी। उसने कहा, "यकायक मुझे याद आया। सुबह पी.एम. का सन्देश लेकर सी.एम. का एक आदमी घर आने वाला है। मुझे जाना होगा।"

"सुलेभाई, खाना तो खा लीजिए।"

"नहीं, डोंट वरी, पीने के बाद मैं वैसे भी कम खाता हूँ।"

सुलेमान की आँखें नींद और सुरूर से झप रही थीं और कदम कुछ काँप रहे थे। दोस्तों के सहारे वह अपनी कार तक पहुँच गया।

"सुलेभाई, मेरा काम याद रखिएगा।"

"सुलेमान...मेरा..."

‘‘सुलेमान मेरा...’’

‘‘आप सब मेरी अपनी धड़कन हैं। मैं आपको कैसे भुला सकता हूँ मेरे दोस्तो!’’ सुलेमान ने कहा।

ड्राइवर ने गाड़ी स्टार्ट की।

‘‘वापस लखनऊ’’ सुलेमान ने कहा और पिछली सीट पर नींद में अलसाया पसर गया। यह उसका सपने देखने का वक्त था।

अफसाना प्रदूषण का उर्फ हर फिक्र को धुएँ में...

पंकज मित्र

इन दिनों कमरूआ की आँखों में धुआँ लगते ही ऐसी चिरमिराने लगती थीं आँखें कि कोई काम ही नहीं हो पाता था। वैसे काम था भी नहीं कुछ इन दिनों फिर भी...सड़क से गुजरती गाड़ियों की पिछाड़ी का धुआँ या फिर नुक्कड़ के कबाबवाले के तंदूर की अगाड़ी का धुआँ तो लग ही जाता था आँखों को। या अब तो आँखों तक धुएँ के पहुँचने की भी जरूरत नहीं थी, धुआँ देखते ही आँखों में चिरमिराहट शुरू हो जाती। मोहल्ले के लौंडों ने छेड़ना भी शुरू कर दिया था–''इ बेट्टा दिल्ली रिटर्न के का हौलौ बे? आंखियाँ में का घुसा के ऐलो बे हुँआ से, चापाकल तरी छुर्र-छुर्र गिरो हो पनियाँ।''

रोकसनिया भी हर जेनुइन बीबी की तरह फिक्रमन्द थी उसके लिए। उतनी-उतनी देर तक धुएँ में रहनेवाला उसका शौहर, कभी तो कोई परेशानी नहीं हुई। गूँथे हुए आटे में खमीर मिलाकर, रात को बीड़ी के धुएँ में गर्क हो जानेवाला शौहर उसका, धुएँ की ही हल्की सुरमई चादर ओढ़कर मुस्तकबिल के खुशनुमा सुनहरे-भूरे, एकदम पक्की सिंकी हुई शीरमाल की रंगतवाले सपनों में खो जानेवाला शौहर उसका–वजह तो खैर थी लेकिन इनसान को इतना भी...जीना तो पड़ता ही है न...

कितने खुश थे वे उन दिनों। उनकी यही खुशी दाहिने पड़ोस के बैटरीवाले हसीब मामू तथा बाएँ पड़ोस के टेलर मास्टर नसीबचा के दिलों में हसद पैदा करती थी क्योंकि दोनों ही अपनी-अपनी कबूलसूरत तथा दीनी बेटियों के लिए कमरू मियाँ से रिश्ते की कोशिशें कर चुके थे और सारी जिम्मेदारी अल्लामियाँ पर लादकर वापस आ गए थे–''जानो अब अल्लामियाँ। दूगो पैसा का कमा लेलको आसमाने पर मूते लगलो''। इसके ठीक दो दिन बाद ही 'कमरूद्दीन बेकरी' के साइनबोर्ड पर

बरसात के दिनों में स्कूटर वगैरह के नीचे लगनेवाले रबरपेंट से 'बेकरी' के एकार को पोतकर 'बकरी' कर दिया गया था। कमरूद्दीन को पक्का यकीन था कि हसीब मामू के आवारा बेटे और इस रिश्ते से इसके मामूजाद भाई और उसके होते-होते रह जानेवाले साले खुसरूआ की कारस्तानी थी यह। जहाँ तक 'दूगो' पैसा कमा लेने की बात थी तो उसकी दुकान ही कुछ ऐसे मोड़ पे थी जहाँ से 'सुस्त कदम रस्ते' भी जाते थे और 'तेज कदम राहें' थीं। मोहल्ला वहीं से 'इन लोगों-उन लोगों' में बँटता-सा लगता था और दोनों तरफ के लोगों की आमदरफ्त थी वहाँ–खटखटिया बिस्कुट, पावरोटी, क्रीम रोल, बन्स, पावभाजी के लिए पाव, बाकरखानी रोटी और शीरमाल इधर-उधर जाते रहते थे। कभी-कभी तो गाड़ियाँ भी रुकती थीं जिन्हें देखते ही कमरूआ अदब से खड़ा हो जाता था और साब-साब करके बात करने लगता था और पचीस-पचास रुपया 'सटा' लेता था। हसीब मामू और नसीबचा फिर से एक बार परेशान हो जाते थे और हसद का धुआँ उनके चेहरों को ढक लेता। वक्त की सितमजरीफी देखिए कि दोनों होते-होते रह जाने वाले ससुरों के ऐन नाक के नीचे से कमरूआ एक दिन एक टाटा 407 में गाजेबाजे के साथ जाकर ब्याह लाया वहाँ की लड़की जहाँ जाने पर लोग कहते थे 'गिया गिए थे' (बराए मेहरबानी इसे 'शहर गया गए थे' पढ़ें)। नसीबचा ने हसीब मामू की ओर देखते हुए कहा था–

"केसन बखत आ गेलो। दीन-ईमान कुच्छ ना रहलो अब तो। हमरिन (हम लोग) में तो मुमानियत न हौ गाजा-बाजा के।" हसीब मामू ने नसीबचा की ओर देखते हुए गहरी साँस ली–"का करबा नसीब भाय। छोड़ा! आ लड़की भी कोन हूर के परी लैलको जेकरा खातिर गिया गेलौ (इसे फिर से गया गया पढ़ें) एतना दिन भरोसा दे के रखलो आर एकरे कह हथिन–"सिर सजदे में गांड़ दगाबाजी में।" गहरी साँस और गहरी होकर बीड़ी के गर्म धुएँ के साथ निकली।

"का खुसुर-फुसुर हो रहलो बे दोनों बुढउ में", यह बजरंगी लाल थे, एक हाथ से अपने चार साल के पोते को घिरियाते हुए, खल्वाट खोपड़ी जिसके चारों ओर कासवन की तरह सफेद बालों की कतारें, दो साल हुए बिजली विभाग से रिटायर हुए लेकिन करंट की तेजी अभी भी थी।

"जब देखा सरवैन (साले) खुसुर-फुसुर, खुसुर-फुसुर। आते-जाते सबके नापते रहतो। नसीब भाय भाभियों तो शरम कर के बिलोज के नाप लेते-लेते आदते हो गेलौ बे" दोनों बुढ़उ कहने लगे।

"आ गेला बजरंगी बाबू। बुढ़ा गेला तभियो हँसी दिल्लगी के आदत ना छुटलो। अब कुछ खुदा के राह में लगो।"

"का कहली। बुढ़ा गेलियो? का रे कमरूआ हम बुढ़ा गेलियो रे?" कनखी मारकर सवाल उछाला गया।

"के बोलो हौ रे चचवा? तू बुढ़ैवे कभियो। अभी तो इकरिन सब के चचा बोलाबे ही।" दोनों बुढ़ऊ की ओर इशारा करके ही जवाब भी दिया गया।

"वही तो। इ चचवन सबके खिरगाँव (कब्रिस्तान) पहुँचाइए के न बुढ़ैवो? बोला हथु खुदा के राह में लगे खातिर। तोहरिन (तुम लोगों) के बता दियौ। खुदा बुड्ढ़ा सब के एकदम पसन्द नै कर हथु। एही से बुढ़वन के बैटिंग के चांसे न देवे हथीन। सीधा पवैलियन में..."

हँसते हुए कमरूआ की दुकान में घुस गए बजरंगी लाल। अब दोनों के बीच क्रिकेट चर्चा होगी। हालाँकि बजरंगी लाल का क्रिकेट ज्ञान टीवी द्वारा ही प्रेरित-आरोपित था और कमरूआ का मोहल्ला लेवल पर कपड़े धोनेवाले पिटना, रबर की गेंद तथा दीवार पर ईंट के दाग से बने विकेट लेवल का ही। लेकिन मोहल्ले के कुछ जूनियर लड़के मानते थे कि इसमें 'सचिन तेंदुलकर' बनने की सम्भावनाएँ थीं जो उसी 'पिटने' के द्वारा अब्बा ने समाप्त कर दीं।

"बप्पा सरवा हियाँ भट्टी में झोंकायल है और बेटा के शौक किरकिट। पकड़ सरवा इ ट्रे। ठीक से धियान रखिहौ बिस्कुटवन पर, हम आवैत हियौ नमाज पढ़के।"

कमरूआ पकड़ तो लेता लम्बी हैंडलवाली ट्रे मगर मन तो अटका रहता बगल वाली टी.वी. दुकान पर चल रहे मैच पर। थोड़ी ही देर में आ जाएगा मैच के दो चार बॉल के बाद ही तब तक तो सिंक जाएगा बिस्कुट भी। लेकिन इसी चक्कर में एक दिन तेंदुलकर की बैटिंग के जलवे देखने में ऐसा खोया कि बिस्कुट कमबख्त बेवफा निकल गए। जब लौटा तो वे किसी दूसरी ही चीज में तब्दील हो चुके थे। फिर तो अब्बा ने ही सचिन की करामाती बल्लेबाजी के वो जौहर दिखाए–सिर्फ बैट की जगह कपड़े धोने का पिटना था और बॉल की जगह थी उसकी पिछाड़ी।

तब अब्बा के हाथों में ताकत भी भरपूर थी और काठी भी थी मजबूत। रमनौमी (रामनवमी) में लाठी और बाना धुनने (भाँजने) में उनसे कोई पार पाता था या बराबरी पर रहता तो सिर्फ बजरंगी लाला। रमनौमी में और मुहर्रम में दोनों मिलकर चक्करघिन्नी खाते हुए लाठी धुनते तो भीड़ मंत्रमुग्ध होकर देखती रहती। रामनवमी एक बड़ा पर्व था यहाँ के लिए, इतना बड़ा कि बाहर काम करनेवाले भी छुट्टियाँ लेकर, खलीता (कुर्ता) पाजामा सिलवाकर जुलूस में शिरकत करते। रात-रात भर बजता रहता आसनसोल-पुरुलिया का ताशा, कागज जला-जलाकर सेंके गए ताशे टनाटन बजते–ढिन-ढिनिक-ढिन, ढिनिक-ढिन और रिकशे पर बैंजो रखकर बजाया जाता उस साल का सुपर हिट गीत–'मेरा मन डोले' से यह यात्रा 'सरकाय लो खटिया जाड़ा लगे' से होती हुई और आगे 'छम्मा-छम्मा' और 'छैंया-छैंया' तक सरक चुकी थी। कलकत्ते से आते अखाड़े एवं झाँकियाँ सजानेवाले और हजारों

रुपए लेकर जातें पड़ोस के गाँवों से झाँकियाँ लेकर आनेवालों की संख्या में हो रही थी हर साल बढ़ोतरी और बढ़ रहा था सिरदर्द प्रशासन-पुलिस का।

''अबरी देखले बेट्टा मलहटोली के झाँकी, सच्छात शिवजी लग हलथु।''

''गुअरटोली वालेन (ग्वालटोली वालों ने) तो बेट्टा पूरा मिसाइले बना देले हथु।''

इनके अलावे होती थी शान्ति समिति, जिसमें अनिवार्य रूप से होते बजरंगी लाल चौरसिया एवं शर्फुद्दीन अंसारी–दोनों मस्जिद रोड के ड्यूटी पर तैनात, एकदम चौकस-प्यासे, रतजगे करते सिपाहियों को चाय-पानी पिलाने से लेकर जुलूस के अति उत्साही भक्तों को आगे बढ़ो, आगे बढ़ो का निर्देश देते हुए रात भर जागते। इसी दौरान धीरे-धीरे राजनैतिक गणित ने कुछ उलटफेर ऐसा किया कि अब मस्जिद गली होकर जुलूस का गुजर जाना ही उत्सव का बायस बन गया।

मुस्लिम कौम के लिए राहत की साँस लेनेवाला तो हिन्दुओं, खासकर धर्मप्राण हिन्दुओं के लिए पाकिस्तान को जीत लेने का प्रतीक। रामभक्तों की नई पीढ़ी ने जो टेकओवर कर लिया था। शर्फुद्दीन दुःखी होकर बजरंगी लाल से कहते–

''देख, देख बजरंगी, मजहबी अकीदा नाम के चीजे ना रहलो अब, बेट्टा बनल हथु हनुमानजी आर झँकियाँ से नीचे आके सिगरेट के सुट्टा मार रहलो हे।''

''सब सरवैन दारू पीये के धन्धा बन गेलोजी चन्दवा भी ओहि खातिर करबे कर हथुन सब। इ-इ सरवा के देख न रंडियन तरी नाच रहलो मुँह में नोट रखके। छत्ता पर खड़ा लड़कियन के देख-देख के और जोर से गंड़िया हिलाबे लगलथुन। सरवैन''–बजरंगी लाल सिर धुनते हुए कहते।

और इसी दौरान पता नहीं रामायण-महाभारत आदि टीवी सीरियलों का असर था कि अश्वमेघ यज्ञ के घोड़े की भाईचारे की नरम घास को टापों से रौंदते हुए राजसिंहासन की ओर बढ़ते जाने का कि कुछ नेतागण इस रामनवमी की उत्ताल रामभक्ति की शक्ति के वोट में तब्दील होते जाने की कीमियागरी की ताकत को महसूस करने लगे और तभी पहली बार कर्फ्यू लगा था इस कस्बे में। बजरंगी लाल कई बार सुना चुके हैं यह किस्सा–जवान गश्त पर थे, तभी कमरूआ के अब्बा ने धीरे से दुकान का दरवाजा खोलकर झाँका था। 'धड़ाक'–एक लात पड़ी दरवाजे पर, कार्बाइन की नाल सीधे शरफू की छाती पर। शरफुआ के तो पाजामा खराब होने की नौबत। उसकी दाढ़ी कहीं शक की गुंजाइश भी नहीं छोड़ रही थी कि उसका इरादा कुछ नहीं था।

''क्या नाम है बे?''

घिग्घी बँध गई थी शरफू की।

''ज्जजी-शर्फू।''

''क्या देख रहा है बे?''

''ज्जजी-कर्फू।''

"भैनचो-शर्फू, गांड़ में घुसा दूँगा कर्फू। देखते रहना फिर...साले पाकिस्तानी, जा अन्दर।"

तब तक दूसरा जवान आ चुका था।

"ला साले बिस्कुट खिला। तुम लोगों की हिफाजत के लिए ड्यूटी करनी पड़ रही है। क्यों जहर-वहर तो नहीं डाला उसमें। तुम्हारा क्या भरोसा।"

डिब्बा उठा ले गए। जाते-जाते एक आवारा कुत्ते को एक बिस्कुट डाल दिया। शायद जाँचने के लिए—जहर-वहर न हो कहीं।

काफी दुःखी होकर कहा था शर्फुद्दीन ने उस दिन—

"आय हो बजरंगी! हमरा सरवा पाकिस्तानी, कह देलथु जी!"

"छोड़ न सिपहियन के बात" बजरंगी लाल ने दिलासा देने के लिए कहा।

"ना जी, देख न तू ही देख, केतना कहलथु हमरा पाकिस्तान जाए खातिर—तू जाने हे न वही सैयद साहब। हम कहलियो—के है हमर हुआँ। जहाँ पैदा होलियो वहीं न दफन होबौ।"

"छोड़ ना बे।"

"ना जी छोड़े पकड़े के बात ना हौ। तू कहले हल न एक बार कि तीनगो 'क' खातिर मुसलमनवैन बदनाम हथु-कुनबा बढ़ावे में, किरकेट मैच में पाकिस्तान के जिताबे में आर कश्मीर के खातिर। त ना हम कुनबा बढ़ैलियो, ना इ नासपीटा किरकेट से हमरा कोनो मतलब आर कश्मीर के तो बाते छोड़ हम तो कभी कटकमसांड़ियो (एक नजदीक का गाँव) ना गेलियौ। त हम पाकिस्तानी कैसे हो गेलियो बजरंगी?"

"छोड़ ना बे। तू भी तो, काहेले करले है माथापेची (माथापच्ची)?"

उसी दिन पहली बार दोनों के सम्मिलित शौक को बड़ा धकका लगा जब रेडियो पर 'एकता रेडियो श्रोता संघ' से बजरंगी लाल चौरसिया और शर्फूद्दीन अंसारी का नाम सुनकर और मो. रफी का 'कोई जब राह न पाए' गीत सुनकर आमतौर पर खुश हो जाने वाले शरफू की उदास निगाहें तंदूर से उठनेवाले धुएँ में कुछ तलाश करती रहीं।

कस्बे की हिस्ट्री धीरे-धीरे हिस्टीरिया में तब्दील होने लगी थी और जुगराफिया में भी आने लगा था बड़ा बदलाव। भले ही सैयदजादे हिकारत से देखते अंसारियों के लड़कों को और उनकी जेनुइन काबिलियत पर भी सवालिया निशान लगाते हुए—'अरे रिजर्वेशन का फायदा मिल गया' के फिकरे कस देते लेकिन सट-सटकर खड़े होते। मकानों और मोहल्लों मे कहीं-न-कहीं डर ने डेरा डाला था और मजबूरी में भाईचारे के हवाले दिए जा रहे थे। कस्बे में बढ़ी थीं सरगोशियाँ और उभरने लगे थे शकोशुबह के साये। मीलादों एवं जलसों की तादाद बढ़ रही थी और कुछ अजनबी चेहरे भी दिखने लगे थे छोटे-से कस्बे की जानी-पहचानी दुनिया में। बाहर के लोगों के लिए 'कम्यूनल कस्बा कौन?' की मिसाल बन चुका था और राज्य प्रशासन ने

जिलों की सूची में खोजकर निशान लगा दिया था–'कम्यूनली सेंसिटिव'। हर पर्व-त्योहार के समय रैफ के नीले-काले धब्बेवाले जवान चकफेरिया करने लगते। पर उस दिन कोई त्योहार न था लेकिन बढ़ गई थी जवानों की आमदरफ्त–एक कदीम इमारत के मिस्मार होने की आवाज पूरे मुल्क में गूँज उठी थी लेकिन जो 'आह' हर जगह थी और बहुतों को सुनाई नहीं दे रही थी, वह थी एक भरोसे के टूटने की। कुछ लीडरान के कन्धों पर चढ़ी हुई लीडरानियाँ अपने अश्लील उल्लास प्रदर्शन से इस आह को और भी गहरी, और भी असरदार बना रही थीं। यही 'आह' कहीं घर कर गई शर्फुद्दीन अंसारी के कलेजे में और उस दिन जब रात नौ बजे तक बजरंगी लाल चौरसिया से मिलने और साथ बैठकर रेडियो सुनने न आए तो बड़ी फिक्र हुई। बस बजरंगी लाल ने ट्रांजिस्टर उठाया, बंशीलाल चौक से प्रसिद्ध 'रसगुल्ला पान' बनवाया और चले शरफू मियाँ के साथ बैठकर गुरुवार की 'आपकी चाहत' सुनने–रात दस बजे से ग्यारह बजे। मस्जिद गली के पास पहुँचते ही एक जवान कड़का–

"अबे रुक! किधर जा रहा है?"

"शर्फू के हिंया।"

"क्यों?"

"क्यों क्या, रेडियो सुनने।"

"चल इधर आ। नाम क्या है तेरा?"

"बजरंगी लाल चौरसिया।"

"चला जा चुपचाप अपने घर। रात में इधर घूमने पर रोक है। चल जा।"

इस गली में कुछ ज्यादा ही चौकसी थी। दरवाजों के पीछे से झाँकती सहमी आँखों को महसूस किया था बजरंगी लाल ने। शर्फू के तन्दूर से धुआँ तक नहीं उठ रहा था। बहुत दिनों के बाद उस दिन बजरंगी लाल ने अकेले ही 'आपकी चाहत' प्रोग्राम सुना था। मजा नहीं आया और वक्त की मार देखिए कि उस दिन उन लोगों की फरमाइशी चिट्ठी भी शामिल नहीं की गई थी प्रोग्राम में।

अलस्सुबह झकझोर जाने से आँखें खुली थीं बजरंगी लाल की। देखा कमरूआ था–बदहवास।

"चचवा, चचवा देख ना, का हो गेलो बप्पा के, रात से पगला तरी करले हो।"

"ऐ!" बजरंगी लाल दौड़ पड़े थे।

"शरफू, ऐ शरफू! देख ना बे हम आ गेलियो–बजरंगी, तोर दोस्त।"

पर, शर्फू कहाँ थे वहाँ। कुछ आसमानी नजारों की ओर देखते हुए हाथ हिला-हिलाकर बिड़-बिड़ करते जा रहे थे। कुछ ऐसी बातें जो सिर्फ अल्लामियाँ ही समझ पा रहे हों शायद। बजरंगी लाल की आँखों के आगे धुएँ की एक परत सी छा गई थी और ठीक से देख नहीं पा रहे थे वे कुछ भी।

सहमी हुई सी ईद आई थी और दबे पाँव चली भी गई थी लेकिन जाते-जाते ले गई बजरंगी लाल के दोस्त को। तराबीह के लिए जाते रहे पूरे रमजान के महीने में और पूरे वक्त मस्जिद में खामोश बैठे रहते। नमाज के बाद बाहर आते तो फिर वहीं हाथ हिला-हिलाकर बिड़-बिड़ करते हुए चले जाते। न किसी से दुआ-सलाम न कुछ। मजबूत काठी आधी रह गई थी। चाँदरात को सोये तो फिर कभी न जगने के लिए और ईद मातम में बदल गई कमरूद्दीन के लिए। बजरंगी चा ने ही सारा इन्तजाम किया। मोहल्ले के लोग कम ही शामिल हुए जनाजे में क्योंकि शर्फुद्दीन कोई बड़ी हस्ती तो थे नहीं जिनके लिए अपनी ईद खराब की जा सकती थी। कमरू ने अब्बा के जूतों को अपने पैरों में महसूस किया, लग पड़ा बेकरी के काम में दिलोजान से और कुछ नया कर दिखाने के जोश में बड़ा-सा साइनबोर्ड लिखवा डाला-'कमरूद्दीन बेकरी', मस्जिद रोड। बजरंगी लाल चौरसिया ने बदस्तूर जारी रखा फरमाइशी गीतों वाले रेडियो के प्रोग्राम में 'एकता रेडियो श्रोता संघ' से बजरंगी लाल चौरसिया एवं शर्फुद्दीन अंसारी के नामवाले खतों को भेजते रहना और जारी रखा सुबह के पहले ग्राहक के रूप में अपने चार साल के पोते को घिसियाते हुए रोज कमरू की दुकान पर नमूदार हो जाना।

नमूदार हुए थे एक पुच्छल तारे की तरह कस्बे के धर्माकाश पर बाबा प्रचंडदास उन्हीं दिनों और उन्हें छा जाने का मौका फराहम कराया था प्रशासन ने। कस्बे में नए-नए आए मटियाले साहब को एक दिन इलहाम हुआ।

"ये बास्टड्र्स हिन्दू-मुसलमान रामनवमी के जुलूस को लेकर हमेशा टेंशन पैदा करते हैं तो, व्हाय नॉट चेंज द रूट। वर्षों की प्रॉब्लम मिनटों में साल्व्ड। चीफ सेक्रेटरी तक जान जाएँगे हम कितने एफीशिएंट हैं। आखिर आई.ए.एस. का दिमाग है। रास्ता बदलने से झाँकियाँ भी जल्दी और आराम से निकल सकेंगी और रात को जल्दी घर जाकर दो लार्ज पैग-बस।"

बस खबर उड़ गई, उड़ती गई-अखबारों के बाजों ने झपट्टा मारा और खबरों को ले उड़े। बाजों ने राहत की साँस ली कि बहुत दिनों के बाद 'सांड ने साइकिलवाले से टक्कर मारी', 'फलाँ पार्टी के प्रखंडाध्यक्ष को पितृशोक' टाइप खबरें लिखने की बोरियत दूर हुई। अपने-अपने रंगों के हिसाब से खबरों में रंग भरने लगे-कोई नारंगी भर रहा था तो कोई हरा, कोई लाल तो कोई नीला। महावीरी झंडों का ऐतिहासिक महत्त्व भी बताया गया और कौमी यकजहती की भी बातें की जाने लगीं। बस बाबा प्रचंडदास ने मौका ताड़ा और भरने लगे गुरु गम्भीर धर्महुँकार-'रास्ता वही रहेगा, नहीं तो मैं अन्न-जल ग्रहण करना त्याग दूँगा और त्याग दूँगा उत्सर्जन भी करना। अन्न-जल त्याग तक तो बात ठीकठाक थी। लेकिन उत्सर्जनविहीन अवस्था तो बड़ी ही कष्टकारक थी, खासकर बाबा के आसपास रहने वाले धर्मधुरीण शिष्यों एवं

प्रशंसकों के लिए जिसमें शामिल थे–देशी शराब की फैक्ट्री के मालिक, कोयले के बड़े तस्कर, छुटभैये नेतागण, एकाध बड़े होनेवाले नेता भी। उत्सर्जनहीन अवस्था में जो वायु सम्बन्धी विकार उत्पन्न होते थे बाबा प्रचंडदास में, वह सचमुच प्रचंड होते थे। गणमान्य शिष्यगण मिलने लगे प्रशासनिक शीर्ष पर बैठे मटियाले साहब से रोज ही। करने लगे गुहार पर गुहार–"बाबा का तो जो होना है होगा लेकिन हमलोगों की हालत पर तो तरस खाइए, मान जाइए। किसी भी परफ्यूम को पटखनी दें देती है वह बदबू।" बाबा इन दिनों दुर्गन्ध की प्रतिमूर्ति बन गए थे–हर तीन-चार मिनट बाद प्रचंड विस्फोटों की शृंखला और साथ ही बदबू के भभूके।

जैसे-जैसे इस बदबू की चर्चा फैलती गई कस्बे के उन लोगों या मोहल्ला में भी सुगबुगाहट बढ़ी और उधर भी कुछ बदबूएँ फैलने को बेचैन हो उठीं। बाहर से छात्रों के लिबास में कुछ अजनबी चेहरे आए और मोहल्लों में चुपचाप बदबूओं का धन्धा करने लगे। मजहब को छुई-मुई दोशीजा बताने लगे जिसकी आबरू हमेशा खतरे में पड़ने को बेताब रहती थी। समीउल्ला की कबाब की दुकान पर कुछ ऐसी ही बातें हो रही थीं तो बूढ़े बदरू ने गन्दी-सी चायनुमा कुछ सुड़कते हुए पूछा था–"फुनै हियो जन्नत में हूर भी मिलतौ जी।" दाँतों के टूटे होने की वजह से 'सुनैहियौ' की जगह 'फुनैहियो' निकला था। दूसरे शहर से आए एक अजनबी चेहरे ने कहा–"हाँ मिलती है लेकिन तुम्हारे जैसे बुजदिलों को नहीं जिनको मजहब की, अपने लोगों की हिफाजत की, उनकी अस्मत की कोई फिक्र नहीं। जन्नत मिलती है उन्हें जिनमें जज्बा होता है दो-चार काफिरों को मारकर अपने मजहबी फर्ज अन्जाम देने का।"

आपने पाजामे के नेफे में खुसी भरनट्ठी (एक फायर वाली) पिस्तौल भी कुर्ता उठाकर दिखाई–"जिसको चाहिए अपनी हिफाजत के लिए बोलना, और आ जाएँगे।"

बूढ़ा बदरू डर गया। चुपचाप चाय गटक ली और सटक लिया। सोचा–'मार गोली हूर फूर के। हमर मेहरूनिया के मइये ठीक हौजी।'

कमरूआ भी डरा हुआ था और कुछ चिन्तित भी। उस सुबह बोला बजरंगी चा से

"चचवा। ऐलथुन हल लड़कवन हमरा समझावे कि तुमरे हियाँ रामनवमी कमेटी का बजरंगी लाल काहे आता है रोज। तो हम बोललियो कि हमरा बाप दाखिल है। जब हमरा बाप मरा था तो के खड़ा था हमरे पीठ पर तुम लोग कि वही बजरंगी चा।"

"छोड़ न बे कमरूआ। कैसन पटेत हौ नयकी वैफ (वाइफ) से।"

"दूर चचवा। हियाँ। टेंशनवाला बात चलते हो आर तू करले है लफ्फाशूटिंग।"

"जाने है बे कमरू! हमनियों के दिमाग चाट के उज्जर कर देलथु सब। एतना किसिम-किसिम के पर्चा बाँटैत हौ कि कोय कटुआ के दोकान से सामान नै खरीदना हौ। खोल लेलथिन है सरवैन रामभरोसे बेकरी एगो।"

"ऐसन कर न चचवा, दू-चार दिन छोड़िए दे न आना।"

"का बात करता है रे कमरूआ। शरफू भाय हमको का कहेंगे जब हुआँ भेंट होगा"–उत्तेजित हो जाने पर बजरंगी लाल स्थानीय बोली भूल जाते थे–"निकाल-निकाल उ ट्रे जादे खर (सिंक) हो गिया तो बदबू देबे लगेगा।"

बदबूदार खबरें लगातार आ रही थीं। अखबारों की लीड (लीद!) कुछ इस तरह लगती–

'बाबा प्रचंडदास का प्रचंड हठयोग!', 'आज उत्सर्जनहीनता का छठा दिन।' बॉक्स आइटम आता–'बाबा के प्रचंड उद्वेगों से शहर के फलाँ-फलाँ गणमान्य व्यक्ति परेशान, शहर में तनाव।' 'रास्ता वही रहेगा या नहीं'–इस विषय पर आप अपना मत इस फोन नम्बर पर दे सकते हैं। दूसरे दिन सर्वेक्षण के नतीजे भी प्रकाशित किए जाते–'रास्ता वही रहेगा-साठ फीसदी, नहीं रहेगा-पच्चीस फीसदी, मालूम नहीं–पन्द्रह फीसदी।' कुछ स्वयंभू किस्म के पर्चे भी बँटने लगे जिन्हें लोग भीड़ लगाकर, सिर हिला-हिलाकर पढ़ते, मजमून कुछ इस तरह होता–

"वर्षों से आप सांस्कृतिक प्रदूषण की चपेट में हैं। अपने ही देश में आप अपने धर्म, अपनी संस्कृति की खुली हवा में साँस नहीं ले पा रहे हैं। कब तक आप सहेंगे इस प्रदूषण को जो संख्या में काफी कम हैं आपसे। समय आ गया है इस प्रदूषण को जड़ से मिटा डालने का। एक हो जाइए।"

कमरूद्दीन ने कहा रोकसनिया से–"चल तुमको नैहर छोड़ आवें। दस दिन में हवा-पानी ठीक हो जैतो तो फेर आ जहियों।" रोकसनिया को न मानना था न मानी। शौहर को बारूद के ढेर पर छोड़कर कैसे भाग सकती थी। इस बारूदी ढेर को बस एक चिंगारी की थी जरूरत और यह चिंगारी उठी जयश्रीराम मेडिकल स्टोर के कामवाले लड़के रामपुकार महतो के अन्दर, रोज उसी गली से गुजरनेवाली सुलतनिया को देखकर–खासकर उसके चमकते दाँत और मजबूत छातियाँ देखकर। अपने बाप मसऊद मिस्त्री को गैराज पर खाना पहुँचाने जाया करती थी वह ठीक दोपहर दो से ढाई के बीच जब गली की अधिकतर दुकानों के शटर गिरे होते और ऊँघती-सी होती थी वह गली। बस वक्त के इसी टुकड़े में खींचा उसे दुकान के अन्दर, शटर गिराया और दे दिया 'ठेहुनियामाइसिन' का इंजेक्शन। यह वह इंजेक्शन है जो दिया जाता है ठेहुने के बल लेटकर और जाहिर है कि उन ठेहुनों के नीचे होती है कोई औरत जो बारह से बासठ तक किसी भी उम्र की हो सकती है। फसादों के समय जमकर होता है इसका उपयोग। हालाँकि आम राय के मुताबिक इसका धार्मिक महत्त्व सिर्फ इतना है कि दूसरे कौम की औरत को दिए जाने पर देनेवाले के पुण्य या सवाब में कुछ बढ़ोतरी होती है।

चिंगारी को हवा दे-देकर आग का रूप दिया गया और फिर आग कहाँ देख पाती है कुछ क्योंकि आग की आँखें कहाँ होती हैं, किसी को मालूम नहीं। लेकिन

आँखवालों ने गिन-गिनकर, चुन-चुनकर, निशान-विशान लगाकर आग को बताए उसके शिकार के ठिकाने, और रात में ही वह जादुई करतब किए इसने कि एक खास कौम के मकानों, ठिकानों, दुकानों को ही जलाया। फिर इस कौम के पहरुए भी कहाँ खामोश रहते। आखिर मजहबी फर्ज की बात थी। निकल पड़े पुराने छुरे, जंगआलूदा तलवारें, पाइप बम, पेट्रोल बम जैसे कदीमी हथियार और इन्हीं के जलाल से सुबह तक गली में पड़ी थीं तीन लाशें, जिनकी शिनाख्त एक दूधवाले, एक हॉकर और एक मेहतर के तौर पर की गई। सबसे तेज चैनलों ने खबरदार किया मुल्क को कि इस कस्बे में हो चुका था दंगा। लेकिन कमरूद्दीन बेकरी के साथ-साथ वह साइनबोर्ड जलकर काला पड़ चुका था और इससे दुगुना काला पड़ चुका था कमरूआ का दिल—यह सबसे तेज या धीमे चैनलों में किसी ने भी न बताया।

फिर तो बाबा प्रचंडदास ने ठोस-द्रव-गैस बहुतायत में उत्सर्जित भी किए, जुलूस का पुराना रास्ता भी कायम रहा, मटियाले साहब को चीफ सेक्रेटरी की डाँट भी पड़ी, उनका तबादला भी हुआ, जुलूस के दौरान भक्तों ने दुगुने-तिगुने उत्साह से लाठियाँ भी भाँजी, दारू भी दुगुनी-तिगुनी मात्रा में पी गई, उसी अनुपात में चन्दे भी उगाहे गए, कई विधायक और एक सांसद भी धर्मरथ पर सवार होकर धर्म का जयघोष करते हुए विधानसभा तथा संसद की तरफ कूच कर गए।

कूच कर गया कमरूआ भी रुँधे गले और भारी मन से दिल्ली की ही ओर! ये बात और है कि उसका रास्ता संसद की तरफ नहीं बल्कि इससे काफी दूर, तकरीबन शहर के बाहर ही उसके मामूजाद भाई रफीक की छोटे साइज की बेकरी की तरफ जाता था। जाते-जाते कहा बजरंगी चा से उसने—

''चचवा, हम तो बरबादे हो गेलियो। रफीकवा बोलैले हो हुआँ हमरिन के ओकरे काम में मदद करे खातिर। और पेट के बात हौ हमरिन के भी...हिंया के तो हवा-पानी खराबे हो गेलौ अब...''

''जा बेटा, का कहियौ लेकिन हिया भी कोय रास्ता निकल जैतियौ।''

''नै चचवा दिले टूट गेलौ अब तो...''

इसके जवाब में बजरंगी लाल के गले से खाँसने, गला रुँधने और सिसकने की मिली-जुली एक आवाज निकली जिससे वह खुद ही चौंक पड़ा था।

दिल्ली आमतौर पर नहीं चौंकती है, खासकर किसी नामालूम से आदमी के आकर इसके किसी कोने-अतरे में रह जाने पर तो बिलकुल नहीं चौंकती। हजारों लोग आते हैं—हँस-हँसकर ऊपर उठते हैं, रो-रोकर वापस जाते हैं। दिल्ली वैसे ही खड़ी रहती है—अविचल-अलबत्ता कभी कोई बन्दर, कोई माइकल जैक्सन, कोई

विस्फोट, परमाणु बम की आशंका इसे जरूर थोड़ा चौंकाती है। कमरूद्दीन अंसारी के आकर अपने मामूजाद भाई रफीक अंसारी की छोटी-सी बेकरी में काम शुरू कर देने और दिल्ली के तकरीबन बाहरी हिस्से में आधकमरे में गिरस्थी बसा लेने पर तो बिलकुल नहीं चौंकी वह। कितने आते हैं बल्कि दिल्ली के एक मंत्री का तो कहना है कि ''दिल्ली में मल-मूत्र सम्बन्धी प्रदूषण का तीन चौथाई हिस्सा बिहारियों और यूपीयनों ने फैलाया है। उनमें न तो सिविक सेंस है न कॉमन सेंस।''

हालाँकि रफीक की बेकरी जहाँ थी, वहाँ दिल्ली थी भी नहीं बल्कि कहीं उसकी पूँछ का हिस्सा भर था शायद—नई उग आई कई कॉलोनियाँ, कुछ पॉश फ्लैट्स, कुछ झोपड़पट्टीनुमा मकानों में रहते हाशिए पर खड़े लोग—कुछ ऐसे धन्धों में लगे लोग जो आमतौर पर सीन से गायब हो चुके हैं—मसलन ताला मरम्मत, छाता मरम्मत, रेडियो मरम्मत, बैटरी बनाने वाले, इत्रफरोशी करनेवाले वगैरह। देर रात तक जी-तोड़ मेहनत करके अलस्सुबह ही साइकिल पर पावरोटी, बिस्कुटों के बक्से रखकर रफीक और कमरू निकल पड़ते उन कॉलोनियों की तरफ। नींद खुलते ही कॉलोनीवालों को चाहिए होती थी डबलरोटियाँ ताकि किसी तरह उन्हें निगलकर दिल्ली की तरफ दौड़ लगा सकें। कमरू की तो तबीयत होती कभी कि दौड़ते-भागते किसी आदमी को पकड़कर पूछे—''मइया-बप्पा के पानी चढ़ते हौ का बे।''

पानी तो रोकसनिया के चेहरे पर भी चढ़ा था और उड़ी रंगत अब सामान्य होने लगी थी। पड़ोस की औरतों से उसने 'मेरेको-तेरेको' वाली जबान में बात करना भी शुरू कर दिया था और मामूजाद देवर रफीक के लिए वह रिश्ते भी सुझाने लगी थी अपनी ममेरी-खलेरी बहनों से। जिस दिन उसने सरगोशियों में बताया कमरूआ को कि उम्मीद से है वह, कमरू, और रफीक खुश होकर दिल्ली दर्शन को गए। लालकिला, कुतुबमीनार वगैरह देखते हुए बोला था रफीक—

''देख भाभी, इ सब हमरिने के बनावल हौ। सब बादशाह लोग तो मुसलमाने न हलथुन।''

''तोरा नाय देगेलथु कुतुबमीनार कि एही में चिमनी बना लियो बेकरीवाला,'' रोकसनिया ने कहा था और सभी जोर से हँस पड़े थे।

यही हँसी फैलती चली गई धुएँ की तरह और बर्दाश्त नहीं हुई, उनकी झोपड़पट्टी के ठीक पासवाले बिल्डिंग के चौथे माले पर रहनेवाले सैयद राशिद हसन साहब को। राशिद साहब हर तरह के प्रदूषण के सख्त खिलाफ थे। सफेद बुर्राक कुर्ता-पाजामा पहनते, गन्दगी से बचते-बचाते चलते, नाक-मुँह पर हमेशा सफेद रूमाल रखे रहते। चौंक पड़े थे रोकसनिया की तेज आवाज वाली हँसी सुनकर। अरे ध्वनि प्रदूषण...वह भी उनके इतने नजदीक। एक तो पिछले कई महीनों से परेशान थे। रोज रफीक की छोटी-सी बेकरी से धुआँ निकलता, उड़ता

और छा जाता था राशिद साहब की खिड़की के ऐन सामने जिससे उन्हें थोड़ी दूर पर बन रहे 'मैकराशिद बेकरी' की तेजी से ऊपर उठती चिमनी को देखकर खुश होने में तकलीफ होती थी उन्हें और जब से इन अंसारियों के बारे में सुना था तो तकलीफ और बढ़ गई थी। भूल गए मुकद्दस किताब की सारी हिदायत, भूल गए थे महमूदोअयाज के एक ही सफ में खड़े होने की बातें। सामने था इस एरिया का मार्केट सर्वे। मुसलमानों की संख्या भी थी ज्यादा और ये कॉलोनियाँ अभी दूर थीं बड़े खिलाड़ियों की नजर से। धीरे-से मैकराशिद की डबलरोटियाँ, बन्स, पिज्जा, बर्गर कब्जा कर सकते थे लोगों की जबान, पेट और सबसे बढ़कर दिमाग पर। दिमागों को गुदगुदाने की कोशिश भी की थी जो आते-जाते लोगों को दिखता था बड़ा-सा बोर्ड–'वी आर द बेस्ट लोफर्स'। लोफ का मतलब पावरोटी होती है–किसी पढ़े-लिखे कस्टमर ने समझाया था कमरूआ को–उसमें इ आर एस लगाकर जबान से पहले दिमाग को गुदगुदाने की कोशिश की थी राशिद साहब ने। दूसरी तरफ से भी कोशिशें चल रही थीं कब्जा करने की क्योंकि मैकराशिद के हर पैक पर लिखवाया गया था–'ओनली फ्रॉम हलाल थिंग्स'। पर इस सुरसुराहट का क्या करें जो पैदा हो जाती थी रात में रफीक बेकरी के तंदूर से धुआँ उठते ही। लगातार छींकें और छींकें–परेशान हो जाती थी बेगम राशिद और बच्चे–

"ओह मम्मी पॉल्यूशन।"

इस प्रदूषण से निजात पाना ही होगा–सोचा राशिद साहब ने। डॉक्टर्स ने डराया भी था–स्नोफीलिया, अस्थमा, हेरेडिटरी भी था अस्थमा। डरकर बुला भेजा वकील रंगाचारी को–पूरा नाम पी.आई.एल. रंगाचारी। किसी बशर की मजाल नहीं थी कि पूरा नाम बता पाता उनका। लेकिन पी.आई.एल. ऐसा जुड़ा उनके नाम से कि बस...सभी पी.आई.एल. का मतलब समझते 'पब्लिक इंटरेस्ट लिटिगेशन' (जनहित याचिका)। एक्सपर्ट थे इसी के रंगाचारी। ठोंक दी एक पी.आई.एल. दिल्ली के ग्रीन जज की अदालत में। ग्रीन जज साहब को हरेपन से इतना प्रेम था कि कचहरी के बाद कपड़े भी हरे रंग के ही पहना करते। तुरन्त आदेश हो गया–इस इलाके से बीस किलोमीटर और दूर चले जाओ, प्रदूषण फैलानेवालों! उठाओ अपना साजो-सामान और जाकर आबाद करो वीरानों को। वीराने में जाने का मतलब था धन्धे का बन्द हो जाना क्योंकि उधर कोढ़ी, भिखारी, सस्ती किस्म की जिस्मफरोश औरतें, रिक्शेवाले, ठेलेवाले और मेहतर रहते थे और वे डबलरोटियाँ नहीं खाते थे। छोटे-छोटे धन्धेवालों का आन्दोलन भी छोटा रह गया क्योंकि किसी बड़े नेता ने साथ नहीं दिया उनका। एकाध लाठीचार्ज के बाद तो जुलूस भी निकालना बन्द कर दिया उन्होंने। कुछ अजनबी चेहरों की आमदरफ्त बढ़ गई थी रफीक के पास इन दिनों। सरगोशियों में बातें होतीं, रफीक देर रात लाल आँखें लिये लौटता और पैसे होते थे

उसके पास। रोकसनिया ने भाँप लिया था कि रफीक ने शायद फाकाकशी से तंग आकर अँधेरों का रास्ता अख्तियार कर लिया था और दबी जुबान से कमरूआ से चर्चा भी की थी उसने। कमरूआ ने जब रफीक से बात की तो वह भड़क गया–

"का मिललौ बे हमरिन के मेहनत के रोटी खाय से। अब हम ना लौट सकबो, तू लौटबे तो लौट जो घरे।"

ठीक यही दौर था जब कमरूद्दीन की आँखों को धुएँ से तकलीफ होना शुरू हुई थी। डॉक्टर कभी इंफेक्शन बताते, कभी कंजक्टिवाइटिस, कभी आईड्रॉप देते कभी पिलुआ (एंटिबायोटिक मलहम जो पिल्लू की शक्ल का होता है) से काम चलाते लेकिन कम नहीं हुई आँखों की चिरमिराहट। एक डॉक्टर ने कहा–पॉल्यूशन का असर हो गया है आँखों पर, किसी साफ हवा-पानी वाली जगह ले जाओ जहाँ प्रदूषण न हो। राशिद साहब की ऊँची चिमनी से उठते धुएँ को देखकर पूछने की तबीयत होती कमरूआ को कि क्या यह धुआँ सातवें आसमान तक चला जाता है जिससे जमीन पर रहनेवालों को तकलीफ नहीं होती इस प्रदूषण से। फिर एक दिन रफीक से ही कुछ पैसे लेकर लौट आया उसी कस्बे में जिसमें उसका 'दिले टूट गया था'। और आते ही एक बुरी खबर का पत्थर और लगा–बजरंगी चा पिछले दिनों गुजर चुके थे।

कमरूआ थौंस कर बैठ गया था। आँखों से बहते जा रहे थे आँसू लगातार। तकलीफ और बढ़ गई थी। जी नहीं लगता किसी काम में, बेजारी और बेकारी में इधर-उधर घूमता रहता। तीन-चार-पाँच दिनों तक तो रोकसनिया देखती रही, देखती रही। मोहल्ले के लौंडे उसके गबरू जवान शौहर को छेड़ते रहे–"का बे दिल्ली रिटर्न..." फिर एक रात जब तारों की छाँव में एक चमेली के मँडवे तले लेटे थे क्योंकि जले हुए छप्पर की मरम्मत कहाँ हो पाई थी अभी तक, बोली रोकसनिया–

"ऐसन में केतना दिन चलतौ जी?"

"हूँ!"

"हूँ का?"

कोई जवाब नहीं।

सुबह-सुबह एक सोने की अँगूठी निकाली रोकसनिया ने भौंचक-सा कमरूआ देखने लगा–

"कहाँ से अयलौ?"

"बजरंगी चा देले हलथु मुँह देखाई में। आजे से शुरू कर कुछ काम-धाम। आर इ चिट्ठियाँ भी गिरा दिहौ पोस्ट अपिसवा में–

कमरू ने धुआँ-धुआँ निगाह डाली।

पोस्टकार्ड पर लिखा था रोकसनिया की टेढ़ी-मेढ़ी लिखावट में–

परोगराम आपकी चाहत

केनदर निदेसक

अकसवानी

गाना–'हर फिकिर को धुएँ में उड़ाता चला गया।'

फरमैस करनेवाले–बजरंगी लाल चौरसिया और शरफुद्दीन अंसारी, कमरूद्दीन, रोकसाना खातून और उनका बेटा।

चोर सिपाही

मो. आरिफ़

पहले डायरी के बारे में दो शब्द मेरी ओर से, फिर तारीख-ब-तारीख डायरी। सलीम से जो डायरी मुझे मिली थी उसे मैंने ज्यों-की-त्यों नहीं छपवाई। सलीम की ऐसी कोई शर्त भी नहीं थी। पहले तो वह इसे मेरे हवाले ही नहीं करना चाहता था क्योंकि उसका मानना था कि यह डायरी, और देखा जाए तो कोई भी डायरी, व्यक्तिगत और गोपनीय दस्तावेज होती है। लेकिन पूरी डायरी देखने के बाद मुझे लगा था कि इस लड़के की डायरी में ऐसे विवरण हैं...सारे नहीं, कुछेक...जो 'व्यक्तिगत और गोपनीय' का बड़ी आसानी से अतिक्रमण करते हैं। उन्हें पब्लिक डोमेन में लाना ही मेरी मंशा थी। मैंने उसे समझाया तो वह मान गया। दरअसल वह पूरी तरह समझा नहीं, बस मान गया अपना लिखा हुआ छप रहा है...इस उत्कंठा में उसने डायरी मुझे सौंप दी–यह कहते हुए कि आप लेखक हैं...डायरी में जो अच्छा लगे छपवा दें, यानी जो हिस्से लोगों के सामने लाना है उन्हें अपनी शैली में, अर्थात एक लेखक की शैली में, एक लेखक की भाषा में, परिवर्तित करके प्रकाशित कर दें। बाकी के हिस्से में तो बस रोजमर्रा की जिन्दगी है, उसके अहमदाबाद प्रवास की दिनचर्या है–वह भी उन सात-आठ दिनों की दिनचर्या जब उसके मामू के मोहल्ले में कर्फ्यू जैसे हालात थे और वह एक दिन एक घंटे एक पल के लिए भी घर से बाहर नहीं निकल पाया। घर में पड़े-पड़े कोई क्या करेगा। सलीम की डायरी ऐसे माहौल और मानसिकता में रोज-ब-रोज लिखी गई थी जिसमें बहुत सारे ब्योरे थे। इन इन्दिराजों को पूरा का पूरा लोगों के सामने परोसने का कोई अर्थ नहीं था। मेरी रुचि तो कुछ विशेष प्रसंगों और सन्दर्भों में ही थी।

लेकिन यहाँ एक समस्या थी। जैसा कि आप आगे देखेंगे, डायरी सिलसिलेवार ढंग से लिखी

गई थी—दस अप्रैल से शुरू होकर, यानी जिस दिन वह अहमदाबाद अपने मामू के यहाँ पहुँचता है, 18 अप्रैल तक—जिस दिन वह अपने मामू से कहता है अब मेरा मन यहाँ नहीं लग रहा है—घर भिजवा दें। 19 और 20 अप्रैल वाले पेज भी भरे हुए थे—लेकिन उनमें कुछ मेरे काम की सामग्री नहीं थी सिवाय इसके कि इस्माइल मामू की बड़ी याद आ रही है, गुलनाज अप्पी ने मेरी पतंगों का पता नहीं क्या किया होगा, नानी शायद अगली बार आने तक नहीं बचेंगी और मुमानी जान मेरे पहुँचते ही तुमको ये पकाकर खिलाएँगे, तुमको वो पकाकर खिलाएँगे का खूब राग अलापीं लेकिन उसके बाद माहौल ऐसा बना कि उन्हें अपनी पाक कला का प्रदर्शन करने का मौका ही नहीं मिला। तो बतौर लेखक मेरी समस्या यह थी कि जो ब्योरे मुझे सार्थक लगे थे उन्हें अगर मैं बीच-बीच में से उठाकर उपयोग में लाता तो बात न बनती। उनका सन्दर्भ और उनका निहितार्थ आगे-पीछे की तारीखों में थे जिन्हें सलीम रोजमर्रा के ब्योरे या बोरिंग दिनचर्या कह रहा था। तो मैंने उन्हें भी बिना कोई छेड़छाड़ किए उसी तरह ले लिया। वैसे भी सलीम की दिनचर्या मुझे इतनी उबाऊ नहीं लगी। कुछ ब्योरे तो बड़े मजेदार लगे। लेकिन आगे बढ़ने से पहले मुझे सलीम से कुछ और बिन्दुओं पर सफाई चाहिए थी। पहले तो भाषा को लेकर। जब पहली बार मैंने डायरी पढ़ी तो लगा इसमें किसी तरह की छेड़छाड़ या कतरब्यौंत करना उचित नहीं होगा जबकि काँटछाँट की गुंजाइश बनती थी। जब मैंने डायरी दूसरी बार पढ़ी तो मैंने नोट किया कि विवरणों में उर्दू के शब्द बहुधा से भी अधिक ही आ रहे थे—और कुछ तो ऐसे शब्द थे जिनके लिए हिन्दी के या फिर आमफहम उर्दू के शब्द जिन्हें हम हिन्दुस्तानी भी कह सकते हैं प्रयोग करना आवश्यक लगा। मुमानी की जगह मामी, सितम की जगह जुल्म, सितमगर की जगह जालिम, अस्मत की जगह इज्जत मुझे ज्यादा मौजूँ लगा। 15 अप्रैल को सलीम ने अपनी मामी के हवाले से यह दर्ज किया है—''मामी आसमान की ओर हाथ उठाकर बोलीं...ए अल्लाह रहम करना, मौला हिफाजत...जानमाल की और हमारी अस्मतों की। उन्होंने बहुत सितम ढाए हैं हम पर...सितमगर हैं ये लोग।'' तो जहाँ जरूरी लगा मैंने शब्द बदल दिए—यह मानते हुए कि सलीम ने इतनी छूट मुझे दे दी है। इसी प्रकार कहीं-कहीं हिन्दी के ऐसे क्लिष्ट और पुरातन शब्दों का प्रयोग किया है जो अब चलन में नहीं रहे। फर्ज कीजिए कोई कहे म्लेम्छ बाहर से आकर...। ऐसे वाक्यों से अप्रचलित शब्दों को सुविधापूर्वक हटा दिया है। लेकिन कई बार ऐसा नहीं भी कर सका हूँ। ऐसा जल्दबाजी में हुआ लगता है। सलीम के ननिहाल के कुछ सदस्य विशेषकर उसके छोटे मामू हिन्दुओं के लिए 'काफिर', आतंकवाद के लिए दहशतगर्दी, फासिस्ट के लिए 'मोदी' जैसे शब्दों का इस्तेमाल करते हैं। सलीम से पूछकर ऐसे शब्दों को मैंने हटा दिया है। तथ्यों को लेकर भी मैंने कुछ लिबर्टी ली है। ऐसे विवरण जिसमें पता

चलता है कि दंगों या धमाकों के समय अल्पसंख्यक समुदाय के लोग बहुसंख्यकों के बारे में, अपने नेताओं के बारे में–यहाँ तक कि गांधी और नेहरू के बारे में, और यह भी कि अपने देश हिन्दुस्तान के बारे में कैसी घटिया-घटिया बातें करते हैं, गुस्से में क्या-क्या बोल जाते हैं, उन्हें मैंने सेंसर कर दिया है। आगे जब डायरी शुरू होगी तो ऐसे कई आपत्तिजनक स्थल हैं जिनमें मैंने जानबूझकर काफी शालीन शब्दों का प्रयोग किया है, जबकि सलीम का कहना था कि मैं उन्हें वैसा ही रहने दूँ। हाँ, 18 अप्रैल के पेज पर जो कुछ भी दर्ज है, वह हू-ब-हू सलीम की डायरी से उतारा गया है–सिर्फ एक अपवाद है। भीड़ जब मामू के घर पहुँचती है तो लोग भगवा गमछा पहने रहते हैं। सलीम ने इसका बड़ा सजीव और अगर सच कहें तो आतंकित कर देने वाला चित्रण किया है। मैंने इसे छाँट दिया है। बाकी इस तारीख में, मैंने कहीं कलम नहीं चलाई है। पराग मेहता से जुड़े कुछ प्रसंग मेरे द्वारा सम्पादित किए गए हैं–लेकिन सिर्फ शब्दों के स्तर पर। सलीम के अहमदाबाद से लौट आने के लगभग डेढ़ महीने बाद गुलनाज अप्पी ने उसे एक पत्र लिखा। डायरी के अन्त में उस पत्र को उसके मूल रूप में ही दे दिया गया है।

अब दो-तीन ऐसी बातें जो या तो मुझे ऊल-जलूल लगीं या पूरी तरह गैरजरूरी। सलीम ने इन्हें बहुत चाव से लिखा था। जब मैंने उन ब्योरों और तथ्यों को छोड़ देने की बात उसे फोन पर बताई तो पहले तो वह चौंका, कुछ असमंजस में पड़ गया, फिर बोला, ठीक है भाईजान, कोई बात नहीं। मैंने सारी बातें ईमानदारी से दर्ज की हैं–आपकी मर्जी क्या लेते हैं, क्या छोड़ते हैं। मैंने डायरी आपको सौंप दी है।

एक जगह उसने लिखा है–सम्भवत: सलीम ने स्वप्न में ऐसी बातें देखी थीं–या फिर उसकी अतिशय कल्पना की उपज हो सकती हैं–"उधर से शोर उठा...ईंट पत्थर आने लगे। सब लोग ईंट पत्थर, रोड़ा, ढेला बरसा रहे थे...आग लगा रहे थे। दुकान और मकान जला रहे थे। यहाँ तक कि उधर के जानवर और पक्षी–कुत्ते, बिल्ली, गधे, घोड़े, खच्चर, बन्दर, कौव्वे, कबूतर, सुग्गे, गौरैया सभी पत्थर बरसाने में शामिल थे। इधर के पुरुष और पशु-पक्षियों ने कुछ देर तक उनका मुकाबला किया लेकिन जल्दी ही पस्त होकर घरों में छुप गए। खाली पेड़ पालो ही अपनी जगह से नहीं हिले। न हमारी तरफ से न उनकी तरफ से। भविष्य में शायद पेड़ पालो भी इसमें शामिल हो जाएँ।" मुझे यह सब कपोल कल्पित लगा और मैंने इसे पूर्णरूपेण सम्पादित कर दिया। एक दूसरे स्थल पर उसने नानी के हवाले से दर्ज किया है–"गोधरा के समय जब उन लोगों ने तुम्हारे नाना और मँझले मामू को गांधी चौक पर आग लगा के जलाया तो मँझले मामू 'अम्मा, बचाओ! अम्मा, बचाओ!' और नाना 'हिन्दुस्तान हमारा है, हिन्दुस्तान हमारा है' बोलकर चिल्लाते रहे...जब तक कि जलकर राख नहीं हो गए।" सलीम ने आगे लिखा है–"मामू वाली बात

सच मालूम पड़ती है, नाना वाली नहीं। नानी सठिया गई हैं, गढ़ती हैं।" मैंने इसे भी डायरी से खारिज कर दिया है।

अपने मामू और किन्हीं मानसुख पटेल की दोस्ती, उनके बीच हुए वार्तालाप और उनकी अप्रासंगिक कहानियों के भी डायरी में कई इन्दिराज हैं। वह लिखता है–"दोनों के बीच दाँतकाटी रोटी का सम्बन्ध है। आज मामू ने एक फोटो दिखाई जिसमें वह और मानसुख पटेल एक ही आइसक्रीम से मुँह लगाकर खा रहे हैं...यह नैनीताल की फोटो है जब वर्षों पहले वे लोग वहाँ भ्रमण पर गए थे। मामू ने एक दूसरे के यहाँ की दावतों के बारे में भी बताया। मानसुख के घर पर कढ़ी, खिचड़ी और ढोकला, मामू के यहाँ मीट, पुलाव और बिरियानी। नवरात्र दशहरा में साथ-साथ गर्बा और ईद में दिन भर ताश के पत्ते और शाम को सिनेमा। और सबसे मजेदार बात जो मामू ने बताई, वह यह कि कैसे उन्होंने मानसुख को बड़े का गोश्त–विशेषकर कबाब और निहारी की आदत डाली और कैसे मानसुख पटेल ने उन्हें शराब पीना सिखाया।" वगैरह वगैरह...। मैंने इसे गैरजरूरी डिटेल समझकर डायरी की सीमा से परे रखा है।

और अन्त में इस डायरी के नामकरण के बारे में। डायरी के सारे इन्दिराजों को पढ़कर लगता है जैसे यह कोई क्रमबद्ध आख्यान हो। इसी आख्यान का नाम 'चोर सिपाही' रखा गया है। जैसा कि सलीम ने बताया कि कर्फ्यू में वह, उसकी गुलनाज अप्पी और कुछ दूसरे बच्चे समय काटने के लिए घर में चोर सिपाही का खेल खेलते थे। बचपन में हम सभी इस खेल को खेले हैं। मेरा अपना यह प्रिय खेल था। जब घर से बाहर निकलने में रिस्क हो, फुटबॉल, क्रिकेट और आवारागर्दी पर रोक हो, तो बच्चे क्या खेलें? चोर सिपाही। जान भी बची रहे, मनोरंजन भी हो जाए। सलीम ने अपनी डायरी में–सम्भवतः 16 या फिर 17 अप्रैल वाले विवरण में–इस खेल का खूब मनोयोग से वर्णन किया है। इस खेल को जैसा मैं समझता हूँ और सलीम ने जैसा वर्णन किया है दोनों में बस थोड़ा ही फर्क है। इसमें मैंने बिना कोई फेर बदल किए ज्यों-का-त्यों रख दिया है। आप खुद देखेंगे अन्त में एक बार दुहरा देने में कोई हर्ज नहीं कि डायरी में जहाँ भी लेखकीय फेरबदल किए गए हैं वे भाषा को लेकर मात्र उर्दू और क्लिष्ट हिन्दी के शब्दों के स्तर पर हैं। वाक्य रचना सलीम की अपनी है। मैंने उन्हें अपने मूल रूप में ही रहने दिया है।

10 अप्रैल

कल साबरमती एक्सप्रेस से रात दस बजे अहमदाबाद पहुँचा। इस्माइल मामू स्टेशन पर लेने आए थे। उनकी कार बहुत अच्छी है, नई खरीदी है। स्टेशन से घर पहुँचने में सिर्फ बीस मिनट लगे। रास्ते में मामू शहर के बारे में बताते जा रहे थे। हम लोग

पटेल मार्ग से गांधी चौक पहुँच रहे हैं। बाईं ओर अटलांटिस मॉल है और सामने अहमदाबाद का सौ साल पुराना ब्रिज दिखाई पड़ रहा है। हरी बत्ती जलते ही हम ठीक उसी के नीचे से पास होंगे। ऊपर से रेलगाड़ी जा रही थी। कुछ दूर और चलने पर मामू ने सड़क के दाहिने हाथ पर इशारा करते हुए बताया कि यह उनका स्कूल है। यह बताते हुए वह खुश हो गए। सलीम मियाँ, हम यहीं पढ़े हैं। मुझे हैरत हुई कि बड़े लोग अपने स्कूल को याद रखते हैं। बोर्ड परीक्षाओं के बाद तो मेरा अपने स्कूल की ओर देखने का मन भी नहीं कर रहा था। रास्ते में मामू का फोन दो बार बजा। एक बार मामी का आया। एक बार किन्हीं मानसुख पटेल का। मामी से तो उन्होंने हाँ-हूँ में बातें कीं लेकिन मानसुख से खूब हँस-हँसकर। घर पर सबसे पहले मामी मिलीं, फिर नानी। नानी मुझे लिपटाकर रोने लगीं, अम्मी के बारे में पूछा और बैठ गईं। गुलनाज अप्पी दौड़ी-दौड़ी आईं और मुझसे लिपट पड़ीं। गुलनाज अप्पी पहले छोटी-सी थीं। छोटे मामू को नहीं देखा। मामी ने कई तरह का खाना बनाया था। पर मुझे स्वाद नहीं आया। वह समझ गईं, बोलीं आज तो पहला दिन है, कल से तुम्हारे पसन्द की चीजें बनाऊँगी। अब सोता हूँ...बहुत थकावट लग रही है। कल अम्मी को फोन करके बता दूँगा कि अच्छे से पहुँच गया हूँ और नानी खैरियत से हैं। मामू, मामी, गुलनाज अप्पी सभी खैरियत से हैं। दरवाजे पर दस्तक हो रही है। छोटे मामू भी आ गए हैं। लेकिन मैं सोता हूँ...उनसे कल मिलूँगा।

11 अप्रैल

साढ़े आठ बजे सोकर उठा। छोटे मामू, मेरे जगने से पहले ही चले गए थे। दस बजे तक नानी के पास बैठा रहा। अम्मी के बारे में बात करना नानी को बहुत अच्छा लगता है। मामी ने नाश्ते में दूध से बनी खीर जैसी कोई चीज दी जो मुझे बहुत अच्छी लगी। गुलनाज अप्पी ने पढ़ाई और एक्जाम के बारे में बातें कीं। बोलीं, पास हो जाओगे बच्चू लेकिन मुझसे ज्यादा परसेंटेज लाओ तो जानूँ। मैंने पूछा आपके कितने आए थे अप्पी। उन्होंने कहा एट्टी। फिर उनके मोबाइल पर किसी का फोन आ गया। वह कोने में चली गईं।

दो बजे दोपहर का खाना खाया फिर सो गया। साढ़े चार बजे उठा। छत पर गया। चारों तरफ का नजारा अच्छा लगा। सुना था अहमदाबाद में लोग पतंग बड़े शौक से उड़ाते हैं। देखा तो बात सच निकली। आसमान में पतंग ही पतंग। इसका मतलब मैं भी पतंग उड़ा सकता हूँ। मामू के घर से थोड़ी दूर पर मस्जिद है। उसकी मीनार से लाउडस्पीकर बँधा है। उस पर अकसर चिड़ियाँ बैठी रहती हैं। मामू की छत से अहमदाबाद का सौ साल पुराना ब्रिज साफ दिखाई पड़ता है। उसके ऊपर से

जाती रेलगाड़ी भी। अप्पी भागती हुई छत पर आईं और बोलीं...लो चाचू जान से बात कर लो। छोटे मामू बोले, अमा यार, हमेशा सोते रहते हो। रात में जगे रहना। सलाम दुआ तो कर लें। गुलनाज अप्पी का मोबाइल फिर बजने लगा। वह कोने की ओर भागीं। बगल की आंटी लोग मिलने आईं। वह अम्मी को जानती थीं।

इस्माइल मामू फैक्ट्री से पाँच बजे तक आ जाते हैं। पौने छह बजे तक नहीं आए तो नानी चिन्तित होने लगीं। मामी मोबाइल लेकर बैठ गईं। मामू का फोन बिजी जा रहा था। मैंने गेस किया कि मामू मानसुख पटेल से ही बात कर रहे होंगे।

शाम को साढ़े छह बजे होंगे। नानी टी.वी. के सामने बैठे-बैठे बोलीं—दूल्हन देखो तो कुछ हुआ है...कुछ ऐसी वैसी खबर आ रही है...आओ भाई जरा देखो तो...गांधी चौक की तरफ कुछ हुआ है। नानी की आवाज में घबराहट थी, कँपकँपी भी। देखो तो दूल्हन, देखो तो दूल्हन, वह रुक-रुककर दुहरा रही थीं।

मैं मामी के साथ किचेन में खड़ा था। मामी ने गुलनाज अप्पी से कहा...तुम मुर्गा देखती रहो...नमक डाल देना...अम्मा क्यों हड़बड़ाई हैं। वह टी.वी. रूम की ओर लपकीं। मैं उनके पीछे-पीछे।

टी.वी. पर अहमदाबाद में अभी-अभी हुए एक के बाद एक बम धमाकों की ब्रेकिंग न्यूज आ रही थी। नानी के मुँह से निकला—अल्लाह खैर करे...यह क्या हुआ, किसने किया। मामी ने भी देखा और जैसे ही पूरा माजरा उनकी समझ में आया वह गेट की ओर भागीं। मैं भी दौड़ा। उन्होंने इधर-उधर देखा, गेट में ताला लगाया और वापस टी.वी. रूम में। ब्रेकिंग न्यूज का सिलसिला जारी था। मामी मोबाइल में कोई नम्बर सर्च करते-करते चिल्लाईं—गुलनाज, किचन का काम छोड़ो...जल्दी पीछे वाले गेट में ताला मारो। अप्पी भी छोटे मामू को फोन मिलाने लगीं। मामी की भी कोशिश जारी थी। फोन ट्राई करते-करते मामी खिड़की के पर्दे गिराती जा रही थीं। जैसे तूफानी हलचल मच गई। घर से अम्मी का फोन आया। टी.वी. देखकर डिस्टर्ब हो गई थीं। इसके बाद के हालात सिलसिलेवार ढंग से संक्षेप में लिखता हूँ—

1. इस्माइल मामू बखैर घर पहुँच गए। बताया कि बाहर कुछ तनाव है। नानी और मामी सन्न थीं। अप्पी फोन पर फोन किए जा रही थीं।
2. जहाँ-जहाँ धमाके हुए उनमें मुसलमानों का एक भी रिहायशी इलाका शामिल नहीं था। मेरे मुँह से निकला...चलो यह तो अच्छा हुआ, बच गए। सभी ने मुझे चुप करा दिया—यही तो अच्छा नहीं हुआ। चैनल बदलने का काम अप्पी कर रही थीं...लेकिन एक बार भी सिनेमा और सीरियल पर नहीं ले गईं।
3. बड़े मामू कई बार छत पर गए। नीचे आए। फिर छत पर गए। कुछ देर बाद नीचे आए और गेट की तरफ गए, ताले को हाथ लगाया, इधर-उधर देखा, वापस टी.वी. रूम में आ गए।

4. छोटे मामू आए। उनके लिए पीछे का गेट खोला गया। वह गुमसुम टी.वी. के सामने बैठ गए।
5. धमाकों में मरने वालों की संख्या बढ़ती जा रही थी और साथ में नानी, मामू और मामी के दिलों की धड़कनें भी। मामी तस्वीह पढ़ रही थीं और हाथ उठाकर दोवा कर रही थीं–अल्लाह करे ये हरकत मुसलमानों की न हो। अल्लाह करे...। नानी नमाज पढ़ने लगीं।
6. पड़ोस के रशीद मियाँ और शुजाउद्दीन अंसारी सपरिवार टैम्पो पर बैठकर कहीं निकल गए। बाकी लोग तैयारी में थे। किसी सेफ जगह पर जाने की। ऐसे में किसी हिन्दू इलाके में जगह मिल जाए!
7. इस बीच मामू ने मानसुख पटेल से दो बार बात की। खाली बात...कोई हँसी मजाक नहीं। इंस्पेक्टर खान का फोन आउट ऑफ रेंज बता रहा था।
8. गुलनाज अप्पी किचेन और टी.वी. रूम में आ-जा रही थीं। कुकर में धीरे-धीरे मुर्गा पक रहा था–एकदम मरियल आँच पर। जिस समय उनके मोबाइल पर हमराज पिक्चर की...'तुम अगर साथ देने का वादा करो...' वाली धुन बजी, अप्पी टी.वी. रूम में थीं। मैंने उनका मोबाइल उठा लिया। स्क्रीन पर लिखा था फातिमा कॉलिंग...। पर मेरे कुछ बोलने से पहले ही उधर से एक पुरुष की आवाज आई–गुलू, तुम लोगों की तरफ गड़बड़ हो सकती है। हमारी कम्युनिटी के लोग ही मारे गए हैं...टेंशन बढ़ रहा है...मैं फिर फोन करूँगा। टेक केयर।
9. अप्पी ने टी.वी. रूम में खाना लगाया। इस बीच बड़े-बड़े नेताओं द्वारा शान्ति बनाए रखने की अपील टी.वी. पर की जा रही थी। नानी ने कहा खाने का मन नहीं। मामू ने कहा तबीयत ठीक नहीं लग रही। मामी ने कहा अब मैं अकेले क्या खाऊँ...गुलनाज और सलीम, तुम लोग खा लो। अप्पी के पेट में दर्द होने लगा। खाली मैंने खाया। मैंने कहीं सुन रखा था कि–जिस दिन घर में कोई खाना नहीं खाता है वह बड़ा मनहूस दिन होता है, जैसे घर में किसी का इंतकाल हो गया हो।

मैं सोने चला आया हूँ। सब लोग अभी भी टी.वी. रूम में हैं। रात के साढ़े बारह बजे हैं। मरने वालों की संख्या लगातार बढ़ रही है। आतंकवादियों ने अस्पताल तक को नहीं बख्शा। पूरा मोहल्ला साँय-साँय कर रहा है। छोटे मामू बहुत गुस्से में लग रहे थे। बोले, यह तो होना ही था, जैसा करोगे वैसा भरोगे। जबसे आया हूँ, छोटे मामू कुछ अजीब से लग रहे हैं।...अच्छा अब गुडनाइट।

12 अप्रैल (प्रातः चार बजे)

आज सुबह चार बजे ही आँख खुल गई। एक बजे सोकर चार बजे उठ गया। दोनों मामू, मामी, अप्पी और नानी बैठे-बैठे, अधलेटे होकर टी.वी. देख रहे थे। खाना उसी तरह पड़ा था। शायद रात में वे लोग सोए नहीं। धमाकों में मरने वालों का मातम मना रहे थे क्या। जी नहीं, कभी नहीं। उन्हें तो अपनी पड़ी थी। अपनी जान की फिकर घेरे थी उनको, अपने माल-असबाब के बारे में चिन्तित थे वे। फिकर मेरी जान की भी थी उनको। बाथरूम जाते वक्त मैंने नानी को सुना—कहाँ से चला आया यह लड़का। दूसरे की औलाद! पेशाब करके मैं बिस्तर पर वापस चला आया। सभी ने एक-एक करके वजू बनाए और नमाज अदा की। दोवाएँ माँगी। नानी ने मुझ पर फूँक छोड़ा। फिर धीरे से बुदबदाईं—मौला रहम कर। इस बच्चे को अपनी हिफाजत में रख। रहम कर मालिक। रहम कहते हुए वह टी.वी. रूम में चली गईं। फिर सबकी सलामती की दुवाएँ कीं। नानी जब छोटे मामू के पास पहुँचीं तो उन्होंने मुँहं बनाते हुए कुछ कहा जिसे मैं नहीं सुन सका।

मैं सोचता हूँ कि मेरे बारे में सारे लोग इतने फिकरमन्द क्यों हो गए। बम ब्लास्ट से अकेले आखिर मुझे क्या खतरा? नानी और मामी बात का बतंगड़ बना रही हैं। लेकिन कुछ बात तो है जिसे लेकर बड़े लोग इतना परेशान हैं। कुछ-कुछ मेरी समझ में भी ये बातें आ रही हैं। जब मैं बात को समझ गया तो मुझे नींद आने लगी। मैं सो गया। सपने में मैंने देखा अपनी बोर्ड परीक्षा की सारी उत्तर पुस्तिकाओं को—हिन्दी, इंगलिश, गणित, विज्ञान, इतिहास, भूगोल, नागरिकशास्त्र और अपनी चित्रकला की सारी उत्तर पुस्तिकाओं को मैंने देखा—उनमें मेरे द्वारा लिखे सारे उत्तर भाप बनकर उड़ रहे थे। मेरी आँखों के सामने ही मेरे उत्तर मेरी कॉपियों से नदारद हो गए। कितने सही और सटीक उत्तर थे मेरे। साल भर कितनी मेहनत से रटे थे मैंने। अशोक महान और अकबर महान वाले प्रश्न, पाइथागोरस का सिद्धान्त, मेरा देश : भारतवर्ष पर लिखा मेरा निबन्ध, चित्रकला में बनाया मेरा फूलों का गुलदस्ता...सब भाप बनकर उड़े जा रहे थे। लगता है फेल हो जाऊँगा।

12 अप्रैल (10 बजे से 2 बजे दिन)

देर से सोकर उठा। मामी ने फरमान सुनाया—गेट के बाहर और छत के ऊपर नहीं जाना है—किसी भी हालत में। इसका मतलब कि बस घर के अन्दर दुबके रहो या बड़े लोगों की तरह टी.वी. देखते रहो। आज मामू अपनी रिवाल्वर साफ कर रहे थे। कहते हैं गोधरा के बाद इसे खरीदा। कितनी मशक्कत कितनी भागदौड़ करनी पड़ी

इसके लिए। एक का तीन खर्च करना पड़ा। तब कहीं जाकर लाइसेंस मिला। इतने नजदीक से रिवाल्वर मैंने पहली बार देखा था।

इस्माइल मामू अपने इलाके के नेता जैसे हैं। सुबह से कितने लोग उनसे मिलने आए। मामू ने सबको समझाया कि मोहल्ला छोड़कर कोई कहीं न जाए। हिम्मत से डटे रहें। जो होगा देखा जाएगा। घर में मामू अब हर वक्त अपनी रिवाल्वर शर्ट के अन्दर छुपाए रहते हैं। यहाँ तक कि मस्जिद जाते समय भी मामू रिवाल्वर को अन्दर टाँगे रहते हैं। आज नमाज के बाद इमाम साहब मामू के साथ घर आए। वे मोहल्ले में एक-एक कर सबके घर जा रहे हैं। इमाम साहब ने कहा सभी नमाज का दामन पकड़े रहें, यह मुश्किल घड़ी है। लेकिन कट जाएगी। इमाम साहब को कहीं से खबर लगी थी कि पटेल मार्ग पर अपने एक आदमी को चाकू से मार दिया गया है। पूरा अहमदाबाद एक बार फिर मुसलमानों से खफा है। और उनका गुस्सा बढ़ता ही जा रहा है। बोलते हुए इमाम साहब की आवाज भर आई...बैठे लोगों के चेहरों पर हवाइयाँ उड़ने लगीं। पूरा अहमदाबाद अगर फिर से मुसलमानों से नाराज हो जाएगा तो हम कैसे बचेंगे। कहाँ जाएँगे।...लगा इमाम साहब रो पड़ेंगे...सभी बैठे हुए लोग रो पड़ेंगे...मामू रो पड़ेंगे...मैं भी रो पड़ूँगा।

अफवाह! अफवाह और सच्चाई में कितना कम फर्क रह जाता है ऐसे मौकों पर! अफवाह सच्चाई से ज्यादा विश्वसनीय लगने लगती है, ज्यादा अच्छी लगने लगती है...कभी-कभी तो उसमें ज्यादा मजा भी आने लगता है। अफवाह न उड़े तो कमरों में बैठे लोग क्या करें, किस विषय पर बात करें, किस डर से विचित्र-विचित्र योजनाएँ बनाएँ। अफवाहों पर बात करते-करते समय उड़ने लगता है, रात-दिन तेजी से कटने लगते हैं, सिगरेट पर सिगरेट, चाय पर चाय चलने लगती है। लोग एक दूसरे से सटे चिपके बैठे रहते हैं...बच्चे बड़ों की बातें सुनकर कभी हँसते हैं तो कभी रोने लगते हैं। लेकिन मैं एक बार भी नहीं रोया। जैसे अफवाह उड़ी कि दरियापुर मंडी के पास हमला हुआ है, इमाम साहब पिछले दरवाजे से मस्जिद की ओर भागे। उनकी फेमिली मस्जिद के नजदीक रहती है। बाकी पड़ोसी बैठे रहे। मामू ने कहा आप लोग घबराइए मत। जो होगा पहले मुझे होगा। यह सब सुनकर मुझे बहुत अच्छा लगा। किसी ने पूछा यह लड़का कौन है। मामू ने कहा मेरा भांजा है, यहाँ घूमने आया है। फिर मामू मेरी ओर देखकर मुस्कुराए—मैं समझ गया मेरे बड़े मामू मुझसे कह रहे हैं—सीढ़ी तक घूमो, पिछले दरवाजे तक घूमो, टी.वी. रूम में घूमो, सीढ़ी पर घूमो लेकिन अगर बाहर वाले गेट तक या छत पर घूमने गए तो देख रहे हो—शूट कर दूँगा। इस्माइल मामू देखने में खूब लम्बे-चौड़े हैं, हट्टे-कट्टे हैं, खूबसूरत हैं—एकदम नाना की तरह। रिवाल्वर उन पर खूब फब रही है। अगर कुछ हुआ तो वे पूरे मोहल्ले को बचा लेंगे। वह हमेशा कुछ-कुछ सोचते रहते हैं। जाने

क्या-क्या सोचते रहते हैं इस्माइल मामू। छोटे मामू को सुबह से नहीं देखा। नानी और मामी टी.वी. रूम में बैठी रहीं। अप्पी का मूड आज थोड़ा ठीक है। खाना बनाने वाली दाई दो दिन से नहीं आ रही थी तो उन्हें ही चाय बनानी पड़ती थी। तो उनका मूड ठीक कैसे रहता। दाई आज आई है। आते ही उसने मुखबिरी की–लड्डन मियाँ और निजाम साहब आज सुबह-सुबह कहीं निकल गए। उनके घरों में ताला लगा है।

12 अप्रैल (पाँच बजे)

पुलिस जीप से कुछ घोषणा की जा रही है। अप्पी मुझे लेकर खिड़की से झाँकने लगीं–सुनने के लिए। "आप अपने घरों को छोड़कर कहीं और न जाएँ...भागें नहीं। अपने घर मोहल्ले में ही रहें।" जीप हमारे घर के ठीक सामने रुक गई–ठीक हमारी खिड़की के सामने–जिसके पीछे हम और अप्पी छिपे खड़े थे। तीन-चार सिपाही नीचे उतरकर इधर-उधर ताक रहे थे। वे सब खाकी में थे। उनके कन्धों से लम्बी काली बन्दूकें लटकी थीं। घर में सभी बात कर रहे थे कि ऐसे माहौल में इनसे बच के रहना चाहिए। खिड़की से देखने पर वे थोड़ा डरावने लग रहे थे। जिसके हाथ में हैंडमाइक था वह माइक के मुँह को घरों की छतों और खिड़कियों की ओर घुमा-घुमाकर चिल्ला रहा था–"इस बार सरकार ने पूरा बन्दोबस्त किया है। कुछ भी नहीं होगा। आप लोगों को डरने की जरूरत नहीं है...इस बार कुछ भी नहीं होगा...घर छोड़कर भागें नहीं...।" जीप आगे बढ़ गई। सिपाही वहीं चहलकदमी करते रहे...बन्दूकें टाँगे। मामू, नानी और मामी टी.वी. रूम में बैठे हैं–न एक दूसरे की तरफ देख रहे हैं, न ही बात कर रहे हैं। पुलिस वाले वहाँ से आगे बढ़ जाएँ तो शायद उन्हें इत्मिनान हो।

13 अप्रैल

आज तो खाली फोन फोन फोन। पहले अम्मी का फोन घर से। रो रही थीं। रोते-रोते नानी से कह रही थीं सलीम को कहीं बाहर न निकलने दीजिएगा। दिल बहुत घबरा रहा है। फिर मानसुख पटेल का फोन मामू के पास। घबराना नहीं भाई। कुछ शरारती लोगों का काम है यह। बहुत लोग मरे हैं। चुन-चुन के रखे थे सालों ने। लेकिन इस बार अहमदाबाद के मुस्लिम भाइयों को डरने की जरूरत नहीं है। मौका मिलते ही आऊँगा। इस्माइल मामू ने धीरे से कहा–मानसुख, अम्मा बहुत डरी हुई हैं। आस पड़ोस के लोग भी। बस एक बार तुम आ जाओ तो यकीन हो जाएगा। मानसुख पटेल ने भरोसा दिलाया कि वे जल्द आएँगे। फिर फातिमा कॉलिंग...।

गुलनाज अप्पी कोना तलाश करने लगीं। जिस कोने में वह पहुँचीं उसके बगल में मैं पहले से खड़ा था। वह बोले जा रही थी–पराग, शहर का हाल बुरा है...तुम अपना खयाल रखना। इत्ते सारे लोग मारे गए...कोई रिएक्शन तो नहीं होगा न। अच्छा सुनो...कल साढ़े दस बजे रात को इन्तजार करूँगी...आओगे? हमारी तरफ तो कर्फ्यू का आलम है। मस्जिद की तरफ से मत आना।

फिर पुलिस स्टेशन से फोन–मामी लैंडलाइन के रिसीवर पर हाथ रखकर फुसफुसाईं–आपसे बात करना चाहते हैं। मामू ने हाथ से इशारा किया कह दो नहीं हैं...क्या बात है। वे छोटे मामू के बारे में पूछ रहे थे। घर में सभी के हाथ-पाँव फूल गए।...आज अब आगे लिखने का मन नहीं हो रहा। डायरी में पेज भी कम बचे हैं। अब बस एक बात सोचना चाहता हूँ–पराग और गुलनाज अप्पी कल कैसे मिलेंगे।

14 अप्रैल

मोहल्ले की सारी दुकानें बन्द हैं। एक भी नहीं खुली है। सिर्फ गली के अन्दर वाली कल्लू की चाय की दुकान छोड़ कर। लेकिन यहाँ भी लोगों का जमघट नहीं लग रहा। बिजली उसी दिन से कटी है। जेनरेटर चलाना मना है। हम लोग बैटरी पर टी.वी. देख लेते हैं...पर सबके पास बैटरी नहीं है। लालटेन और मोमबत्ती से किसी तरह काम चल रहा है। नगर पालिका वाले कर्मचारी इस तरफ बिलकुल नहीं आ रहे हैं। पहले भी कहाँ आते थे। गालियाँ गन्धा रही हैं। नालियाँ बजबजा रही हैं। जो लोग कहते हैं मुसलमानों का खाना पैखाना साथ-साथ होता है तो सही कहते हैं। ये मोहल्ले नगर पालिका के लिए अछूत होते हैं। लेकिन फिलहाल तो धमाकों की वजह से ऐसा हुआ है। देख लो भाई। तुम बम फोड़ो और सजा सबको मिले। एक-दो इधर भी फोड़ देते तो हमारी ये हालत न होती। हम तो जैसे गुनहगार सजायाफ्ता कौम हैं। पर तुम सुधर जाओ तो अच्छा होता। क्यों हम लोगों को शर्मशार करते हो। मामू मानसुख पटेल से आँख कैसे मिलाएँगे। लेकिन पहले मानसुख पटेल आएँ तो। वे तो अपने एन.जी.ओ. के साथ घायलों की देखभाल में लगे हैं।

आज नानी बहुत दुःखी थीं। कहने लगीं–कोई मुझे यहाँ से हटा दे...जहाँ पान का पत्ता तक नसीब नहीं। दरअसल, उनका हिन्दू पान वाला तीन दिन से नहीं आ रहा है। नानी का दम घुटता है। उन्हें खुली हवा चाहिए। आज छोटे मामू पूछताछ के लिए पुलिस स्टेशन बुलाए गए थे। लौटे तो सहमे हुए थे। पुलिस उनसे बाहर से आए कुछ लोगों के बारे में जानकारी चाह रही थी। छोटे मामू को देखकर नानी रोने लगीं। फूट-फूटकर रो रही थीं नानी। किसी बूढ़े व्यक्ति को बच्चों की तरह रोते मैंने पहली बार देखा था। मैं सोचता हूँ कि नाना और मँझले मामू के मरने पर नानी इसी तरह

रोई होंगी। लेकिन तब मैं यहाँ नहीं था। तो मैं नानी को रोते कैसे देखता। मैंने अम्मी को रोते देखा था। लेकिन मुझे पूरा याद नहीं। मैं छोटा था और अम्मी बूढ़ी नहीं थीं। छोटे मामू आज बहुत गुस्से में थे। गिलास को टेबुल पर पटकते हुए बोले। सालों को अगर बम फोड़ना ही था तो...के सर पर फोड़ देते। मासूमों-निर्दोषों को मारने से आखिर क्या मिला। सिर्फ पूरी कौम को जिल्लत और परेशानी। और क्या मिला। हमारे ऊपर कभी भी हमला बोल सकते हैं उधर के लोग। इससे अच्छा तो हम हिन्दू होते। या फिर दादा पाकिस्तान जा रहे थे तो चले ही गए होते।

नींद आ रही है। डायरी लिखने का मन नहीं। क्या करूँ वही बातें लिखकर बार-बार। पर न लिखूँ तो क्या करूँ। एक बात मुझे बराबर साल रही है। युगों-युगों से एक साथ रहते चले आने के बाद भी हम एक दूसरे से अचानक नफरत क्यों करने लगते हैं—क्यों एक-दूसरे के खून के प्यासे हो जाते हैं—क्यों भेड़िये बन जाते हैं हम साल में दो-तीन बार। जिस डोर से हम बँधे हैं वह इतनी कमजोर कैसे है। अगर कमजोर है तो फिर हम बँधे कैसे हैं। वह नफरत की ही डोर है क्या? अच्छा तो इस्माइल मामू और मानसुख पटेल किस डोर से बन्धे हैं।...और गुलनाज अप्पी और पराग के बीच भी कोई डोर है क्या। मैं अभी छोटा हूँ इसलिए मुझे ऐसी बातें शायद नहीं सोचनी चाहिए। लेकिन सच तो यह है कि जबसे आया हूँ यही सोच रहा हूँ। यही देख रहा हूँ। धमाके उधर हुए हैं लेकिन खौफ के बादल इधर छाये हैं। इधर लोगों ने भरपेट खाना नहीं खाया है। इस तरफ के बच्चे खेलकूद से दूर कर दिए गए हैं। इस तरफ की दुकानें सोई पड़ी हैं और अड्डे गुमसुम हो गए हैं। गलियों में सन्नाटे की धुन बज रही है। कुत्ते आवारगी छोड़ लस्त पड़ गए हैं। कौव्वे मुँडेरों पर खामोश बैठे हैं। कबूतरों ने अपने सर परों के अन्दर छुपा रखे हैं। कर्फ्यू नहीं लगा है लेकिन जैसे कर्फ्यू लगा है। उस तरफ से नारे उठ रहे हैं...जो सीधे इस तरफ पहुँच रहे हैं। इस तरफ का चाँद कितना मद्धम है, हवा कितनी गरम बह रही है। मैं सुन रहा हूँ दो-तीन गाड़ियाँ मामू के घर के पास स्लो हुई हैं। जरूर पुलिस की होंगी। वे देखने आए होंगे कि अँधेरे का फायदा उठाकर मोहल्ले के लोग अपना ठौर-ठिकाना कहीं और तो नहीं ले जा रहे हैं। इससे सरकार की बदनामी हो सकती है। वे किसी से बात कर रहे हैं...किसी को मना कर रहे हैं...समझा-बुझा रहे हैं। मैं खिड़की से देख सकता हूँ—मोहतशीम साहब हैं, मामू के दोस्त, दो मकान आगे रहते हैं। अपने बीवी-बच्चों के साथ खड़े हैं, उनके बूढ़े माँ-बाप हैं...दो टैम्पो सामने खड़े हैं...वहीं अँधेरे में। मैं जानता हूँ कि पुलिस वाले उन्हें मना लेंगे। नहीं तो डरा-धमकाकर उन्हें वापस भेज देंगे।...अब सो जाता हूँ। सुबह उठूँगा तो छत पर जरूर जाऊँगा। मैं पतंग उड़ाना चाहता हूँ। कल मैं अप्पी या नानी से कहूँगा मुझे पतंगें मँगवा दें...रंग-बिरंगी ढेर सारी पतंगें—ताकि मैं छत पर

खड़े होकर उन्हें उड़ा सकूँ। उधर के लोग समझेंगे इधर सब ठीक-ठाक है। अच्छा अब गुड नाइट।

15 अप्रैल (पूर्वाह्न)

सुबह देर से सोकर उठा और सीधे छत पर गया। रात में ठानकर सोया था कि सुबह छत पर सैर करूँगा। इधर-उधर देखूँगा और मस्ती मारूँगा। मस्ती मारे हुए तो जैसे महीनों बीत गए। परीक्षा में भी इससे ज्यादा ही मस्ती मार लेता था। पिछले पाँच दिनों से जैसे जेल में बन्द हूँ। छोटे मामू फिर कहीं गए हैं। इस्माइल मामू की फैक्ट्री बन्द है। जब तक हालात मामूल पर न आ जाएँ मामी उन्हें घर के गेट की ओर मुँह भी न करने देंगीं। सुबह-सुबह ही बेकरी वाले मिलने आए मामू से। वे लोग भी उ.प्र. के हैं। कहने लगे उन्हें स्टेशन तक छोड़ दें या छोड़वा दें। कल उनके दो हॉकर गांधी चौक की तरफ बुरी तरह पिट गए थे। बड़ी मुश्किल से जान बची। मामू के बहुत समझाने-बुझाने पर भी जब वे नहीं माने तो मामू ने रिवाल्वर अन्दर खोंसी और मामी के लाख मना करने के बावजूद भी अपनी गाड़ी से उन्हें स्टेशन छोड़ने निकल गए। दो घंटे बाद लौटे तो मामू का मुँह उतरा हुआ था और चाल बेढंगी थी। भीड़ से किसी तरह बचकर आए थे। भीड़ से बचना कोई हँसी खेल नहीं। जो कभी बचे हैं वही समझ सकते हैं। उसके बाद इस्माइल मामू जो अन्दर वाले कमरे में घुसे तो शाम तक बाहर नहीं निकले। जुमा की नमाज भी मिस कर गए। लेकिन मैंने जुमे की नमाज पढ़ी। मुझे तो बाहर की हवा लेनी थी। यही मौका था। यही एक अकाट्य तर्क था। पर जुमे की नमाज छोड़ने वाले एक मामू ही नहीं थे। मस्जिद का सिर्फ आधा पेट भरा था। तमाम लोगों को घर में कैद रहना ज्यादा फायदे का सौदा लगा। था भी।

15 अप्रैल (2:30 बजे)

आज छत पर बैठकर गुलनाज अप्पी से बड़ी मजेदार बातें हुईं। लेकिन पहले नानी की बात। मेरे नमाज से लौटने के बाद मामी ने खाना लगाया और नानी को जगाने लगीं। नानी तो जगी थीं लेकिन उन्हें खाने की परवाह कहाँ। आज नाना और मामू याद हो आए थे उन्हें। इतने दिनों से जब्ब किए बैठी थीं। उनकी आँखों से टपाटप पानी गिर रहा था लेकिन रो नहीं रही थीं। सँभलीं तो नाना और मँझले मामू के मारे जाने की पूरी कहानी बताने लगीं। नाना और मामू गोधरा के दंगों में कैसे मारे गए। कैसे भीड़ में फँस गए थे। कैसे वे चिल्लाते रहे। कैसे भीड़ ने उन्हें जला दिया।

कहानी खत्म हुई तो मुझसे बोलीं जाओ देखो तो इस्माइल कहाँ हैं। कहीं फिर बाहर तो नहीं निकले।

नानी जब सो गईं तो मैं गुलनाज अप्पी के पास चला गया। मेरे पहुँचते ही उनका मोबाइल बजा–तुम अगर साथ देने का वादा करो, मैं यूँ ही...वाली धुन। वह बोलीं, तुम बहुत लकी हो मेरे लिए, देखो तुम्हारे आते ही फातिमा का कॉल आ गया। बोलते हुए वह कोना तलाश करने लगीं। लेकिन वहाँ कोई कोना नहीं मिला। छत पर कोना कहाँ होता है। छोटी-सी छत। मरता क्या न करता। मोबाइल पर हथेली की आड़ बनाकर बात करने लगीं। वहीं मेरे सामने। करीब दस मिनट तक...कभी धीमे-धीमे तो कभी बहुत धीमे-धीमे बतियाती रहीं। फ्री हुईं तो मैंने पूछ लिया–ये पराग कौन है अप्पी?

वह मुझे चौंककर देखने लगीं–जैसे छोटी-सी चोरी पकड़ी गई हो। मैंने अपना प्रश्न दोहरा दिया।

"तुमने कहाँ सुना, किसने ये नाम लिया?"

"जी मैं जानता हूँ...आप ही के मुँह से सुना है।"

"तुम क्या समझते हो वह कौन है।"

"आपके दोस्त होंगे।"

"नहीं, उससे भी बढ़कर।" वह बोलकर कुछ-कुछ हँसते हुए मुझे देखने लगीं कि उनके इस वाक्य का मेरे ऊपर क्या प्रभाव पड़ता है।

"तब आपके प्रेमी होंगे।"

"आँय!" वह जैसे सोते से जगीं...चौंकते हुए...हड़बड़ाते हुए। फिर शरमा गईं। चेहरा खिल आया अप्पी का। मुस्कुराने लगीं। उन्हें विश्वास नहीं था मैं ऐसा बोल जाऊँगा। मैं बस बिना किसी प्रतिक्रिया के उन्हें देखे जा रहा था।

"फिर कहो तो सलीम...क्या कहा तुमने, मेरे क्या होंगे।"

"आपके प्रेमी। मैंने दुहरा दिया। आपके लवर...।"

वह बेसाख्ता खिलखिलाने लगीं। उनके दोनों गालों में डिम्पल्स पड़ गए। अप्पी सुन्दर लग रही थीं। उनके चेहरे से हया टपक रही थी। खिलखिलाहट रुकी तो बोलीं–उसका पूरा नाम पराग मेहता है, गांधी चौक में रहता है।

"पराग मेहता आपके प्रेमी हैं न?"

"सलीम, प्रेमी का मतलब समझते हो?" वह हँसते-हँसते बोलीं।

"लड़के आपस में दोस्त होते हैं। लेकिन एक लड़का एक लड़की का प्रेमी होता है। उसका लवर होता है।"

"अच्छा!" वह आँख चमकाते हुए बोलीं। "बड़े जानकार हो तुम। अच्छा बताओ, क्या तुम भी किसी के प्रेमी हो?"

"मुझे एक लड़की अच्छी लगती है।" मैंने साफ-साफ बता दिया।

"क्या तुम उससे प्रेम करते हो?"

"वह मुझे अच्छी लगती है।"

"उसका नाम क्या है?"

"नीलम।"

सुनकर अप्पी खामोश हो गईं। फिर इधर-उधर की बातें करती रहीं। नीलम के बारे में कुछ नहीं पूछा। कुछ भी नहीं कि कहाँ रहती है, कहाँ पढ़ती है, कैसी लगती है। कब से जानते हो...अभी तो तुम बहुत छोटे हो इन बातों के लिए। उन्होंने ऐसा कुछ भी नहीं कहा।

जब मैं सोच रहा था कि अप्पी सचमुच अब नीलम के बारे में कुछ नहीं पूछेंगी तो वे धीरे से बोलीं, "किसी अच्छी-सी मुसलमान लड़की से दोस्ती कर लो सलीम।"

शायद गुलनाज अप्पी मुझे चिढ़ा रही थीं। पर अपनी बात बोलकर हँस नहीं रही थीं वह। मजाक में कुछ बोलकर आदमी हँसने लगता है। अप्पी तो खामोश बनी रहीं—एकदम गम्भीर।

क्यों अप्पी ऐसा क्यों कहती हैं आप? मैंने पूछा। उन्होंने सर उठाकर मुझे देखा...देखती रहीं। उनके चेहरे पर भाव बदलने लगे। फिर शरारतपूर्ण लहजे में बोलीं, "क्योंकि सलीम के साथ अनारकली की जोड़ी होनी चाहिए।"

"और गुलनाज के साथ?" मैंने बिना एक पल गँवाए कहा। नहले पे दहला सुनकर अप्पी मुझे घूरीं और फिर चुप्पी साध ली। कोई जवाब न सूझा उन्हें। बोलीं, "अच्छा कोई दूसरी बात करो।" मैंने कहा, "नहीं अप्पी मेरी बात का जवाब दीजिये।" मैंने अपना प्रश्न फिर दोहराया तो बोलीं, "तुम्हारी बात का मेरे पास कोई जवाब नहीं है।" इस प्रश्न का आखिर क्या जवाब हो सकता है? और फिर वे लगभग चहक पड़ीं—"और बच्चू सुन लो, तुम्हारी बात का जवाब तुम्हारे हाथ में नहीं, मेरी बात का जवाब मेरे हाथ में नहीं। और सुनो—यह तुम्हारा शहर नहीं है कि छत पर बैठकर खुली हवा में बैठकर मुश्किल प्रश्नों के हल ढूँढ़ें। मुझे तो मार्केट की ओर से हंगामाखेज आवाजें आती सुनाई पड़ रही हैं। चलो नीचे।"

अप्पी उठीं, अपना दुपट्टा ठीक किया और हवाई चप्पल चट-चट बजाते हुए तेजी से नीचे उतर गईं। उनके पीछे मैं भी।

मेरी बातों से अप्पी अपसेट हो गई हैं। मैं कल उन्हें मनाऊँगा...उनसे टेढ़े-मेढ़े सवाल नहीं करूँगा। आज इतना ही...अब बत्ती बुझाकर सोने और सपने की बारी। मुझे तो नीलम ही अच्छी लगती है। गुडनाइट नीलम। गुडनाइट अप्पी। गुडनाइट पराग मेहता।

16 अप्रैल (पूर्वाह्न)

आज अहमदाबाद आए छठा दिन है। लग रहा है छह महीने से यहीं हूँ। आज पराग मेहता को देखा, उनसे बात भी की। लेकिन पहले दिन भर के ब्यौरे जिनमें कुछ तो बहुत मजेदार हैं। आज पटेल मार्केट में पीस कमिटी की मीटिंग हुई। इस्माइल मामू ने बताया कि मीटिंग में मानसुख पटेल भी थे, पुलिस विभाग के अधिकारी भी थे। मीटिंग अच्छे वातावरण में हुई। इंस्पेक्टर खान ने मामू को अकेले में बताया कि सिचुएशन पूरी तरह कंट्रोल में नहीं है। स्थिति कभी भी बिगड़ सकती है। सावधानी बराबर बरतने की आवश्यकता है। सब लोग बात कर रहे थे। खान साहब अपने आदमी हैं। उधर की बात इधर बता देते हैं। मामू ने कहा, मानसुख पटेल जल्द ही स्थानीय नेताओं के साथ इधर आएँगे। छोटे मामू ने कटाक्ष किया–मानसुख पटेल को अभी फुर्सत कहाँ? इस्माइल भाई से दोस्ती जरूर है लेकिन वे हैं मोदी के पक्के भक्त। पिछले दंगों में वह दूसरे पढ़े-लिखे लोगों को लेकर खुद भी लूटपाट में शामिल थे। यह किसी से छुपा नहीं है। अब्बा और मँझले भाई को तो लोगों ने उनके घर के पास ही जलाया था। इस पर इस्माइल मामू तमक गए–अच्छा अब चुप रहो छोटे। लूज टाक मत करो। जिन जालिमों ने हमारे अब्बा और भाई को मारा उनसे मानसुख का कोई लेना-देना नहीं। शुरू से मैं देख रहा हूँ तुम मानसुख के बारे में उलटी-सीधी बातें करते रहते हो। अगर उस दिन मानसुख अपने घर होते तो भीड़ में कूदकर अपनी जान दे देते लेकिन अब्बा और भाई को जरूर बचा लेते। छोटे मामू ने फिर हिट किया–वे घर पर क्यों होते। वे तो अपनी टोली लेकर मुसलमानों की दुकानें लूट रहे थे, उनके घर जला रहे थे। 'आई कांट बिलीव, आई कांट बिलीव' कहते हुए इस्माइल मामू खिड़की पर खड़े हो गए और बाहर की आहट लेने लगे। घर के पास पुलिस की जीप स्लो हुई थी।

16 अप्रैल (2 बजे)

छत पर फिर से मैं और अप्पी। मैंने अप्पी से कहा अप्पी पतंग उड़ाने का मन कर रहा है, जाकर ले आऊँ क्या। अप्पी बहुत अच्छी हैं। उन्होंने झट फातिमा कॉलिंग को फोन मिलाया और मेरे सामने ही उन्हें डाँट पिलाई कि पिछली रात वादा करके आए क्यों नहीं। आज जरूर आना। सुनो, इधर तो सारी दुकानें बन्द हैं, अपनी तरफ से कुछ पतंगें लेते आना...इलाहाबाद से मेरा फुफेरा भाई आया है...बिचारा यहाँ फँस गया है...एक हफ्ते से घर में बन्द है...दो दिन से तो हम लोग छत पर आना शुरू किए हैं...वह पतंग उड़ाना चाहता है। और सुनो...इधर भी टेंशन है...अपराधियों को पकड़ने के लिए पुलिस के छापे पड़ रहे हैं...बच बचा के आना। रीगल के पास

पहुँचना तो मिस कॉल दे देना...मैं पीछे वाले गेट पर रहूँगी।–इसके बाद अप्पी के मुँह से निकला धत्...आओ तो बताती हूँ।

16 अप्रैल, 3 बजे (चोर सिपाही का खेल)

मामी के भाई-भाभी अपने बच्चों के साथ मिलने आए। वहीं पास में रहते हैं। फोन से मामी डेली बात करती थीं उन लोगों से। उनकी बेटी फरजाना मुझसे एक क्लास सीनियर, बेटा शेरू एकदम छोटा–क्लास थ्री में। बहुत अच्छा लगा कि बाहर से लोग घर में आए। दो-चार मिनट में ही घुलमिल गए। क्या किया जाए...क्या किया जाए...आज तो कुछ करते हैं, इतने दिनों से सड़ रहे हैं। कुछ खेलते हैं। इतने में मामी, नानी लोग छत पर आ गईं और हुक्म हुआ कि बच्चे नीचे जाकर खेलें। अप्पी के नेतृत्व में हम लोग नीचे आ गए। नीचे क्या खेलें...क्या खेलें...अप्पी ने कहा चोर सिपाही खेलते हैं...इस समय इस खेल से अच्छा कुछ नहीं। हींग लगे न फिटकरी, रंग चोखा का चोखा। फरजाना ने हँसते हुए कहा, "हाँ अप्पी यही खेल ठीक रहेगा–छुपने की प्रैक्टिस भी हो जाएगी...शेरू भी छिपना सीख जाएगा...क्यों शेरू? अगर वे हमला करने आए तो हमें ढूँढ़ नहीं पाएँगे।" अप्पी ने फरजाना के गाल पर एक चपत लगाते हुए उसे इंटेलीजेंट गर्ल कहकर शाबाशी दी। फिर बोलीं–"इस घर में छिपने की सबसे अच्छी जगह कौन-सी है, पता है? हम सब ने एक स्वर में कहा बताइए अप्पी, बताइए। पिछली बार जब प्रॉब्लम हुई थी तो आप कहाँ छिपी थीं...तब तो आप छोटी थीं।" अप्पी ने कहा, "रोज मैं अलग-अलग जगह छिपती थी। एक दिन तो अब्बू ने ऊपर पानी की टंकी में ही डाल दिया था–उसमें थोड़ा-सा पानी था...और सुनो सुनो उसमें मेढक भी थे...लेकिन उन्होंने मुझे नहीं काटा।" शेरू बोला..."छी छी अब मैं टंकी का पानी नहीं पियूँगा।" अप्पी ने शेरू को चुटकी काटते हुए कहा, "तुम चुप करो, तुम तो फ्रिज में या छोटी आलमारी में समा जाओगे।" शेरू चुप करने वाला बच्चा नहीं था...बोला, "तब तो मजा आ जाएगा...मैं फ्रिज में रखी सारी मिठाइयाँ और अंडे खा जाऊँगा।" फरजाना बोली–"गुलनाज अप्पी, शेरू को एक झोले में रखकर किचेन में टाँग देंगे...वे लोग समझेंगे ढेर सारी सब्जी टँगी है और शेरू बच जाएगा।" सब लोग हँसने लगे–शेरू भी। अप्पी ने कहा, "देखो बच्चों, इसके लिए जरूरी है कि सभी बच्चों को अपने घर के कोने-कोने की जानकारी होनी चाहिए।"

अप्पी ने पूरे घर का सैर करा दिया और हर उस जगह...हर उस कोने को दिखाया...जहाँ छिपा जा सकता था। छिपने के हिसाब से मामू का घर शानदार था। बच्चों के छिपने की जगह अलग और बड़ों के छिपने की जगह अलग। हमला

बोलने वालों को भनक तक न लगे कि घर के लोग कहाँ गायब हो गए। मामू के घर में मुझे जो सबसे अच्छी जगह लगी वह थी स्टोर रूम में एक बहुत बड़े टीन के बक्से के पीछे की जगह जिसके दोनों ओर टूटी-फूटी रिजेक्टेड चीजों का अम्बार था। देखने वाले को ऐसा लगे कि उसके पीछे तो बस चूहे-बिल्ली ही रहते होंगे। वे आएँगे और टीन के बक्से पर लोहे की रॉड से दो-चार वार करेंगे और लौट जाएँगे। आप उनको मुँह चिढ़ाते छुपे बैठे रहिए।

अप्पी कभी-कभी बहुत मस्ती करती हैं। बोलीं, सलीम मियाँ, उस जगह को ललचाई नजरों से मत ताकिए, वह जगह पहले से ही आपकी नानी के लिए रिजर्व है। इधर भीड़ का अन्देशा हुआ कि अब्बू और अम्मी उन्हें उठाकर सीधे बक्से के पीछे रख देंगे। शेरू बोला, और नानी के पास थोड़ी मिठाई रख देंगे—अगर उन लोगों ने नानी को देख लिया तो नानी उन्हें मिठाई देकर बच जाएँगी। नहीं देखा तो नानी खुद खा लेंगी। फिर हम लोगों ने गर्दन मोड़कर बक्से के पीछे देखा कि यहाँ जब नानी बैठेंगी तो कैसी दिखाई देंगी। सोच-सोचकर हमें खूब हँसी आई। हमने वहाँ से कुछ फालतू सामान हटा दिया कि खुदा न खास्ता अगर ऐसी नौबत आ ही गई तो किसी को भी वहाँ छिपने में सुविधा हो। अप्पी ने फरजाना की ओर मुखातिब होते हुए कहा कि "ऐसे में लड़कियों को घर के अन्दर नहीं छिपना चाहिए। घर में सेफ नहीं रहता। सबसे अच्छा है कि गैरेज में या फिर बाहर कूड़ेदान के पीछे छिपें।" फरजाना ने कहा, "अप्पी मैं जानती हूँ अम्मी बता चुकी हैं।" फिर उसने उसी टीन के बक्से को देखते हुए कहा—"भई सब लोग देख लो...कभी भी खाली बक्से में नहीं छिपना चाहिए...यह बहुत खतरनाक होता है। पिछली दफा के दंगों में मेरे पड़ोस के रसीद अंकल और आंटी छत पर जा छुपे और उनके दोनों बच्चे घर में खाली पड़े बक्से में घुस गए। दूसरे दिन जब वे लोग छत से उतरे तो बच्चों को ढूँढ़ने लगे। दोनों बच्चे बक्से के अन्दर मरे मिले...क्योंकि उनके अन्दर जाते ही बक्से का ढक्कन नीचे गिरा और कुंडी लग गई।" शेरू बड़े गौर से सुन रहा था...बोला, "फरजाना अप्पी, छोटे बच्चों को तब कहाँ छुपना चाहिए।" गुलनाज अप्पी समझ गईं कि शेरू डर गया है और यह भी कि शायद छोटे बच्चों के सामने इस तरह की बातें नहीं करनी चाहिए। वह धीरे से बोलीं—"शेरू भैया, तुम्हें छिपने की जरूरत नहीं...वे छोटे बच्चों को बिलकुल नहीं मारते। इतना कहते ही जैसे उन्हें हँसी आ गई..." उन्हें कुछ शरारत भी सूझी...बोलीं, "खाली जोर से कान उमेठकर छोड़ देते हैं।" शेरू अपना कान छूते हुए गुस्से से बोला, "अगर वे मुझे मारेंगे या मेरा कान उमेठेंगे तो हम भी उनको मारेंगे लोहे की रॉड से।" फिर वह अपनी फरजाना अप्पी से चिपक गया।

उसके बाद हमने देर तक चोर सिपाही खेला और उन-उन जगहों में छिपे जिन्हें हमने अपने लिए पहले से तय कर रखा था। और उन कोनों में भी छिपे जिन्हें अपने

ही घर में हमने पहले कभी नहीं देखा था। उस दिन छुपने और ढूँढ़ने की खूब अच्छी प्रैक्टिस हुई और अन्ततः छुपने वालों की जीत हुई। एक बात और...इससे हमारा अपने घर के कोने-कोने से परिचय हो गया...कोने-कोने से दोस्ती हो गई। खूब अच्छा टाइम पास हुआ, खूब मजा आया।

16 अप्रैल (पाँच बजे)

मामी के रिश्तेदार चले गए तो मामी और नानी नीचे आ गईं। यहाँ की काम करने वाली बाई बड़ी वाचाल महिला है। कयामत आ जाए लेकिन चुप नहीं रहेगी। पिछले दंगों से जुड़ी ऐसी-ऐसी कहानियाँ सुनाती है कि बस सुनते रहिए। कुछ सच कुछ झूठ। लेकिन बताने की स्टाइल ऐसी कि जैसे टी.वी. सीरियल चल रहा हो। मैं और अप्पी बगल वाले कमरे में थे। नानी, मामी और दाई किचन में। हवा ऐसी बह रही है कि बड़े लोग कोई भी बात करें घूम फिरकर दंगे फसाद पर ही आ जाती है। मामी बोलीं–"पिछले दंगों में कितनी औरतों की इज्जत से खेला दंगाइयों ने। जालिमों ने छोटी उम्र की लड़कियों तक को नहीं छोड़ा।" मामी इतना ही बोली थीं कि मेरे कान खड़े हो गए। मुझे आगे सुनने की जिज्ञासा हुई। और शायद अप्पी को भी...क्योंकि उन्होंने टी.वी. का वाल्यूम कम कर दिया। मैं टी.वी. देख रहा था, पर कान उधर ही कर लिए। अप्पी कुछ लिखने का नाटक करने लगी थीं। नानी ने बात आगे बढ़ाई–नामुरादों ने उन्हें भी नहीं छोड़ा जो बीमार थीं, उन्हें भी नहीं छोड़ा जो मरने को थीं और उन्हें तक नहीं बख्शा जिनके पैर भारी थे...सातवाँ-आठवाँ महीना चल रहा था। बस कुछ को छोड़ा, दाई ने नानी को लगभग काटते हुए कहा। किन्हें? नानी और मामी की आवाज एक साथ आई। फिर कुछ रुककर दाई की आवाज–अम्मा सुन लो...अब जिन्होंने चिल्लाकर कहा...गिड़गिड़ाकर कहा कि मुझे छोड़ दो...भैया मुझे न छुओ...महीने से हूँ...मासिक धरम हो रहा है। सुनकर वे गुस्से से दाँत पीसते हुए, चाकू लहराते हुए, तलवार भाँजते हुए आगे बढ़ जाते थे। अम्मा, हमारे मोहल्ले में दुकानें लुटीं, घर जले, लोग मरे लेकिन अस्मत बची रही। बड़ी मामी ने ठिठोली की–हाय रे तुम्हारा मोहल्ला...क्या एक ही टैम में सबकी सब महीने से होती थीं...और वे इतने भोले थे कि मुओं को शक तक न हुआ। दाई सिलबट्टे को छोड़कर उनके पास सरक आई–शक हुआ बाजी, क्यों नहीं हुआ। जिन पर शक हुआ उनको उठाकर ले गए। बस उसी के बाद से मोहल्ले की सारी औरतों ने लत्ते ठूँस लिए कि अगर...। वाक्य पूरा भी न हुआ था कि तीनों औरतें ठट्ठा मारकर हँसने लगीं। गुलनाज अप्पी जो साँस बाँधे सुनती जा रही थीं, दाँतों के बीच पेन्सिल दबाए खिलखिला पड़ीं। पर बात अभी खत्म नहीं हुई थी। मेरी मामी बड़ी ढीठ हैं–बद्तमीजी की हद तक। खुर्राट

स्वर में बोलीं–दो चार पैकेट अभी मँगवाकर रख लेती हूँ...उधर कोई शोर हुआ और धुआँ उठा, इधर हम झट तैयार हुए। और सुनो, ए रहीमन, जरा दुहराओ तो तुम लोग कैसे गिड़गिड़ाई थीं। जरा हम भी रिहर्सल कर लें। और एक साथ नानी, मामी और दाई की हँसी का फौव्वारा फूट पड़ा। मैंने सोचा चलो अच्छा हुआ, पिछले पाँच दिनों में पहली बार इस घर में हँसी गूँजी है। लेकिन गुलनाज अप्पी खिसिया गईं। उन्हें पता था मैंने भी सुना है। मुझसे आँख छिपाते हुए बोलीं, ''अम्मी भी...बस लेकर बैठ गईं उलटी-सीधी।'' फिर वह मुँह पर किताब रखकर सोने का ढोंग करने लगीं।

शाम को गली में कुछ दुकानें खुलीं। अप्पी ने मामी से जिद की कि खट्टे समोसे खाएँगी। मामी के किचन में कई चीजों की किल्लत चल रही थी। उन्होंने एक लिस्ट नानी को थमाते हुए मुझसे उनके साथ दुकान तक जाने को कहा। मामी की लिस्ट–केयर फ्री (दो बार अंडर लाइन), गरम मसाला, धनिया पाउडर, नमक, पापड़, चीनी, चाय की पत्ती, अरहर की दाल और बर्तन धोने वाला विम बार।

16 अप्रैल (10 बजे रात)

फातिमा कॉलिंग...मिस कॉल। गुलनाज अप्पी ने फोन पर हौले से कहा–पीछे वाले गेट के पास आ जाओ। आज अप्पी ने सुन्दर-सा फूलदार कुर्ता पहन रखा था। कुर्ते में एक जेब थी। अप्पी ने इधर-उधर देखा, चुपके से हाथ जेब में डाला और लिपिस्टिक जैसी कोई चीज निकालकर जल्दी से अपने होठों पर चढ़ा लिया। फिर दुनिया में जितनी दिशाएँ होती हैं उतनी दिशाओं में अपने होठों को घुमाकर चुपचाप खड़ी हो गईं। करीब दस मिनट बाद पराग मेहता आए। सच कहूँ...मुझे बहुत अच्छे लगे पराग मेहता। गोरे, स्मार्ट लेकिन ज्यादा लम्बे नहीं। उनके हाथ में कुछ पतंगें थीं–अलग-अलग रंग की। उन्होंने मुझसे हाथ मिलाया और पतंगें मेरी ओर बढ़ा दीं। फिर अप्पी से बोले, स्कूटर रोड के किनारे खड़ी है...कुछ लोग उधर ग्रुप में बैठे हैं...आना अच्छा नहीं लग रहा था, वे मुझे घूर रहे थे। कैसी हो...सब कैसे हैं...टेंशन तो है लेकिन कुछ नहीं होगा। मेरा एक दोस्त भी धमाकों में मारा गया है...। पराग मेहता लौटने के लिए बेताब थे। अप्पी ने उन्हें गेट की ओट में खींचते हुए कहा...रुको तो...इत्ते दिनों बाद देख रही हूँ तुम्हें। वह उनकी ऊपर वाली बटन खोल बन्द करने में लगी थीं। फिर पीछे मुड़कर मुझसे बोलीं–जाओ अपनी पतंगें सीढ़ी के नीचे रख दो...देख लेना सब क्या कर रहे हैं। सीढ़ी वाला दरवाजा बन्द कर देना और लौट आना। मैं लौटा तो देखा गुलनाज अप्पी पराग मेहता से लिपटी हुई हैं। मुझे झिझक हुई। अप्पी ने उनके गाल को, उनके माथे को उनकी नाक को...और नाक के नीचे भी...चूमा। और फिर उनकी पीठ पर एक मुक्का जमाते

हुए बोलीं–"जाओ भागो डरपोक कहीं के। इतने कम टाइम के लिए आते हो।" फिर वे एक पल के लिए रुकीं और पराग मेहता की हथेलियों को अपने गालों तक ले गईं...वहीं सटाए रहीं...सटाए रहीं...फिर धीरे-से बोलीं, "अच्छा जाओ...।" वह दस कदम गए होंगे कि अप्पी को कुछ खयाल आया। वह दबी जबान से चिल्लाईं...लगभग हाँफते हुए...सुनो-सुनो उधर मस्जिद की तरफ से मत जाना...आजकल उधर ठीक नहीं है, उधर गोल चौक की तरफ से निकल जाना...पहुँचकर मिसकॉल कर देना। पराग मेहता ने बिना मुड़े अपने दाहिने हाथ को ऊपर उठाकर उँगलियों को हिला दिया जिसका अर्थ था कि हाँ, हाँ मैं समझ रहा हूँ...गोल चौक की तरफ से ही जाऊँगा।

इसके बाद सब लोगों ने खाना खाया। आज घर का माहौल हल्का लग रहा था। पीस कमेटी की मीटिंग से आने के बाद अब जाकर मामू नॉर्मल थे। छोटे मामू के बारे में पुलिस ने दुबारा फोन नहीं किया था इसलिए उनका भी मूड ठीक था। नानी और मामी का मूड तो दाई की बतकही से ही ठीक हो गया था। गुलनाज अप्पी दौड़-दौड़कर सबके सामने फुलके रख रही थीं। इतने दिनों में पहली बार उन्हें गुनगुनाते सुना था। गुनगुनाए जा रही थीं, गुनगुनाए जा रही थीं। मुझे रंग-बिरंगी पतंगों का सोचकर रोमांच हो रहा था। कल दिन भर छत पर खड़े होकर पतंग उड़ाऊँगा।

आज की डायरी काफी लम्बी हो गई। सोचता हूँ सो जाऊँ। बाकी जो कुछ आज हुआ उसे कल दर्ज करूँगा लेकिन नींद नहीं आ रही है। बड़ी बेचैनी है। घर में कोई भी नहीं सो रहा है। जो खुशी और चैन अब तक नसीब हुआ था वह ठीक बेडटाइम से पहले काफूर हो गया।

16 अप्रैल (रात साढ़े ग्यारह बजे)

खाना-पीना खत्म करने के बाद मामू ग्यारह बजे की हेडलाइंस सुन रहे थे कि दरवाजे पर दस्तक हुई। बाहर से मिलीजुली आवाजें आ रही थीं। अजीब-सी हरकत हो रही थी। मामू ने बगल वाली खिड़की की दरार में आँखें गड़ाकर देखा और दरवाजे की ओर बढ़ गए। करीब पन्द्रह-बीस लोग रहे होंगे। मोहल्ले की मस्जिद के पास रहने वाले थे वे सब। उन्होंने पराग मेहता को कसकर पकड़ रखा था। दरवाजा खुलते ही वे लोग पराग मेहता को खींचते हुए पोर्टिको में ले आए। अब तक नानी, मामी, छोटे मामू और गुलनाज अप्पी भी दरवाजे पर आ गई थीं। पोर्टिको की लाइट में हम साफ देख सकते थे कि पराग मेहता की जमकर पिटाई हुई है। उनके बाल छितर-बितर हो गए थे। कमीज फट गई थी। नाक से खून की लकीर निकलकर सूख गई थी। मुँह बुरी तरह सूज गया था। पैंट आधा कीचड़ से सना था।

एक पैर की चप्पल नदारद थी। उनका सर झुका हुआ था। उन्हें दो लोगों ने दबोच रखा था। बाकी के लोग उन्हें घेरकर खड़े थे। उन लोगों का कहना था कि ये हिन्दू लड़का बड़े सन्देहास्पद ढंग से मस्जिद के आसपास घूम रहा था। इसकी मंशा सही नहीं लगती। विश्व हिन्दू परिषद का मेम्बर है। बुलाने पर भागने लगा। रुक जाता तो हम लोग इसकी ये हालत न बनाते। जब हमने इसे घेरकर पकड़ा तो कहने लगा इस्माइल साहब के यहाँ गया था, कुछ काम था। हम जानते हैं कि साला झूठ बोल रहा है, फिर भी पूछने चले आए।

मामू कुछ देर तक पहचानने की कोशिश करते रहे लेकिन नहीं पहचान सके। शायद उन्होंने पराग मेहता को कभी सामने से नहीं देखा था। नानी और मामी ने भी आँख पर जोर डाल-डालकर देखा लेकिन पराग मेहता को पहचान न सकीं। मामी ने बगल में खड़ी गुलनाज अप्पी से धीरे-से पूछा–"तूने कभी देखा है इसे?" गुलनाज अप्पी की आँखें पराग मेहता के ऊपर चिपकी हुई थीं। लगा अब रोईं कि तब। मामी ने दुबारा पूछा तो वह बोलीं–"नहीं अम्मी...नहीं देखा इसे कभी...लेकिन इन लोगों ने इसे मारा क्यों। अब्बू से कहिए इसे बचा लें। ये लोग इसे मार डालेंगे। अम्मी आप अब्बू से कहिए...अम्मी प्लीज...अम्मी...।" मामू ने यह बात सुन ली और उन लोगों को समझाते हुए बोले–देखिए अब इसे आप लोग बिलकुल न मारें पीटें। इससे बिला वजह गलतफहमी पैदा होगी और तनाव बढ़ेगा। मैं इंस्पेक्टर खान से बात कर लेता हूँ वे पूछताछ कर लेंगे। सीधे इसे थाने ले जाइए। लेकर जाइए। वे लोग पराग मेहता को खींचते हुए अँधेरे में गायब हो गए।

मुझे लगता है कि इसके बाद पराग मेहता की और प्रताड़ना नहीं हुई होगी और इंस्पेक्टर खान ने उनसे पूछताछ करके उन्हें छोड़ दिया होगा। लेकिन एक बात है। मैं गुलनाज अप्पी से बहुत नाराज हूँ। मैं उनसे सचमुच बहुत नाराज हूँ।

17 अप्रैल

आज फिर से सन्नाटा पसर गया है पूरे घर में। मेरा पतंग उड़ाने का मन नहीं हुआ। सब लोग रात वाली घटना के बारे में सोच रहे हैं लेकिन बात कोई नहीं कर रहा है। सब कोई अलग-थलग कमरों में पड़े हुए हैं। जैसे किसी बहुत बड़ी विपत्ति की आशंका से ग्रस्त हों या किसी अनिष्ट का अन्देशा हो। शायद उधर से इस घटना की प्रतिक्रिया गम्भीर हो। कुछ लोगों की नासमझी से पूरे मोहल्ले की जान साँसत में पड़ गई है। मैं अप्पी से नजर नहीं मिला पा रहा हूँ। अप्पी मुझसे बच रही हैं। सुबह से दोपहर हो गई और दोपहर से शाम। अप्पी से बात नहीं हुई। फिर शाम को मैंने उन्हें किचेन में पकड़ा–कल आपने झूठ क्यों बोला अप्पी? क्यों पराग मेहता को पहचानने

से इनकार कर दिया आपने? वह चुपचाप आलू काटती खड़ी रहीं—न मेरी ओर देखीं न मेरी बात का जवाब दिया। मुझे उन पर गुस्सा आ गया। मैंने उनकी बाँह पकड़कर उन्हें झिझोंड़ दिया—क्यों नहीं बोलीं आप कि पराग मेहता आपके प्रेमी हैं। अप्पी मेरी ओर कातर दृष्टि से देखीं...और देखती चली गईं। उनकी आँखों में जाने क्या था कि...सच कहता हूँ...मैं विचलित हो गया। कुछ देर तक उसी तरह देखते रहने के बाद वह फिर से आलू काटने लगीं—नजरें नीची करके। पर मैं बेचैन था। मैंने कहा, अगर आप कह देतीं कि आप उन्हें पहचानती हैं तो उनके लिए कितना अच्छा होता। अप्पी खामोश रहीं। अपने ऊपर नियंत्रण करने की कोशिश में उनका चेहरा अजीब सा हो रहा था। फिर मैंने देखा कि आलू के टुकड़े भीग रहे हैं। टप टप टप आँसू। फिर सिसकियाँ। फिर अप्पी जोर-जोर रोने लगीं—जैसे कोई बच्ची...जैसे कोई छोटी-सी लड़की। अप्पी रोए जा रही थीं। लेकिन पूरा घर चुप था। अप्पी रो रही थीं। मैं चुप था। मामू चुप थे। नानी चुप थीं। मामी चुप थीं। छोटे मामू चुप थे। मानसुख पटेल चुप थे। इंस्पेक्टर खान चुप थे। इधर के सारे लोग चुप थे। इधर के कुत्ते-बिल्ली, बन्दर, कबूतर, गली-कूचे, चौक-चौराहे, नुक्कड़-तिकोने, मस्जिद-मजार, तारे-सितारे, चाँद-सूरज सभी चुप थे। उधर के भी कुत्ते-बिल्ली, बन्दर, कबूतर, गली-कूचे, चौक-चौराहे, नुक्कड़-तिकोने, मन्दिर-शिवालय, तारे-सितारे, चाँद-सूरज सभी चुप थे। लेकिन उधर से भी एक रोने की आवाज आ रही थी। यह साधारण रोने की आवाज नहीं थी। यह विलाप था...यह एक हृदय विदारक क्रन्दन था...यह मर्मान्तक पीड़ा से उपजा एक पुरुष का रुदन था...जो समस्त ब्रह्मांड की चुप्पी को पार करता हुआ हमारे बड़े मामू के किचन रूम तक पहुँच रहा था।

17 अप्रैल (सात बजे शाम)

घर में सभी बीमार जैसे लग रहे हैं। कहाँ तो मैं अहमदाबाद घूमने आया था कहाँ इन चक्करों में पड़ गया। मुझे ऐसी चुप्पी, ऐसी खामोशी से नफरत हो गई है। उस चुप्पी के पीछे के षड्यंत्र और इसके पीछे की कायरता को मैं पूरी तरह नहीं समझ पा रहा हूँ। शायद मेरी उम्र आड़े आ रही है। शाम लगभग सात बजे मामू ने अपनी चुप्पी तोड़ी—फोन मिलाया अपने दोस्त मानसुख पटेल को। मामू ने बताया कि मानसुख पटेल नाराज हैं कल वाली घटना को लेकर। कह रहे थे तुम्हारे रहते हुए उस तरफ ऐसी घटना कैसे घटी। तुम्हें आगे बढ़कर बचाना चाहिए था। तुम्हारे होते ऐसा कैसे हो गया। पराग मेहता बी.जे.पी. सांसद वीरशाह मेहता का भांजा है। इधर लोग बहुत उत्तेजित हैं...बहुत गुस्से में हैं। लोगों को कैसे समझाऊँ, कैसे रोकूँ मेरे बस में नहीं है।

पहली बार मैंने मामू को मानसुख पटेल से दोस्त की तरह बात करते हुए नहीं सुना। मामू की आवाज में विचलन थी, कमज़ोरी थी...मिन्नत थी और गिड़गिड़ाहट थी। वे दबे हुए थे। वे मानसुख पटेल को 'तुम' नहीं बल्कि 'आप' कहकर सम्बोधित कर रहे थे। आप चाहेंगे तो कुछ नहीं होगा। आप चाहेंगे तो लोग मान जाएँगे। आप उन्हें रोक लीजिए...आप समझा लीजिए।

मानसुख पटेल से बात करके मामू काफी हताश थे। माथे पर हाथ रखकर टी.वी. के सामने अधलेटे पड़े थे। आज फिर खाना धरा का धरा रह गया। मामी ने इधर-उधर फोन मिलाया। नानी लगातार सजदे में थीं। गुलनाज अप्पी अभी भी गुमसुम। न टी.वी., न खाना-पीना, न बोलना-बतियाना। मुझसे भी नहीं। मामू बार-बार खिड़की से बाहर झाँकते...आहट लेते...वापस टी.वी. के सामने लस्त बैठ जाते। नमाज के बाद नानी ने सबके ऊपर फूँक छोड़ी–हम सभी के लिए उनका रक्षा कवच। नानी ने आज बड़ी हिम्मत की बात की। टी.वी. रूम में खड़े-खड़े बड़बड़ाने लगीं–कुछ नहीं होगा...देखती हूँ कौन आता है।...मैं आगे रहूँगी...देखती हूँ आज मैं...वे लोग कोई पत्थर के नहीं बने हैं। नानी की बात सुनकर मेरी बड़ी हिम्मत हुई। मैं समझ गया कि अगर वे आते हैं तो नानी मुझे अवश्य बचा लेंगी।

17 अप्रैल (11 बजे रात)

और वे आए। वे एक हादसे की शक्ल में आए।

अगर मैं लेखक या पत्रकार होता तो इस मंजर का बयान अपनी डायरी में बड़े ड्रामाई अन्दाज में कर सकता। लेकिन मैं ठहरा कक्षा दस का विद्यार्थी–और भाषा पर मेरी पकड़ कुछ खास है नहीं। इस रात की बात को सीधे-सीधे शब्दों में समेटकर जितनी जल्दी हो सके सोना चाहता हूँ। कल मामू से कहना है कि मेरी वापसी की टिकट करवा दें...मुझे अम्मी, अब्बू की याद आ रही है। मैं यहाँ और रहा तो बिना मारे ही मर जाऊँगा। यहाँ इतना डर है कि क्या बताऊँ।

बिना किसी नाटकीयता के लिखूँ तो यह लिखूँगा। दंगे और नरसंहार की प्रस्तावना दरअसल वास्तविक दंगे और नरसंहार से कम डरावनी और कम दुःखदाइ नहीं होती। इसे कोई तभी समझ सकता है जब वह उससे गुजरा हो। डायरी लिखकर या पढ़कर उसे नहीं जाना जा सकता। प्रस्तावना में यह होता है कि...रात होती है...और रात गहरी काली होती है। एक पूरा मोहल्ला होता है जिसमें कई घर होते हैं। घरों में मद्धम रोशनी होती है या फिर नहीं होती है। इन्हीं घरों के अन्दर हाड़-मांस के बने लोग साँस अन्दर-बाहर करते हुए...बैठे...खड़े एक उग्र राक्षसी भीड़ की प्रतीक्षा करते होते हैं। अन्दर से वे दोस्तों, शुभचिन्तकों, रिश्तेदारों और पुलिस

अधिकारियों को फोन करते रहते हैं लेकिन उनके फोन बन्द मिलते हैं। उनमें से कुछ लोग छत पर तो कुछ अपने दरवाजे खिड़कियों की दरारों पर आँखें और कान गड़ाए कहीं दूर उठ रहे शोर और नारे को सुनने की कोशिश कर रहे होते हैं। फिर क्या होता है कि...पहले बहुत दूर कहीं सन्नाटे को चीरती एक चिल्लाहट उभरती है...फिर अँधेरी सुनसान सड़क पर कुछ कुत्ते भौंकते हुए भाग रहे होते हैं। फिर किसी खौफजदा मनुष्य का सरपट भागते हुए आना। धप धप धप धप करते पैरों की आवाज सहसा नजदीक से नजदीकतर होती हुई—लगेगा आपके तकिए को छूता कोई व्यक्ति जान हथेली पर रखकर निकला! और फिर पड़ोस में या सड़क के उस पार ठीक आपकी खिड़की के सामने एक दरवाजे के खुलने और भड़ाम से बन्द होने की आवाज! रात के अँधेरे में आपको कुछ नहीं दिखाई देगा। खाली आवाज। फिर छोटे-छोटे समूहों में जान बचाकर भागते लोग...बिना बोले...बिना चिल्लाए...रात के सन्नाटे में...गलियों की ओर, घरों की ओर बेतहाशा...बदहवास भागते लोग! और धड़ाधड़ खुलते-बन्द होते दरवाजे! यह उनके आमद की पक्की निशानी है। यह अँधेरी रात में भाले, बरछे और किरासन तेल के गैलन से लैस हमलावर भीड़ के आ पहुँचने की निशानी है। वे आ गए हैं। न शोर मचा रहे हैं...न नारे लगा रहे हैं। उनकी हिंसक और हार्टफेल कर देने वाली उपस्थिति में एक अलग तरह का शोर है, एक अलग तरह का नारा है जो दरवाजों और खिड़कियों की ओट में छिपे लोग सुन रहे हैं और जिससे अगले ही पल उनका साबका पड़ने वाला है।

लाल-लाल आँखें किए हुए, हाथों में मार डालने के औजार लिये हुए वे हमारी ड्योढ़ी पर खड़े हैं। अगर दरवाजा न खोला गया तो वे उसे तोड़ देंगे और पूरे घर में आग लगा देंगे, और बाहर निकलने के सारे रास्ते बन्द कर देंगे। दरवाजे पर भड़ भड़ भड़।

मामी और गुलनाज अप्पी ने रहीमन दाई के बताए नुस्खे के अनुसार झट बाथरूम में घुसकर अपनी तैयारी की। बड़े मामू और मामी ने गुलनाज अप्पी की बाँह पकड़कर उन्हें टीन वाले बक्से के पीछे...कबाड़ के बीच में...घुसा दिया। फिर मामू ने जल्दी से अपनी रिवाल्वर खोंसी, छोटे मामू और मामी को अपनी-अपनी जगह छुपने का इशारा करते हुए छत पर चले गए।

तब नानी ने दरवाजा खोला। मैं नानी के पीछे खड़ा था। नानी ने पूछा क्या बात है...कौन हैं आप लोग...क्या चाहते हैं। भीड़ में कोई नेता नहीं होता। काली टी-शर्ट और नीली जीन्स पहने एक नौजवान ने पूछा—"पराग मेहता की ऐसी हालत किसने की? कल रात वह किसी काम से इधर आया था...वह अस्पताल में बेहोश पड़ा है...उसकी हड्डियाँ टूट गई हैं, मुँह और नाक से खून बन्द नहीं हो रहा है...वह मरने वाला है।" नानी ने कहा देखो, "तुम नाहक हमारे ऊपर गुस्सा कर रहे हो—कौन

पराग मेहता...उसके साथ क्या हुआ हम नहीं जानते...वह इधर किसी से मिलने नहीं आया था।'' मैं नानी के बगल में खड़ा था। मैंने अचानक उन्हें चिकोटी काट ली– ''क्यों झूठ बोलती हो नानी...वह आए तो थे गुलनाज अप्पी से मिलने–तुमने नहीं देखा तो क्या।'' पर मैं चुप रहा। नानी को मेरी चिकोटी का असर भी नहीं हुआ। नानी का स्वर थरथरा रहा था। उनके पैर काँप रहे थे। भीड़ से दो-चार युवक हॉकी और लोहे की छड़ें और करौलियाँ लहराते हुए अन्दर चले आए। लेकिन उन लोगों ने घर को कोई विशेष क्षति नहीं पहुँचाई। हॉकी से टेबुल पर रखे फूलदान को तोड़ दिया, लोहे की छड़ को सोफे में घुसेड़ दिया, करौली से किचन में रखे कद्दू को टुकड़े-टुकड़े कर दिया, हाथों और पैरों से पोर्टिको में रखे गमलों को गिरा दिया। लेकिन पराग मेहता की लाई मेरी पतंगें बच गईं। फिर वे भद्दी-भद्दी बातें बोलते हुए बाहर निकल गए। जाते-जाते भीड़ की नजर मामू की नई कार पर पड़ी। वे उसे ढकेलते हुए बाहर तक ले गए और उसमें आग लगा दी। कार धू-धू करके जलने लगी। एक मिनट में गहरी अँधेरी रात पीली हो गई। काला धुआँ चारों ओर फैलने लगा। वहाँ से कूच करने के पहले भीड़ में से एक ने चिल्लाकर कहा–''अगर उसे कुछ हो गया तो हम फिर आएँगे...समझ लो। एक के बदले सौ को मारेंगे।''

भीड़ के दूर चले जाने के बाद पड़ोस में और गली के उस पार कुछ खिड़कियाँ खुलीं...कुछ दरवाजे चरमराए लेकिन जलती कार से उठती पीली लपटों का माजरा समझ में आते ही वे बन्द हो गए।

18 अप्रैल (साढ़े बारह बजे रात)

रात के साढ़े बारह बजे हैं। यह अहमदाबाद में मेरी अन्तिम रात है। आज जो हुआ...उसके बाद रात खैरियत से बीत गई और सुबह कोई हंगामा न बरपा हुआ तो इंशा अल्लाह मैं आठ बजे अहमदाबाद मेल पर सवार हो जाऊँगा। लेकिन सबसे पहले वह दर्ज कर लूं जो कुछ आज घटित हुआ। आज पहली बार मानसुख पटेल को देखा। वह घर पर आए थे। इस्माइल मामू से उनकी मुलाकात का वह क्षण...वह दृश्य मैं कभी न भूल पाऊँगा। यह मैं किसी भावना में बहकर नहीं लिख रहा। यह सच है। अंग्रेजी में जिसे मोमेंट ऑफ ट्रुथ कहते हैं–सत्य का वह क्षण, वह पल जो बस कभी-कभी पकड़ में आता है और जो इसी तरह सच प्रतीत होने वाले बाकी दूसरे क्षणों को हमारे अवचेतन से विस्थापित कर देता है। मैं किचेन में बिलखती गुलनाज अप्पी को समय के साथ भूल सकता हूँ, मैं सर झुकाए, घायल पराग मेहता को कुछ दिनों बाद विस्मृत कर दूँगा, हो सकता है अहमदाबाद प्रवास के दौरान हुए मेरे सारे अनुभव एक-एक कर भविष्य में होने वाले दूसरे अनुभवों से पराजित

होकर विस्मरण के गर्त में समा जाएँ लेकिन मानसुख पटेल और इस्माइल मामू का एक दूसरे से रूबरू होने का वह मंजर, वह दृश्य...और उससे उपजे इन्सानी रिश्तों के आदिम आख्यान को मैं कभी नहीं विस्मृत कर पाऊँगा।

बीती रात की घटनाओं से घर के सारे सदस्य हिल गए थे। घर से थोड़ी ही दूर पर सड़क के किनारे मामू की नई गाड़ी का ढाँचा पड़ा था। मामू ने फैसला किया कि आज शाम तक सारे लोग मामी के भाई के यहाँ शिफ्ट हो जाएँगे। यहाँ अब बिलकुल सेफ नहीं हैं। यह भी कि घर का कोई सदस्य न बाहर निकले न छत पर जाए और न ही किसी के बुलाने पर गेट या अन्दर का दरवाजा खोले। मामू ने इंस्पेक्टर खान को कई बार फोन किया, पर उधर से कोई जवाब नहीं मिला। मानसुख पटेल को मामू ने जानबूझकर फिर से फोन नहीं किया। अब तक उन्हें पूरा यकीन हो गया था कि मानसुख पटेल बदल गए हैं। इधर पराग मेहता के बारे में कोई सूचना नहीं थी कि वह जिन्दा है या अस्पताल में दम तोड़ चुका। ऐसी ही उधेड़बुन चल रही थी कि अफवाह आई कि एक भीड़ हमारी तरफ बढ़ी आ रही है। फिर कुछ देर बाद छोटे मामू ने पक्की जानकारी दी कि मानसुख पटेल एक भीड़ को लीड करते हुए बढ़े चले आ रहे हैं। पराग मेहता के साथ जो कुछ हुआ वे उसका हिसाब माँगने आ रहे हैं।

मानसुख पटेल सचमुच आ रहे थे। मानसुख पटेल के साथ कई और लोग आ रहे थे—पूरी भीड़। मामू ने छत से जायजा लिया...लेते रहे...नीचे आए...फिर ऊपर गए, फिर ड्राइंग रूम में सोफे पर बैठ गए...फिर गेट तक जाने को हुए लेकिन आधे रास्ते से ही वापस आ गए। उनकी बेचैनी कम नहीं हो रही थी। रिवाल्वर को निकालते, पोंछते, अन्दर खोंसते और फिर निकाल लेते। जब आभास हो गया कि भीड़ एकदम पास आ गई है तो उन्होंने एक बार फिर रिवाल्वर निकाला, गोलियाँ चेक कीं और कमीज में छिपा लिया। और जैसे ही दरवाजे पर दस्तक हुई मामू को मैंने पसीने से तर होते देखा। उन्होंने मामी को डाँटते हुए कहा गुलनाज को छिपाओ...खुदा के लिए तुम भी छिप जाओ। जल्दी करो...सलीम से कहो छत पर चला जाए।

मामू डर गए थे। वह भयभीत हो गए थे। मामू अपने दोस्त मानसुख पटेल से डर गए थे। सचमुच, मानसुख पटेल की उपस्थिति भयभीत कर देने वाली थी।

मानसुख पटेल अपने लोगों को पोर्टिको में ही रुकने का इशारा करते हुए अन्दर दाखिल हो गए। अन्दर आने के लिए न उन्होंने किसी से पूछा और न ही उन्हें किसी ने मना किया। कमरे में नानी थीं, मैं था और अब मानसुख पटेल थे। मैं और नानी खड़े थे। मानसुख पटेल भी कुछ देर तक खड़े रहे...जैसे कमरे का मुआयना कर रहे हों। और फिर वे साइड सोफे पर बैठ गए। मानसुख पटेल को मैं पहली बार

देख रहा था। लेकिन मुझे उनसे कोई डर नहीं लगा। वह मेरे मामू जैसे ही हट्टे-कट्टे और सुन्दर थे। उनके चेहरे पर हल्की-हल्की दाढ़ी थी। नानी ने मुझे डाइनिंग टेबुल की कुर्सी पर बैठने का इशारा किया और खुद भी एक कुर्सी खींचकर बैठ गईं। मानसुख पटेल ने चुप्पी तोड़ी–"कितने लोग थे कल रात? किसी को पहचाना? कार के अलावा तो किसी और चीज को नुकसान नहीं पहुँचाया? पराग मेहता को इतनी बुरी तरह से किन लोगों ने मारा और क्यों?" अब तक हमारे पड़ोसी खलील अंसारी और रहीमन दाई भी ड्राइंग रूम में आ गए थे। नानी चुप थीं। खलील मियाँ और दाई अपनी-अपनी तरह से उनके सवालों का जवाब देते रहे और उनसे अपने सवाल पूछते रहे। मानसुख पटेल ने बताया कि सारे बम हिन्दू इलाकों में ही फटे हैं और दो सौ से ज्यादा लोग मारे गए हैं। अब स्थिति नियंत्रण में है। पुलिस इस बार पूरी तरह मुस्तैद है। सी.एम. स्वयं स्थिति पर नजर रखे हुए हैं। फिर भी तनाव तो है ही, बात ही ऐसी हो गई है कि लोगों में नाराजगी होना स्वाभाविक है। इस पर खलील मियाँ बोले, "लेकिन कल रात तो 2002 वाली बात होते-होते रह गई। एक बार तो लगा था कि इस मोहल्ले के लोग सुबह का सूरज नहीं देख पाएँगे। लेकिन खुदा का लाख-लाख शुक्र है कि उन्होंने सब कुछ किया लेकिन किसी की जान नहीं ली।"

मानसुख पटेल ने इधर-उधर देखा और कुछ चौंकते हुए बोले–अरे इस्सू नहीं दिखाई पड़ रहे हैं, कहाँ हैं...बुलाइए उनको...कहिए कि मैं आया हूँ। कुछ देर फिर धमाकों, पराग मेहता और मामू की कार पर बात करने के बाद उन्होंने इस्माइल मामू के बारे में पूछा। नानी चुप रहीं लेकिन खलील मियाँ ने मुझसे कहा–"कहाँ हैं इस्माइल भाई...बुला दो अपने मामू को।" मानसुख पटेल ने फिर अचरज से पूछा–अरे ये गुलू नहीं दिखाई पड़ रही है और भाभी कहाँ हैं? तीनों कहीं बाहर गए हैं क्या। फिर वह हँसने लगे–"कहीं पिकनिक-विकनिक मनाने क्या?" नानी सन्न बैठी थीं और मैं मानसुख पटेल के दोनों हाथों की उँगलियों को देखे जा रहा था जिसमें उन्होंने नगदार सोने की अँगूठियाँ पहन रखी थीं। उन्होंने मेरी तरफ इशारा किया–"कहाँ हैं इस्माइल?" मेरे जवाब को सुने बगैर ही वह उठे और "कहाँ हो भाई इस्सू, कहाँ हो" कहते हुए अन्दर वाले कमरे की ओर बढ़ चले। जिस बेतकल्लुफी के साथ वह अन्दर जा रहे थे उससे मैं निश्चिन्त हो गया कि घर के अन्दरूनी हिस्सों में जाने के लिए उन्हें किसी औपचारिकता की आवश्यकता नहीं है। मैं उनके पीछे-पीछे सरकने लगा।

इस्माइल मामू जहाँ थे, मानसुख पटेल वहीं आकर खड़े हो गए...लेकिन मेरा पूरा विश्वास है कि यह बात उनकी कल्पना में भी न आई होगी कि अपने बचपन के दोस्त इस्माइल शेख से वे इस प्रकार मिलने को अभिशप्त होंगे। मैं उसी मुलाकात को शब्दों का जामा पहनाने की कोशिश करता हूँ।

उन्होंने फिर आवाज दी–कहाँ हो भाई इस्माइल...अरे भाई देखो मैं आया हूँ...। उनकी नजरें सामने दीवार पर ठहर गईं। सामने बेड था और बेड के ऊपर दीवार पर एक फोटो टँगी थी। फोटो में इस्माइल शेख और मानसुख पटेल थे। मानसुख पटेल के हाथ में एक आइसक्रीम थी और दोनों उसे चाट रहे थे। मानसुख पटेल की होठों की हरकत से साफ था–फोटो देखकर वे धीमे-से मुस्कुरा उठे थे।

मेरे इस्माइल मामू उसी बेड के नीचे छिपे हुए थे। चोर सिपाही के खेल में कुछ ऐसा होता है...असल में ऐसा हो ही जाता है कि छुपने वाला, जिसे चोर कहते हैं, कुछ सुराग छोड़ देता है जिससे वह पकड़ा जाता है। चोर का कोई अंग या उसका कपड़ा या फिर जूता या बाल या ऐसी ही कोई चीज बाहर झाँकती रहती है...और वह इसी बिना पर पकड़ा जाता है। मामू का एक पैर बेड के निचले पट से सटा हुआ थोड़ा-सा बाहर झाँक रहा था। पूरी कोशिश करके इस्माइल मामू जितना अन्दर जा सके थे चले गए थे लेकिन एक पैर पूरा अन्दर नहीं जा सका था। मानसुख पटेल का नहीं जानता लेकिन मैंने मामू के उस पैर को देख लिया।

मामू ने अपने शरीर को सिकोड़कर अर्द्धचन्द्राकार जैसा कर लिया था। लगता है मामू जल्दी में घुसे होंगे इसलिए खुद को पूरा नहीं सिकोड़ पाए थे और उनकी अर्द्धचन्द्राकार वाली स्थिति दरअसल दयनीय कम हास्यास्पद अधिक लग रही थी। और इसी कशमकश में रिवाल्वर अन्दर से सरककर नीचे फर्श पर पड़ी हुई थी। मेरी हिम्मत नहीं पड़ रही थी कि मैं दुबारा झाँककर देखूँ। किसी बड़े आदमी...जैसे कि मेरे अपने अब्बू या मेरे सामने खड़े मानसुख पटेल जैसे आदमी को उस दशा में लेटे हुए कैसे देखता। इस्माइल मामू को मैं बड़ा बहादुर समझता था। हट्टे-कट्टे ऊँचे-लम्बे थे मामू। उन्हें वैसा देखकर एक पल के लिए मन किया कि गुलनाज अप्पी को बुलाऊँ और दिखा दूँ कि अरे देखो देखो मामू कैसे छिपे हैं–मेरे रिवाल्वर वाले डरपोक मामू! और अप्पी के साथ मिलकर खूब हँसू। लेकिन मैं एक बार फिर झुका...झुका रहा...जैसे मुझे काठ मार गया हो। मामू मेरी तरफ नहीं देख रहे थे। उनकी आँखें बन्द थीं और वह बहुत धीरे-धीरे साँस ले रहे थे। अचानक उनकी आँख खुली...मुझ पर पड़ी...और वह बड़े धीरे से बोले–बेटा वे लोग हैं या गए। मैंने उनकी बात का जवाब नहीं दिया... मेरी आँखें उनकी लावारिस पड़ी रिवाल्वर पर टँगी थीं। मामू को अभी भी आभास नहीं था कि मानसुख पटेल मेरे पास ही खड़े हैं...और अब नीचे झुकने वाले हैं।

मानसुख पटेल हिचक रहे थे–यह तो साफ था। फिर भी वे बेड के पास बैठे...और धीरे-धीरे अपनी गर्दन को नीचे ले गए। मैंने कुछ सुना...जबकि असल में मैंने कुछ नहीं सुना था। मानसुख पटेल के बगल ही में मैं भी बैठा था उनकी धड़कन सुन रहा था...लेकिन अगर उन्होंने 'इस्सू' या 'इस्माइल' जैसा कुछ कहा तो मैंने नहीं सुना था। इस्माइल मामू उसी तरह दुबके हुए थे। पिस्तौल उसी तरह पड़ी हुई थी। मैं सीधे-सीधे

मानसुख पटेल को नहीं देख रहा था...खाली उन्हें सुन रहा था...और उनके चेहरे को सुन रहा था। मैंने महसूस किया कि मानसुख पटेल बड़े मामू को उस दशा में देखकर अचम्भा, अविश्वास, पीड़ा और लाज से तर हो गए। जैसे उनके शरीर में जान नहीं—उनके शरीर का पूरा सत्व निचुड़ गया है। लगा वे गिर जाएँगे बैठे-बैठे। अब गिरे कि तब। मामू उन्हें देखे जा रहे थे—डरे सहमे कोने में दुबके टकटकी बाँधे मानसुख पटेल को देखे जा रहे थे मामू। जैसे कोई चोर जो चारों ओर से घिर गया हो और बच निकलने के रास्ते बन्द हों। जैसे कोई भयभीत मेमना। लेकिन मानसुख न सिपाही लग रहे थे, न शेर न भेड़िया। खाली उनका चेहरा बेरंग हो गया था—गर्दन के ऊपर खून का प्रवाह नहीं हो रहा था। जैसे समय ठहर गया था, जैसे वह क्षण बर्फ की सिल्ली में जम गया था, जैसे कालचक्र अब कभी आगे नहीं बढ़ेगा। उस रुके हुए पल में जिस शर्मिन्दगी ओर बेबसी से मानसुख पटेल गुजरते जा रहे थे उसे डायरी में पूरी सच्चाई के साथ नहीं उतार पा रहा हूँ। वह चाह रहे थे मामू की नजरों से अपनी नजरें हटा लें। लेकिन वे तो वहीं फँस गई थीं। मानसुख पटेल के मुँह से बमुश्किल मामू का नाम फिसला—इस...मा...इल। मामू बुदबुदाए—मान...सुख। फिर मामू ने धीरे-धीरे आँखें खोल दीं। एक बार फिर बुदबुदाए—मानसुख...मैं बाहर निकल सकता हूँ...कुछ करोगे तो नहीं? मामू जैसे याचना कर रहे हों।

मानसुख पटेल ने नहीं सुना। मानसुख पटेल कुछ नहीं सुन रहे थे। वह कुछ भी नहीं सुन पाए। अच्छा हुआ नहीं सुना। यह सुनने के लिए मानसुख पटेल इस दुनिया में नहीं आए थे। लेकिन कौन कह सकता है कि उन्होंने नहीं सुना। नहीं सुने तो आखिर उन्हें चक्कर क्यों आया। दरअसल उनकी जड़ता कुछ देर बाद टूटी...जब कालचक्र फिर से गतिमान हो गया। बेड पर हाथ की पकड़ ढीली हुई...सन्तुलन थोड़ा बिगड़ा और वे वहीं जमीन पर लुढ़कने लगे...जैसे मूर्छा आई हो। पहले मुझे लगा मेरे ऊपर ही गिरेंगे लेकिन वे गिरे दूसरी ओर। वे पूरा गिरें...इससे पहले मेरा दाहिना हाथ उन तक पहुँच गया। मैंने सहारा भर दे दिया और हौले-हौले वे अपने दाहिनी ओर लुढ़कते चले गए।

18 जून

अहमदाबाद से लौटने के बाद कई दिनों तक मैं अवसाद से घिरा रहा। किसी काम में मन नहीं लगता था। मामू, मामी, नानी और गुलनाज अप्पी की याद हमेशा आती। बावजूद इसके कि मैं अहमदाबाद नहीं घूमा, वह जगह मुझे अच्छी लगी। किसी शहर को लेकर मैं कभी भी इतना भावुक नहीं हुआ। वैसे मैंने अधिक शहर नहीं देखे हैं—सिर्फ दो-चार। आखिर अहमदाबाद में ऐसा क्या है जो मुझे खींचता है, जो मुझे बुलाता है...। अहमदाबाद में मेरे मामू का घर है, उनकी छत है, उनका किचेन है...और हमारी

गुलनाज अप्पी हैं, बुढ़िया नानी हैं, गुस्सैल छोटे मामू हैं, डरपोक बड़े मामू हैं और ढीठ खुर्राट नेकदिल मामी हैं। दो जन और हैं—मेरे बड़े मामू के दोस्त मानसुख पटेल और मेरी गुलनाज अप्पी के प्रेमी पराग मेहता जिन्होंने मुझसे हाथ मिलाया था, जो मेरे लिए रात में पतंगें लेकर आए थे। जब इन सबके बारे में सोचता हूँ तो लगता है एक बार अहमदाबाद हो आऊँ। लेकिन अम्मी को कौन समझाए—कहती हैं अब सपने में भी अहमदाबाद के बारे में मत सोचना। कभी न जाने दूँगी। अब उन्हें क्या मालूम अहमदाबाद मेरे सपने में डेली आता है—कभी मामू की छत पर पतंग उड़ा रहा होता हूँ तो कभी मामू की जली हुई कार धू-धू करती दिखाई पड़ती है। कभी खीर और ढोकला खा रहा होता हूँ तो कभी बेड के नीचे छुपे मामू दिखाई पड़ते हैं। एक बार तो गजब ही हो गया। इस्माइल मामू और मानसुख पटेल को साथ-साथ देखा। दोनों एक ही आइसक्रीम को चाट रहे हैं। एक बार उससे भी गजब हो गया। देखा, पराग मेहता दूल्हा बने हैं और गुलनाज अप्पी दुल्हन। पराग मेहता गुजराती परिधान में खूब जम रहे हैं। मैंने गुलनाज अप्पी के कान में कहा—हेलो...फातिमा कॉलिंग...। अप्पी बोलीं धत्। अच्छा गुडनाइट, अब सोता हूँ। शायद आज फिर अहमदाबाद सपने में आए।

29 जून

आज अहमदाबाद से चिट्ठी आई है—मेरे नाम। गुलनाज अप्पी की है। लिखती हैं—प्यारे सलीम भैया, जबसे गए हो न कभी फोन किया न खत लिखा। तुम्हारे जाने के बाद यहाँ किसी का मन नहीं लगता था—अम्मी, अब्बू, दादी सभी तुम्हारे बारे में बात करते रहते थे। तुम्हारी खूब याद आती थी। अभी भी आती है। सबको यही मलाल है कि तुम अहमदाबाद नहीं घूम पाए। खैर...। अब्बू की तबीयत नहीं ठीक रहती है। उसी दिन से जो खामोश हुए तो बस अपने में ही खोए रहते हैं। मानसुख अंकल से भी मिलने नहीं गए। न वही मिलने आए। दोनों एक-दूसरे को फोन भी नहीं करते हैं। हमारे एक खालू कनाडा में रहते हैं। वह अब्बू को बुला रहे हैं। अब्बू कहते हैं सब कुछ बेचकर वहीं चला जाऊँगा। अम्मी भी तैयार लगती हैं, वीजा के चक्कर में हैं। अगले महीने तक जाना हो सकता है। जाने से पहले अम्मी, अब्बू फूफीजान से मिलने इलाहाबाद जाएँगे। मैं तो नहीं आ पाऊँगी। हाँ, कनाडा पहुँचकर तुम्हें वहाँ की तस्वीरें भेजूँगी। खालू जान बता रहे थे वहाँ खूब बरफ पड़ती है, कश्मीर से भी ज्यादा। पी.एम. के बारे में तो तुम्हें नहीं पता होगा। एक महीने तक अस्पताल में पड़े रहने के बाद 18 मई को उनकी डेथ हो गई। हमें डर था कि इसके बाद भारी हंगामा होगा लेकिन खुदा का शुक्र है कि ऐसा कुछ नहीं हुआ। उनकी सिस्टर मुझसे मिलने आई थी। मुझसे लिपटकर बहुत रो रही थी। तुम्हारी पतंगें पड़ी हैं...अम्मी अब्बू जाएँगे तो भेज दूँगी। खूब पढ़ना और अपना खयाल रखना।—अप्पी (अहमदाबाद) गुजरात।

नसर को लगातार धुन में साँसें लेते जाने पर एतराज था और मैं साँसों को हर बार बेवजह छोड़ दिए जाने के खिलाफ था। हम दोनों में देखा जाए तो फर्क यहीं था।

परिन्दे का इन्तजार-सा कुछ...

नीलाक्षी सिंह

खुश्क गर्मियों के ठीक बाद के दिनों की शुरुआत थी। रह-रहकर दरख्तों में कोई एक नर्मजान पत्ती काँप उठती। लम्बी कतार में शाख-विशाख हो फैले कचनार के नीचे मुझे पहली बार दिखा था, शिरीष। मैं, नसरीन अख्तर...मेरी उमर तब बाईस साल, चार महीने, सत्रह दिन। ये साल, ये महीने, ये दिन...सब कैद हो जाने चाहिए तारीख में...वजह...यहीं से मेरी जिन्दगी पलटी खाती है।

मैं चलती-चलती बुरी तरह लँगड़ा गई थी। दाहिनी एड़ी मुड़ी पड़ी थी और सैंडिल की हील लचकी जान पड़ी। मैं झुककर ठोंक-पीट मचाकर हार चुकने के बाद उस अपनी जगह से पूरी तरह हिल चुकी चीज को हाथ में लेकर फर्स्ट एड की किस्म का कुछ कर ही रही थी कि मेरे साथ खड़ी भली-सी लड़की मनी को किसी मर्दानी आवाज ने पुकारा। मामूली ना-नुकर के बाद पहचान निकल आई। मनी ने शिरीष के साथ कभी दस-ग्यारह साल गए पढ़ाई की थी।

भली लड़की का भला परिचित नजदीकी मोची का पता थमा गया। मैं अपने पचड़े में ऐसी खस्ताहाल थी कि उसके बारे में कोई खास राय कायम किए बगैर मोची तक बढ़ गई...हमारी ये पहली मुलाकात बगैर कुछ घटवाए, बड़े सस्ते भाव गुजर गई थी। लेकिन अगली दफा फिर से ऐसा नहीं हुआ। उस शाम जब मैं अपनी लम्बी-लम्बी पलकों को लगभग रट आए कैन्टीन के मेन्यू कार्ड पर नीचे-ऊपर तैरा रही थी और अपने

बढ़ आए नाखूनों को मेज पर लगातार घिसे चली जा रही थी तभी वो भला-सा परिचित नमूदार हुआ। मनी ने अबकी मेरी उससे कामचलाऊ जान-पहचान करवाई। नाम...और फिर ये कि हम सब पड़ोसी भी थे। मैं, मनी और वह। बड़े बारीक पड़ोसी नहीं लेकिन बमुश्किल आध-पौन किलोमीटर के भीतर सिमटने वाली दूरी पर थे हम। यानी कि उस इलाके से रोज उठ-उठकर इतनी दूर इंजीनियरिंग की पढ़ाई करने आने वाले हम दो ही नहीं थे...तीसरा भी था।

"तीन ही क्यों...।" उसने पटापट दो-चार नाम और जोड़ दिए।

"अच्छा...।" ऐसा कहकर आश्चर्य व्यक्त करते समय मैंने देखा कि उसकी उँगलियों के नाखून बड़े भीतर तक धँसाकर काटे हुए थे। साँवला हाथ, बढ़े भरे बाल...ऊपर...मैंने झट से मुँह फेरा और फिर से एक बार कहा, "अच्छा।"

मनी उतनी हैरत नहीं करना चाह रही थी। वह अपने में गुम-सी रही...इस बात पर। लेकिन फिर बातें हल्की-फुल्की निकलती रहीं। जैसे कि फैकल्टीज की, विश्वविद्यालय की। जैसे छात्रसंघ की, शहर की, हमारे अपने मोहल्ले की, सीरियल्स की, वर्ल्ड कप की...।

"आपने पहले कभी चाय पी है?"

मैंने अपने लिए चाय नहीं मँगवाई थी। सवाल से मेरा सन्तुलन बिगड़ा लेकिन मैंने कमान कस ली–

"आपने ऐसे पूछा गोया पूछना चाह रहे हों–आपने कभी चेखव की कहानियाँ पढ़ी हैं?"

"चलिए सवाल सुधार लेता हूँ...आपने कभी चेखव की कहानियाँ पढ़ी हैं?"

"हाँ तो...। वरना नाम कैसे जानती?"

"अच्छा...। नाम जानने का मतलब है पढ़ना! चलिए मान लेते हैं।"

"वैसे तुम चाहो तो इस इतवार मैं तुम्हें ऐसी जगह ले जा सकता हूँ, जहाँ से लौटकर आना तुम पसन्द नहीं करोगी।" वह फिर से एक बार मुस्कुराया। सिर नीचे झुका लेने की हरकत। उस हरकत को मैं देर से नोटिस किए जा रही थी। अभी मैं अपनी तमतमाहट की चीड़फाड़ भी नहीं कर पाई थी कि इसने सारे टेंशन को मन्तर फूँककर उड़ा दिया। पलक झपकते। मैं मुस्कुराई।

"ठीक है।"

जुम्मा-जुम्मा मैं क्लास में आई थी। लड़कों को कम ही पहचानती थी। शिरीष से ही जरा-मरा बातें हुई थीं। बाकी सबके लिए मैं रूखे चेहरे वाला लिबास चढ़ाए रहती थी। हाँ, लड़कियाँ थीं–नौ। उन सबसे हेलमेल थी। मनी की तो बात ही और थी।

शिरीष एकदम लफन्दड़ किस्म का था। भर क्लास में। रफ्त-गफ्त...हो हल्ला...हंगामा। सबसे बातें कर लेता। सबको टोक देता। सबके साथ हँस लेता। मैं

इन सब हरकतों को बड़ी गिरी नजरों से देखती। एक गम्भीरता जो मुझे हमेशा खींचती थी उसकी यहाँ सरासर कमी थी। उसको लेकर मैं बड़े अजीब तरीके से रिएक्ट करने लगी। मसलन वह जब किसी से हँस-हँसकर बातें कर रहा होता तो मुझे गुस्सा आता...किसी से भी। चाहे वे लड़के ही क्यों न हों, चाहे मैं ही क्यों न होऊँ। मैं बुरे सलीके से मुँह चढ़ाकर उसे आधा-अधूरा जवाब देती या फिर नजरअन्दाज ही कर देती उसके किसी सवाल को। जब वह चलती क्लास के बीच में ज्यादा कुछ बोलने लगता, तो मैं जहाँ बैठी रहूँ, वहीं से उसे घूर देती। माने यह कि जब भी वह खुश होता तो मैं ये जरूरी समझती कि अपनी नाखुशी जाहिर करती चलूँ। ऐसा बस उसी के मामले में होता। तो बात उलझ रही थी। ऐसे में ही एक इतवार वाले दिन मैं बाजार से वजनी-वजनी दो झोले उठाए चली आ रही थी, जब कि शिरीष मिल गया। मेरा चेहरा लाल पड़ रहा होगा जरूर, और साँसें खिंच रही थीं। वह मुझे देखते ही सामने की दुकान से तीर की तरह निकलकर आया और बगैर भूमिका के मेरा झोला मेरे हाथ से अलग करने लगा। मुझे इस पैगम्बर किस्म की हरकत से बड़ी नफरत हुई और मैंने झोला खींच लिया।

साँसें चढ़ी थी ही, मैंने, "क्या है?" पूछा।

"अरे...मैं ले चलता हूँ।" वह झोला दुबारा खींचने लगा।

"क्यों?" मैंने इतने दम से झोला खींचा कि खुद ठेला गई पीछे की तरफ और उसका हाथ झटक गया।

"हो जाएगा मुझसे।" मैं सरपट आगे बढ़ गई।

न दुआ, न सलाम, न शुक्रिया, न माफी। कोने की नजर से दिखा कि उसके चेहरे का रंग मेरे चेहरे जैसा हो चुका था। ऐसे ही...। क्लास के बन्दे से...और जरा पहचान वाले बन्दे से इस तरह पेश आ चुकी थी मैं। थोड़ी दूर आकर रिक्शे पर बैठी तो बड़ी उत्तेजना-सी हुई। फतह और सुकून का अहसास। पर साँसों के नार्मल होने पर हल्का-सा लगा कि कुछ ज्यादा ही कर आई थी। ऐसे तो किसी की बात चुभ भी सकती थी। लेकिन तब मेरे हाथ में कुछ न बचा था। मैंने गर्द की तरह इस हादसे को झाड़ दिया। अगले रोज ये तय था कि वह क्लास में मुझसे उखड़ा रहेगा। लेकिन हुआ क्या था? कोई फरक नहीं। तो क्या ये हजरत मुझे ही शर्मसार करने पर आमादा था? मैंने हैरत किया पहले, फिर तय किया कि शर्म करने को तो सारी जिन्दगी बची है। अभी शर्म का बोझ क्यों सहा जाए। बस मैं ढिठाई पर उतर आई। और मजे की बात ये कि मेरी ढिठाई उसे भी ढीठ बनाती। यानी मैं शर्म छोड़कर बेअदबी करती जाऊँ और वह मान छोड़कर उसे नजरअन्दाज करता चले। हालाँकि एक रोज जब मेरा मूड जरा सही था और मैं हल्की-फुल्की बातें भी कर रही थी, तब जरूर उसने उस बात का बड़े लिहाज से जिक्र छेड़ा और ये जोड़ा, "फर्ज करो तुम मेरे साथ कहीं

जा रही हो और हमारे पास पाँच लगेज हों, तो क्या करेंगे...दोनों मिलकर उठाएँगे न! तुमने उस रोज बस ईगो पर ले लिया था।''

मैंने फौरन जिरह की, ''मैं तुम्हारे साथ जाऊँगी ही क्यों, पाँच बक्से लेकर...!''

''मान लो...मान लो...कभी जाना हुआ...बस फर्ज करो...''

''अरे जो मुमकिन ही नहीं, उसे फर्ज क्यों कर लूँ? क्यों जाऊँगी मैं भला तुम्हारे...'' बस। चक्का यहीं आकर रुक जाए। अब बात आगे बढ़ती तो क्या बढ़ती। वह बौखलाकर चुप हो गया। लेकिन मुझे मीठा-सा अहसास हुआ। उसका चुप होकर सिर झुका लेना...। उसकी इस अदा ने मुझे उकसाया...और बेअदबी करने के लिए। यह और बात थी कि इसी समय मेरे भीतर अच्छे-अच्छे खयाल जगे और उसके दोनों गालों को नोच लेने को दिल चाहा। एक गदबद...खफा बच्चा जैसे सिर झुकाकर बैठा हो। आह!

चोरी-छिपे अब उसमें मेरी खास दिलचस्पी जाग उठी थी। वह कब क्या करता है, किससे ज्यादा ताल्लुकात हैं, आदतें क्या हैं उसकी, चाहतें...। अब मुझे ऐसा भी लगने लगा कि वह चलती क्लासेज में जब मेरे बराबर या पीछे बैठा होता, तो मुझे ही ताका करता था। मैं अकसर इस फिराक में रहने लगी कि इस ताके जाते वक्त अचानक उसकी ओर पलट जाऊँ और उसे चौंका डालूँ। क्या करेगा तब वह...गरदन चट पलट लेगा कि रह जाएगा ताकता...? लेकिन बस इस ताक में लगी भर रह पाती थी मैं, कभी सच में ऐसा कर डालने की हिम्मत नहीं जुटी। ऐसा पक्का कलेजा होता कि किसी के देखते जाने को झेल पाती तो फिर बात ही क्या थी। कोई ताकत नहीं बचती मेरी कहानी में। दिन ऐसे ही बातों-बातों में निकलते जा रहे थे कि एक रोज, जब सूरज उफान पर था और गर्म हल्की हवा चल रही थी, उसने मुझे गर्ल्स कॉमन रूम से दस कदम पीछे रोक लिया।

''कल मेरे साथ एक जगह चलोगी?''

मैं पलकें झपकाना चाह रही थी। फिर खयाल बदलकर उन्हें तरेरे रखना ही सही लगा। तो तरेरी आँखें भी सवाल पूछती ही लगती हैं। इसलिए उसने फिर से कहा, ''कल इतवार को। उस जगह। तुम्हें पसन्द आएगी।''

''न आई तो?''

''न आई तो...न आई तो हम लौट आएँगे।''

मैं हँसी। कुहासा बड़ी तेजी से फट गया। उसकी आँखें चमकीं। तभी उसकी हँसी थमी और उसने सिर झुका लिया।

''जगह कौन-सी है बताओ तो...''

''कल...''

''नहीं अभी।''

"अभी?"

"हाँ अभी।"

बस वह ढह गया, इस बूँद भर जिद पर।

"पुरानी बाजार में चौक पर...गुरुद्वारे के पीछे...इतवार को वहाँ किताबें थोक भाव में मिलती हैं। जैसी चाहो। जहाँ की चाहो देसी-विदेशी सब...। लिटरेचर का खजाना।" वह मुस्कुराया फिर से। मुझे हैरतअंगेज अचरज हुआ। उसने जो जानकारी दी उस पर, और उससे बढ़कर उसके भोलेपन पर। घुमा-फिराकर बात कल पर टाल भी सकता था मूर्ख और कल मुझे सरप्राइज दे सकता था। ऐसा भी क्या सीधापन कि एक छोटे-से राज की हिफाजत न की जा सके। वह भी एक रोज के लिए। इतवार दो बजे दोपहर का वक्त तय कर दिया उसने। मेरी रजा ले ली गई। जगह वही, चौक।

अगला दिन। इतवार। तीन बजे तक वक्त ने अपने को खींच लिया। मैं न हिलने का मंसूबा बना चुकी थी। खुरपी से बगीचे की मिट्टी उलट-पुलट रही थी। जिन्दगी एकरस-सी कैसी सख्त हो जाती है...बंजर। फिर कुछ हादसे उसमें छोटी-छोटी तोड़-फोड़ मचा दें तो बुराई हो जाती है और जिन्दगी में नई जान आ जाती है। यह ताकत है जो जिन्दगी को निखार देती है। इन्तजार चल रहा होगा। मुमकिन था यही खुराफात उसके मन में भी समा गई हो और उसने भी गोल कर दिया हो जाना। लेकिन जगह खोजकर लाया था दिलचस्प। मैंने ज्यादा कुछ पढ़ा न था, पर पढ़ने की तमन्ना थी। अरे...उसने बुलाया था तो नहीं जाना तय किया था, वह थोड़े न तय किया था कि उस जगह ही नहीं जाना है। तो फिर देरी क्यों? मैंने जल्दी-जल्दी हाथ से मिट्टी-विट्टी झाड़ी और तैयार हो गई।

वहाँ सचमुच अम्बार लगा था। हर तरह की किताबें थीं। ऊलजुलूल पॉकेट बुक्स टाइप ज्यादा। पाठ्यक्रमों की भी ढेरों...सारी पुरानी। उसी में कहीं तुर्गनेव पड़े थे तो कहीं बोर्खेज...कहीं वर्जीनिया वूल्फ तो कहीं रिल्के...। कहीं शरतचन्द्र तो कहीं निराला। कहीं यशपाल तो कहीं दिनकर। लेकिन यही था, आँखें फाड़-फाड़कर चारों तरफ नजर मारिए तब कोई एक किताब झिलमिलाती दिख जाएगी। लोग कहीं घुटनों के बल बैठकर, कहीं खड़े-खड़े ही झुककर किताबें तलाश रहे थे। मुझमें यह सब देखकर उत्तेजना भी आई, खुशी भी और बेसब्री भी। मैं लगन से नजरें फैलाकर किताबों को तौलने लगी। बहुत-बहुत दूर भटकने के बाद आँखों को च च च च चे...दिखा। चेखव की कहानियाँ। इसे तो पढ़ ही लिया जाए। मैं उस किताब पर नजर गड़ाए रास्ते में बैठकर किताब तलाशते लोगों को धकियाते हुए उस तक पहुँच गई। बस मैं झुकती कि किताब पर उँगलियाँ पड़ गईं। उँगलियों के नाखून बड़े भीतर तक धँसकर कटे हुए...साँवला हाथ–बढ़े भरे बाल...ऊपर...मैंने झट से अपने

को पीछे किया। शिरीष किताब को हवा में लहराकर किताब वाले से मोलभाव करने लगा। मैं बस पीछे निकलती-निकलती भीड़ से बाहर हो गई। और बेतहाशा घर की तरफ। घर आकर जब धड़कनों पर लगाम चढ़ी तो लगा कि किसी ख्वाब से पीछा छुड़ाकर आई थी। मैं जब आँखें बन्द करती थी तो बस अपना झुकते जाना और किताब पर पड़ी उँगलियाँ दिखतीं। फिर मैं हड़बड़ाकर भाग आती। रात भर मैं गुरुद्वारे से घर, घर से गुरुद्वारा...चक्कर लगाती रह गई। हासिल कुछ न हुआ। दरअसल, तलाश किसी चीज की थी ही नहीं।

दूसरे रोज जब वह मिला तो उसके चेहरे पर पिछली दोपहर का कोई निशान बाकी न था। यह तो शावर के नीचे रगड़-रगड़कर धुला ताजा चेहरा था और यदि मैं न जान रही होती कि उसके साथ ऐसा हादसा हुआ था तो इसे सूँघ सकना भी नामुमकिन था। ये और भी खतरनाक बात थी...वजह उसका 'जैसे कुछ हुआ न हो...' वाला रवैया मुझे अपने आपके साथ बेतकल्लुफ नहीं रहने दे रहा था। अपने पर बिना किसी वजह शर्म आने वाली बात थी। वाकयों से उसकी बेरुखी पर सोचती थी तो लगता था कि वह जान-बूझकर मुझे गिल्ट जैसा कुछ अहसास तो नहीं करवाना चाह रहा था। लेकिन इसी खयाल के विपरीत भी एक खयाल सामने खिंच जाता था...वह मुझसे सोचवा लेता था। मुझे अहसास होता कि मेरे भीतर गर्म आँसुओं की ताकत और मुलायमियत वाली चीज मौजूद थी पहले से लेकिन उसके ऊपर सीमेंट के पत्तर-सी पतली, कठोर नाकेबन्दी थी। इसी में आड़े-तिरछे दरार बनाता जा रहा था वह। उन दरारों से रिस आई बूँदें थीं जो मुझे रात भर गुरुद्वारे से घर, घर से गुरुद्वारा दौड़ाती थीं। जिस रोज वह दरार दरक गई पूरी की पूरी, उस वक्त मेरी पिछली पहचान बह जाने वाली थी। ऐसे ही, सोच से भरी, एक सुबह यूनिवर्सिटी के मेन गेट से दाखिल हुई। वहाँ से डिपार्टमेंट तक बड़े-बड़े कचनार के पेड़ कतार में मौजूद थे। पीछे से तेजी से आकर वहीं उसने मेरे कदमों को पकड़ा और मेरे साथ हो लिया। हम इत्मीनान से बढ़ने लगे। उसने पहले कहा, "सर्दी जोर से पड़ रही है, नहीं?"

मैंने कहा, "उतनी ठंड तो नहीं है...हाँ!"

उसने कहा, "क्लासेज धूप में होतीं तो मजा आता?"

मैंने कहा, "धूप क्लास में उगती तो मजा नहीं आता।"

उसने मुझे देखा फिर कहा, "इनसान जैसा दिखता है, वैसा होता नहीं है।"

मैंने कहा, "कभी-कभी इनसान दिखता नहीं है लेकिन होता है।"

उसने कहा, "क्या तुम 'इरोड' से आई हो?"

मैंने कहा, "मुझे अकेले छोड़ दिया जाए तो मैं वहाँ तक नहीं लौट सकती।"

उसने कहा, "हमारे आसपास की दुनिया बड़ी तेजी से बदलने जा रही है।"

मैंने कहा, "क्या दुनिया कभी हमें बदल पाएगी?"

उसने कहा, "खुद को बदल देने के विकल्प से बचना अपने ऊपर विश्वास की बड़ी कमी को दर्शाता है।"

मैंने कहा, "दूसरे को बदल देने के विकल्प को चुनना अपने आप पर जरूरत से ज्यादा भरोसा झलकाता है।"

उसने कहा, "दुनिया के रस्मोरिवाज इनसान बनाता है, ये कोई ऊपर से आई चीज नहीं।"

मैंने कहा, "दुनिया के रस्मोरिवाज इनसान को बनाते हैं, ये अन्दरूनी बात है।"

उसने कहा, "मैं साँसों को हर बार बेवजह छोड़ दिए जाने के खिलाफ हूँ।"

मैंने कहा, "मुझे लगातार धुन में साँसें लेते जाने पर एतराज है..."

उसने कहा, "हम बातों-बातों में डिपार्टमेंट तक पहुँच गए।"

मैंने कहा, "क्या तुम फिर से एक बार मेरे साथ इस रास्ते को तय करना चाहोगे...अभी।"

उसने पूरी तरह पलटकर मुझे देखा। उसकी आँखों में जलने से ठीक पहले की चिनगारी थी। मुझे अपनी आँखों में पिघलने के ठीक पहले के बर्फ की चुभन महसूस हुई। हम पलटे। यकीन मानिए हम बेआवाज, बेगानों की तरह वापस यूनिवर्सिटी मेन गेट तक आए और तब हम पलटे, दुबारा। उसी रास्ते पर।

उसने कहा, "हमने अन्त कहाँ पर किया था?"

मैंने कहा, "हमारे बीच का सब कुछ शुरुआत से ठीक पहले का मुकाम है...।" हम हँसे।

"तुम्हें हमारा दोस्त बनना कुबूल है?" मैंने कहा।

"कुबूल।" उसने कहा।

मैं मुस्कुराई। फिर मैंने कहा, "क्यों जी? उस रोज मुझे तुम एकदम अच्छे नहीं लगे थे। लाओ तुम्हारा थैला पकड़ लूँ,...। क्या मैं बेजान थी कि अपाहिज, हुँह।"

"अरे...तुम्हीं कौन-सी हूर लग रही थीं उस दिन, जब हर बात पर नाक सिकोड़ रही थीं।"

"किस रोज?"

"उसी दिन! पहले दिन। चाय अच्छी नहीं लगती...कॉफी हुँह...। ये चीज सही नहीं...वो तो एकदम गलत।"

"जाओ जाओ। क्यों? और उस दोपहर हमें गुरुद्वारे के पीछे बुलाकर कहाँ गायब हो गए थे? जैसे तुम्हारे बगैर मैं वहाँ कुछ छाँट ही न पाती...।"

"अच्छा, मैं गायब हुआ था। उस दिन आ जातीं वहाँ तो महारानी का खिताब जो छिन जाता।"

"मेरा मन! जहाँ मन आऊँ। जहाँ मन जाऊँ।"

"तुम अच्छी हो।"

"तुम अच्छे नहीं हो।"

"तुम फिर भी अच्छी हो।"

"तुम फिर भी अच्छे नहीं हो।"

"इससे क्या हुआ? तुम अच्छी हो।" उसने कहा।

"इससे बहुत कुछ हुआ। तुम भी अच्छे हो।" मैंने कहा।

"हम डिपार्टमेंट तक आ गए।" उसने कहा।

"अब हम इस रास्ते पर अपने को तिहरा नहीं सकते।" मैंने घड़ी देखते हुए कहा।

एक खूबसूरत अहसास था। एक दोस्त। जिन्दगी में पहला मर्द दोस्त। मर्द कहने में परेशानी लगती थी। लेकिन हकीकत यही थी। वह मर्द था लेकिन फिर भी अपने हाथों दोस्त बना लिया गया था। उसका होना मुझे सहेजने लगा था। उसके होते यह ख्वाहिश होती थी कि उससे उलझा जाए। उसके न होने पर अफसोस भी होता झगड़े का, हँसी भी आती और फिर से झगड़ने का बहाना भी वहीं से हाथ आता। उसके होने पर मैं उसकी हर बात को काटती और उसके न होने पर हर बात को जोड़ती। उसके होने पर मैं उसके पहले न होने की वजह पूछती और उसके न होने पर, उसके तब होने को परखती। उसके होने पर मैं बच्ची बन जाती और उसके न होने पर उसकी माँ बन जाती।

उन्हीं दिनों देखते-देखते एक छोटा-मोटा ग्रुप बन गया। सात लोगों का। ग्रुप का नाम–'नासमझ'। तीन लड़के, चार लड़कियाँ। सबके नाम के अंग्रेजी के पहले अक्षर के मेल से बना–'नासमझ'। नसरीन, अतुल, शिरीष, मनी, अनन्या, ज्योति और हर्ष। मनी के बारे में पहले बता चुकी। अनन्या अमीर घर से ताल्लुक रखती थी और बैडमिंटन की अच्छी खिलाड़ी थी। ज्योति बड़ी उजली, लेकिन जरा मोटी। बगैर कपट के शान्त हँसी हँसने वाली लड़की। तीन लड़कों में एक शिरीष, एक हर्ष जो बेहद चुप्पा था और एक अतुल, वह इतना भोला था कि मैं उसे दिन में सात बार के औसत से उल्लू बनाती थी। हम लोग ब्रेक में, लंच में, शाम में, सुबह में...अकसर मिल लेते। एक रोज जब हम क्लास खत्म होने के बाद मैदान में छितर-छितरकर बैठे थे बेमकसद...तो शिरीष मेरे पास खिसक आया। उसने पूछा, "तुमने कभी परिन्दों के पैरों की पोजीशन पर गौर किया है, जब वे उड़ रहे होते हैं?"

"नहीं तो!"

"देखो, आज देखो इत्मीनान से। तुम्हें क्या लगता है?"

“इतने ऊपर उड़ रहे हैं। मुझे नहीं दिखता। तुम पागल हो।”

“तुम बेवकूफ।” उसने कहा।

“अब गर्मी नहीं पड़ती कि हाफ आस्तीन पर ही टिके रहो। पूरे आस्तीन की कमीज पहन लेते तो कम जँचने का डर था क्या?”

“बस...सुबह से मैं राह देख रहा था। तुम कुछ कहती क्यों नहीं...अभी टोक दिया तुमने...अब हाफ शर्ट पहनकर ठंडक में काँपते हुए आना सफल हुआ।”

बस। मैंने मुँह चढ़ा लिया। वह चुप बैठा रहा कुछ देर। फिर उसने कहा, “वो देखो...वो...उस मैना का नाम नसर है, जिसकी नजर कमजोर है, जिसे नहीं दिखता कि परिन्दे उड़ते वक्त अपने पैरों का क्या करते हैं। न...स...र...नसरीन अख्तर...।”

मेरे सीने में कुछ तेज-सा चुभा और मैंने उसे कसकर हथेली से दाब दिया और घुटनों पर झुक गई।

ये खबर लपट की तरह बढ़ चली थी कि दो साल बीते जिस बूढ़े हिन्दू ने काठ के रथ पर सवार होकर एक मस्जिद के विनाश के लिए कमर कस ली थी, वही, उस बार असफल हो जाने पर, अब एक बार फिर...अपने तीर तरकश इकट्ठा कर रहा था। उस मस्जिद का ढह जाना उतना ही जरूरी था, जितना कि उसका न ढहना। मस्जिद के ढहने, न ढहने—दोनों स्थितियों में खून का बहना तय था। लोगबाग अपनी नस्ल का खून पहचानते थे और वे दूसरे गुटों से खींच-खींचकर अपनी नस्ल वालों को अपने पास जमा कर लेना चाहते थे, ताकि इकट्ठे रहकर वे अपने खून को बचा सकें।...वह मस्जिद कभी भी ढहाई जा सकती थी, उनके हाथों, जो अपने को कारसेवक कहते थे। बस लोग दिल को पकड़कर उसी घड़ी का इन्तजार कर रहे थे। क्योंकि उसके बाद या तो उनके खून का बहना तय था, या उनके खून के प्यासों के खून का। मैं उसी जहरीले सागर में साँसें खींच रही थी। आप सोचेंगे ये कैसी लड़की है जो बस अपनी बातें करती है। न घर की बात, न परिवार की बात, न समय की बात, न समाज की बात, न दोस्तों की बात, न बिरादरी की बात। बस अपनी और एक खास, इनसान की बात, दरअसल मैं इन दोनों की बात नहीं करती। यदि वह मेरी जिन्दगी में आया न होता तो मैं किसी की भी बात नहीं करती। तब यकीनन मेरी जिन्दगी में सब कुछ बेखास ही होता। शिरीष ने मुझे अपने आप से जोड़ा। और तब मैं अपनी दुनिया से अपने को जोड़ रही थी। देखूँ तो ये दुनिया है कैसी? शुरुआत अम्मी से ही...।

बचपन का एक खासा दिलचस्प और अहम सबक था—अपने आस-पड़ोस की किसी ढंग से पहचानी चीज पर पाँच वाक्य लिखने का सबक। पाँच वाक्य ऐसे हों,

जो उसके बारे में पूरी-पूरी इत्तला दे सकें। यदि वही सबक मुझे आज दिया जाए और अम्मी को पाँच लाइनों में निपटाना हो तो...अम्मी बोलना चाहती हैं। अम्मी चुप रहकर बोल जाती हैं। अम्मी को हालाँकि बोलने का ये तरीका पसन्द नहीं है। लेकिन अम्मी को इस बात का अहसास नहीं क्योंकि पसन्द-नापसन्द क्या चीज है, उन्हें मालूम नहीं। अम्मी की इस चुप्पी को तमाम लोग उनका घमंड मान बैठते हैं...।

अम्मी को लोगों की परवाह कम थी। इसलिए वह फिर भी चुप ही रहती थीं। अम्मी तभी मुस्कुराती थीं, जब सामने वाला इनसान आधी दूर तक हँस चुका होता और अम्मी को ऐसा अहसास हो जाता कि उनके न मुस्कुराने से उसे तकलीफ पहुँचेगी। एक दिन जरूर इस बीच में मैंने अम्मी को खूब मुस्कुराते और हल्का गुनगुनाते हुए सुना था। लेकिन वह सब थोड़ी देर की चीज थी क्योंकि फिर तब अम्मी को याद आ गया था कि उस रोज अब्बू की शहादत हुई थी। अम्मी के हाथों में तभी उनकी पुरानी नथ थी और वे उसकी मोतियाँ गिन रही थीं। अब्बू की शहादत वाले रोज घर में एक शाम खाना नहीं बनता था। अम्मी भरे शाम अपने को कपड़े से ढककर सुबकती थीं और अपनी अलमारी से मिट्टी का एक गुल्लक निकालती थीं। उसे फोड़ती थीं और उसके पैसे गिनती थीं। फिर उन एक-एक रुपए के तीन सौ पैंसठ सिक्कों को नोटों में बदला जाता था और एक लिफाफे में धरकर वे उसे तिजोरीनुमा बक्से में डाल देतीं। फिर अगले रोज से एक नया गुल्लक रखा जाता और उसमें रोज एक रुपए का सिक्का अम्मी डालती जातीं। अठारह साल गुजर चुके थे। ऐसे ही। अठारह साल गए, अम्मी अब्बू शहर के दूसरे छोर पर रहते थे। इन दोनों ने घरवालों की मरजी के बगैर शादी की थी। इसलिए अब्बू को उनके अब्बू ने बेदखल कर दिया था। अब्बू इकलौती औलाद थे। उनकी अम्मी थीं नहीं। अब्बू ने किसी-किसी तरह जुगाड़ भिड़ाकर तिजारत शुरू की। उनके पार्टनर थे सलीम मियाँ। जैसे ही कुछ पैसे आने शुरू हुए और जड़ जमती नजर आई कि सलीम मियाँ ने एक गल्ले के व्यापारी के साथ मिलकर अब्बू का पत्ता साफ कर दिया। वह चिलचिलाते जेठ का महीना था। रोजा खत्म हुए बस तीन दिन हुए थे। शाम ढलती जा रही थी। अब्बू का पता न था। दोपहर के खाने के वक्त से जो उनका इन्तजार शुरू किया अम्मी ने, वह गए रात तक चलता रहा। तब अचानक दरवाजे पर मजमा लगा। एक गुमनाम आदमी अब्बू की देह लादकर लाया था। पता अब्बू की डायरी ने दिया। अम्मी के पास इतनी सहूलियतें भी न थीं कि वे अपना होश खो पातीं। घर में जरा से रुपए थे। खबर फैलते ही पुलिस आ गई और पड़ोसी अपने घरों में दुबक गए। अम्मी ने दरोगा के पैर पकड़ लिये और तब तक नहीं छोड़े, जब तक अब्बू का जनाजा न उठ गया। अम्मी के पास कुछ भी न बचा था। तब उन्होंने अपनी मेहनत बेचनी शुरू की। उससे मेरी परवरिश की और बचे हुए पैसों से चुप्पी खरीदना

शुरू कर दी। लेकिन एक कायदा उन्होंने कभी नहीं छोड़ा–अब्बू के इन्तकाल के बाद से वह हर रोज गुल्लक में एक रुपए का सिक्का डालती जातीं। वे नहीं चाहती थीं कि उन्हें या मुझे कुछ हो तो जनाजे का इन्तजाम खैरात के पैसों से हो। ये सब चलता रहा...तब भी जब आखिरी वक्त में अब्बू के अब्बू को अपनी गलती का अहसास हुआ और उन्होंने हम दोनों को अपने घर यानी पुरखों के इस मकान में बुला लिया। अम्मी आने को हरगिज तैयार न थीं। पर मेरे आने वाले दिनों को सोचकर उन्हें यहाँ आना पड़ा।

अम्मी को इस मकान से कोई लगाव न था। वे इस इमारत में बेगानों की तरह रहतीं। यहाँ की चीजों में दिलचस्पी पैदा करने की उन्होंने कभी कोशिश भी नहीं की। वे मुझे सलामती से बढ़ता हुआ देखकर भी निहाल नहीं हो पातीं। एक सूराख जो उनके मन में कभी बन चुका था, उन्हें किसी चीज से जुड़ने नहीं देता। चाहे वो चीज उनकी इकलौती औलाद ही क्यों न हो। हम दोनों में दुनियादारी की तमाम बातें होतीं पर दिल का हिसाब-किताब हमारे दरम्यान नहीं होता। अम्मी जितनी खोलें बेरुखी की, अपने ऊपर चढ़ाती जातीं, उतनी ही खोलें मेरे लिए भी छोड़ती जातीं और तब मेरे पास उन खोलों को अपने ऊपर ओढ़ लेने के सिवा कोई चारा न होता।

अम्मी की कोई दोस्त न थी, न कोई राजदार। वह कभी खुशी का इजहार न करतीं, तो कभी गम को भी नहीं सँजोतीं। कभी-कभी जब उनके पास परेशानियों का हुजूम इकट्ठा हो जाता, तो वे चुपचाप खिड़की से लगकर खड़ी हो जातीं। घंटे दो घंटे...एकदम चुप.. और वहीं से वे मैदान मारकर लौटतीं। परेशानियों को दफन कर।

मैं भी अम्मी के ही साँचे में ढल चुकी थी। न कोई साथी, न संगी। मुझे कोई चीज खुश नहीं कर पाती, न दर्द ही होता किसी बात का। और यह एक हैरत वाली बात थी...यह तब महसूस हुआ जब मैं बदल गई...।

अभी पिछले जाड़े की बात। एक सुन्दर कढ़े शाल पर मेरी नजर पड़ गई। उसे ले आई और अम्मी से पूछा, "क्या आप इसे रखना चाहेंगी?" अम्मी ने शाल की कढ़ाई पर उँगली फिराई और उसे अपनी अलमारी में रख दिया। मैंने उसी समय से उसे अम्मी की चीज मान लिया। अम्मी अपने लिए एक जोड़ी हेयरपिन खरीद लाईं। एक दिन जब वे उन्हें उतार रही थीं, मैंने कहा कि ऐसी चलन की क्लिप कम उम्र की लड़कियाँ लगाती हैं। मैंने उन्हें उठाकर अपने बालों में लगा लिया। उस दिन से वे मेरी हो गईं और अम्मी उन्हें बिलकुल भूल गईं। सब कुछ सुलझा हुआ और तरतीब से था हमारे बीच। किसी जिद, ना-नुकर, मान-मनौवल के लिए जगह नहीं छोड़ी थी हमने।

अम्मी कपूर डाला हुआ सुरमा आँखों में लगाती थीं, सोने के पहले और रात भर ठंडे ख्वाब देखती थीं। अब्बू के गुजर चुकने के बाद, मुसीबत के उन दिनों में

अम्मी के काम आने वाले रहमत चचा एक दफा जब हमारे इस घर पर आए तब उन्होंने अम्मी से पूछा, ''लड़की सयानी हो गई है। लड़कों पर नजर है आपकी?''

अम्मी ने, रात के बचे रह गए मद्धिम सुरमे वाली आँखों से उन्हें ताका। कुछ देर उन्हें देखती रहीं फिर पलकें गिरा लीं। चचा ने कहा, ''लड़की पढ़ी-लिखी, शरीफ है आपकी, और अब आपके पास दौलत की भी कमी नहीं।'' आगे वे कुछ कहना चाहते थे, पर रुक गए। अम्मी ने फिर से भरपूर ताका उन्हें। नजरें हटा लेने के बाद भी अम्मी चुप ही रही थीं। चचा के जाने के बाद फिर अम्मी खिड़की से लगकर खड़ी हो गई थीं और घंटे-दो घंटे बाद वे वहाँ से किसी को मात देकर लौट आईं। मैं अपने बिछावन में आँखें बन्द किए उनकी हरकतों पर नजर रखे थी। अम्मी आकर मेरे सिरहाने खड़ी हो गईं और उन्होंने थोड़ा झुककर मेरा माथा सहलाया। पता नहीं उन्हें मेरे जगे होने का अहसास था या नहीं।

मनी...। मनी से मेरी पहचान रास्ते में हुई थी। सुबह थी। सर्द, भारी हवा। हम दोनों अजनबी से पास-पास खड़े थे। हम एक ही ऑटो पर चढ़े और एक ही जगह जाकर उतरे भी। हम दोनों फिर अजनबी की तरह यूनिवर्सिटी के भीतर चले जा रहे थे। मुझे तो ये बात खल भी नहीं रही थी कि हम दोनों तब से साथ थे पर चुपचाप। इसलिए बात की शुरुआत करने का सवाल ही नहीं था। मनी ने पहल की।

''आप यहीं पढ़ती हैं?''

''पहला दिन है।''

''विच ईयर?''

''बी.ई. पार्ट वन।''

''ओ...ह! हम दोनों बैच मेट्स हुए।''

बात निकली तो यहाँ तक बढ़ आई कि उसने हमें पड़ोसी करार दे दिया। हमारे घरों के बीच बमुश्किल दस घरों का फासला होगा। मनी कान्यकुब्ज ब्राह्मण थी। रोज माथे पर रोली का टीका लगाती थी और धनियापत्ती डाला आमलेट कुतर-कुतरकर खाती थी। वह चार बहनों में दूसरे दर्जे की हैसियत रखती थी और रोजाना शाम साढ़े पाँच बजे से साढ़े छह बजे तक कम्प्यूटर सीखने जाया करती थी। कम्प्यूटर के की-बोर्ड पर उसकी उँगलियाँ सधी लय में करतब दिखातीं। यूनिवर्सिटी से घर लौटते समय रास्ते भर मनी मुझसे शगुन जरूर करवाती जाती। दो उँगलियाँ खुलतीं। मुझे उनमें से एक को पकड़ना पड़ता। कभी मेरी पकड़ी उँगली उसे चहका देती, तो कभी बुझा देती। सवाल होता—उसकी चिट्ठी आएगी या नहीं। इस बाबत मैं ज्यादा सोचती और कोई राय कायम करती, इसके पहले ही मनी ने

मुझे सब कुछ बता दिया। वह मनी की पहचान वाले घर का लड़का था, जो उन दिनों दिल्ली की किसी प्राइवेट कम्पनी से जुड़ा था। उसे मनी पसन्द करती थी, हालाँकि लड़के के मन में क्या था, इसका पता उसके खतों से चल नहीं पाता था। फिर भी मनी उसे लगन से पसन्द किए जा रही थी। मनी के तलहथी जैसे मन में यह शख्स गहरे घुस गया था। मनी को यकीन भी था कि यदि मौका आया तो उसके घर वाले हिचकेंगे नहीं क्योंकि लड़का विशुद्ध ब्राह्मण था, कमाऊ था और शक्लो सीरत भी सही। बस जो देरी थी, वह लड़के की तरफ से थी। और कम्प्यूटर वगैरह की अतिरिक्त जानकारी हासिल कर मनी अपने को उसके लायक बनाने में जुटी थी। गर्म हवा जब हल्की-हल्की सरसराती थी और भी गर्मी में फगुनाहट का अहसास होता था, तब मनी नजरें नीची कर बड़े सुर से हमें सुनाती थी, "...जा रे...जारे उड़ जा रे पंछी...बहारों के देश जा रे...।" हालाँकि गाना वैसा दर्दनाक न था, पर गाने के खतम होते-होते, मेरी आँखें भर आया करती थीं और ठीक तभी मनी फक से हँस देती थी। वह हँसकर दरअसल भविष्य के उस नक्शे को दूर भगाना चाहती थी, जो उसे मेरे आँसुओं में दिख जाता था। मनी भगवान के पीछे बड़ा भागती थी। मंगलवार और शनिवार को उसके माथे की रोली नीचे खिसकती गले पर जाकर स्थिर हो जाती थी और रोली का रंग भी उन दिनों लाल की जगह नारंगी होता था। मनी को मेरे शाकाहारी होने पर भी जबरदस्त एतराज था और उसका मानना था कि शाकाहारी होने की वजह से ही मैं लड़कों के बारे में इतने जुदा खयाल रखती थी।

मनी अपने घर की बात बताते समय थोड़ी बेईमानी कर जाती थी। उसकी बातों में सबसे छोटी बहन, बड़ी बहन, माँ, पापा, दादी...सब शामिल होते। लेकिन अपने से ठीक छोटी बहन का जिक्र वह भूले भी नहीं करती। कभी करने की सख्त नौबत आ भी जाती, तो उसे जैसे-तैसे निबटा दिया जाता बस। वह बहन शादीशुदा थी और उसने अपने से बड़ी दो कुँवारी बहनों को तड़पाकर यह पहल की थी। इस घटना को अरसा बीत चुका था और अब तो वह बजाब्ता ढाई-तीन साल के बच्चे की माँ बन चुकी थी। मनी के ऊपर वह हादसा एक दर्दनाक निशान छोड़ गया था। उस जमाने में मनी और कामना दोनों एक साथ, एक ही गर्ल्स हॉस्टल में रहती थीं, घर वालों से दूर। मनी की आँखों के नीचे से कामना ने उम्र में अपने से नौ साल बड़े मेडिकल स्टूडेंट के साथ भागकर शादी कर ली। कामना को इस बात का अहसास था कि रेलवे में गार्ड, उसके पिता जब अपनी दो बेटियों को निबटा चुकेंगे तो उनकी डॉक्टर दामाद जुगाड़ने की हैसियत नहीं रह जाएगी।

वक्त गुजरने के साथ घर वाले कामना के प्रसंग को भूल चुके थे। शायद बड़ी बहन का भी ऐसा ही खयाल था, पर मनी इसे साये की तरह चिपकाकर चलती थी।

वही मनी, अब खुद किसी की 'हाँ' के लिए सुधबुध खोने लगी थी। एक रोज मैंने घर लौटते वक्त उससे पूछा भी था कि अगर शेखर ने हाँ कर दी और जल्दी मचाई तो क्या मनी भी कामना की राह चल देगी। मनी ने इनकार नहीं किया कुछ। वह एकदम से चुप्पी साध गई। मैं काँप उठी। मनी ने साँसें खींचकर कहा, "मैं कामना-सी किस्मत वाली कहाँ!"

मैं सुन्न होकर चलती रही। मेरे घर का मोड़ आने वाला था कि मनी ने मेरी हथेली को जोर से पकड़ लिया। मेरी हथेली पसीने से नहाई, ठंडी थी। उसकी हथेली जल रही थी...।

"मैंने ऐसा सोचा भी तो वह मुझे कभी नहीं मिल पाएगा। पता नहीं मेरे मन में ऐसा पाप जागा कैसे..." कहते-कहते उसकी आवाज डूब गई।

अनन्या उतनी अमीर नहीं थी, जितनी दिखती थी। उसकी अमीरी के कई किस्से निकल पड़े थे। कुछ लोग कहते कि आदमी कैसा भी हट्टा-कट्टा क्यों न हो, चाहे तो एक हाथ से उसकी माँ की सोने की करधनी नहीं सँभाल सकता था। कुछ लोग कहते थे कि बचपन में उसके पिता दिन भर में जितने कौर खाते थे, उतने चाँदी के सिक्के नौकरों में बाँटे जाते थे। ये बात जरूर थी कि किस्से सारे 'थे' से समाप्त होते। 'हैं' से खत्म होने वाली कोई कहानी चलन में नहीं थी। अनन्या पढ़ाई में गोल थी, पर अच्छा पहनावा, सजधज, मकान को खूबसूरती से सजाने वगैरह में दिलचस्प जानकारी का खजाना रखती थी अपने पास। अनन्या वैसे खूबसूरत नहीं थी, पर दिखती सुन्दर ही थी, फर्स्ट हाफ में। दूसरे सेशन में, जब मेकअप मद्धम पड़ता तो वह साग-सत्तू-सी मामूली दिखने लगती। हुनर ही था उसके पास, जिससे वह अपनी दाहिनी आँख को आई लाइनर वगैरह से सँवारकर बाईं के बराबर दिखला देती थी लोगों को। कम-से-कम दूर से देखने पर तो ऐसा ही लगता था, बहुत पास से भी...। यदि उसकी आँखों में बिलकुल झाँककर अपनी खोजी आँखें दौड़ाई जाएँ, तो ही उसकी नजर की कमजोरी का अन्दाजा लग पाता था। एस्थेटिक सेंस था जो लम्बी बिन्दी पर उसे लम्बा कुरता और विपरीत हल्के रंग का चूड़ीदार पहनवा देता था और गोल बिन्दी पर जार्जेट का प्रिंटेड कुर्ता और पटियाला सलवार चुनवा देता था। उसने अपने एक तरफ के आगे के बालों की एक लट में थरथराहट पैदा करवा दी थी और उसे चटख लाल रंग में रँग डाला था। लाल घुंघुराली लट और काले बाल। लेकिन इस तरह की तमाम चलती-फिरती किस्म की अच्छाइयों और बुराइयों से हटकर एक ऐसी बात उसमें थी जो उसे अलहदा बनाती थी। दरअसल अनन्या का ब्लड ग्रुप जरा हटकर था। इसे सुनकर सारे लोग चौंक जाते और कुछ सोचकर

चुप हो जाते थे। अनन्या अपने इस कीमती खून को इतनी उदारता से बाँटती चलती कि हम हैरत में पड़ जाते।

बात इधर की थी। यूनिवर्सिटी के चपरासी का जवान लड़का किसी गाड़ी के नीचे आकर अपना ढेरों खून बहा बैठा। अस्पताल पहुँचाया गया तो डॉक्टर भौंचक रह गए। गरीब का लड़का वी.आई.पी. ब्लड ग्रुप लेकर पैदा हुआ था। खून की खोज मची। एक गुहार यूनिवर्सिटी में भी लगाई गई। लड़के की माँ वहाँ आ गई। रोती...गिड़गिड़ाती। समाज में लोग चाहे जितने पत्थर किस्म के हों...रोती-धोती माँ असर छोड़ती है। लोग पिघलने लगे। पर सवाल खून का था। वह भी रेयर ब्लड ग्रुप। वह भी किसी प्रोफेसर या बाबू के लिए नहीं...। इन सबकी छोड़ें, बहुतों को तो अपना ब्लड ग्रुप तक भी पता न था। इसके बारे में जानने की खास जरूरत भी क्या थी? इसका हिसाब तो उन्हें ही मालूम था, जिन्हें कभी खुद के लिए या नजदीकियों के लिए खून लेने-देने की जरूरत पड़े। इसलिए मामला कुछ जम नहीं पा रहा था। लेकिन! बात जैसे हम तक आई, अनन्या जोश में आ गई। उसने अपनी कलाई को आगे बढ़ाकर अपने ब्लड ग्रुप का ऐलान हमारे बीच कर दिया। हमें उस समय आगा-पीछा कुछ भी नहीं सूझा। हम सबने चिल्लाकर इस जानकारी को खबर बना दिया। लोग अनन्या के और हमारे इर्द-गिर्द जुट गए। मजमा लग गया। जितने लोग, उतनी बातें। तभी हमारे पास जुटी भीड़ से एक लेक्चरर अनन्या को कोने में ले गए। हम भी उधर ही खिसक लिए। वे उसे ऊँच-नीच समझाने लगे– मसलन कि इस तरह डोनेट करने से खुद दुबली सूखी अनन्या की सेहत पर बुरा असर पड़ता या कि खून के इन्फेक्शन से कई बड़ी बीमारियाँ होती हैं या फिर जैसे कि बगैर माँ-बाप से पूछे ऐसे फैसले नहीं किए जाते या...कोई-न-कोई और तो मिल ही जाएगा...किस्म की बातें। मैंने चारों ओर देखा। भीड़ में कहीं चपरासी या उसकी बीवी नहीं थे। उन्हें भीड़ ने बाहर छोड़ दिया था और अब मामला चपरासी के बच्चे को खून चाहिए नहीं...बल्कि अमीर घराने की अनन्या खून देने को बेचैन है...ये हो गया था। अनन्या समझाने बुझाने वाले को बड़ी हैरत से देखने लगी और भरसक घिन भरी उसकी आवाज निकली...हाऊ इट कैन बी पासिबल! वो मर रहा है...।

अनन्या पलट गई। उसने चारों ओर देखा ओर मेरी कलाई पकड़ ली। उसके इस नाजो-अन्दाज से लोग सकते में आ गए और भीड़ ने दो भागों में बँट कर हमें रास्ता दे दिया। ऑटो में हमारे साथ अनन्या की बगल में बच्चे की माँ थी, जो मारे खुशी के या मारे गम के रोये चली जा रही थी। रोना भी वह भले इनसानों वाला नहीं। यहाँ आँसू में लार...थूक...सब मिले हुए थे। अनन्या ने उस औरत को अपने कन्धे से साट लिया। उस माँ का थूक लार वाला मीठा नमकीन आँसू अनन्या के

सिल्क के कुर्ते पर तेजी से पसरता जा रहा था। अनन्या की मुट्ठियाँ बँधी थीं और उसके तलुवे लगातार हिले चले जा रहे थे।

अस्पताल से सारा कार्यक्रम निबटाकर और ढेर-सा स्पंज खाकर, हम घर की ओर लौट रहे थे। ऑटो स्टैंड पर दोनों पहुँचे। वहाँ से हमारे रास्ते बदल जाते। अनन्या कुछ-कुछ सोचती चली जा रही थी, ऐसा मैंने गौर किया था।

''न स र'', अनन्या ने अपने दाहिने हाथ से एक बार फिर मेरी कलाई पकड़ी। वही दाहिना हाथ, जिससे वह बैडमिंटन से जोरदार सर्विस किया करती थी और जिससे दो बैग खून निकाला गया था।

''नसर...मैं सोच रही हूँ कि जब ये लड़का सँभल जाएगा...ठीक हो जाएगा... तो क्या ये भी उस भीड़ का हिस्सा बन जाएगा या...''

मैं चुप रह गई। बल्कि मैंने नजरें झुका लीं। फिर उन्हें उठाया तो देखा...अनन्या मुस्कुराई। उसकी आँखें तो नहीं चमकीं, पर सूरज की रोशनी में उसके कुरते पर पसरा वह मीठा नमकीन आँसू जगमगा उठा। अनन्या ने वैसे ही मुस्कुराते हुए गीले हिस्से पर उँगली फिराई और मुझसे कहा, ''इससे घिन नहीं आ रही मुझे...'' अनन्या फिर से एक बार मुस्कुराई...

ज्योति की बात कहाँ से शुरू की जाए...देखें तो हम सबमें सबसे अजीबोगरीब बातें उसके साथ ही जुड़ी थीं। माँ अपाहिज, पिता रिटायर। सात भाई-बहनों में सबसे बड़ी ज्योति। खुद उसकी किस्मत का अजूबा ये कि शादी से एक दिन पहले दूल्हा गुजर गया। हमने जब सुना तो भले कहा...कि ज्योति बच निकली। पर जमाने ने तो ऐसा नहीं कहा। बात खुली तो तसवीर सामने आई कि ज्योति की जन्मकुंडली के पहले खाने में मंगल देव विराजमान थे। ज्योति घनघोर मांगलिक दोष से युक्त थी जबकि दूल्हा निर्दोष था। जबरदस्ती की मिलाई गई कुंडली का महाफल ऐसा कि लड़की ब्याह से पहले भकोस गई दूल्हे को। जमाने ने इतना बड़ा तमगा दे दिया था उसे। फिर भी ज्योति पर कोई असर नहीं। उसकी तारीफ यहाँ तक बढ़ निकली थी कि एक-से-एक छँटे मंगली लड़के भी उससे ब्याह करने से घबराने लगे। नतीजा–जिस ज्योति को समय से पहले ही ब्याह दिया जाने वाला था, समय आने पर भी उसके ब्याह के आसार दूर-दूर तक न थे। लेकिन ज्योति को क्या? वह खूब मन लगाकर बेसिन साफ करती, भाई-बहनों की जुराबें धोती और डिजायन से बैंगन काटती। ज्योति की माँ का दाहिना भाग लकवे की चपेट में था। दाहिना भाग मतलब होठ, आँख सब। न तो वे मुकम्मल हँसी हँस सकती थीं, न दाहिनी आँख के फड़कने पर अपशकुन का कोई सवाल था। आखिरी भाई तो इतना छोटा था कि माँ के दाहिने भाग में भी सिर घुसाकर लाड़ करता था। माँ टुकुर-टुकुर उसे ताकती। घर के लोग ''हो...हा...'' करके दौड़ते। ये रोज की कहानी थी। ज्योति हम सबमें

सबसे ज्यादा काम निबटाकर पढ़ने आ जाती और जब वह हमारे साथ मीठी-मीठी मुस्कान बाँटती लौट रही होती तब भी उसे मालूम होता कि घर जाकर, हम सबमें सबसे ज्यादा काम उसे ही निबटाना था। वह दिन भर में दसियों चेहरे बदलती। सुबह अपने पिता के साथ टहलने निकलती तो दुनिया-जहान की वजनदार खबरों पर खुलकर बोलती। यह एक मॉडर्न, आजाद खयाल बेटी का रोल होता। फिर दुपट्टा कमर में खोंस, आटा-बेसन से भिड़ जाती। फिर भाई-बहन, माँ सबको सजा चुकने के बाद खुद सजकर हमारे बीच पहुँच जाती। लंच के समय छीन-झपट मचाती, क्लास में पीछे बैठकर कार्टून बनाती, मजेदार चीट पास करती...मस्त लड़की के रोल में ज्योति सच में फबती थीं, हम सबको। ऑटो स्टैंड पर छोड़ते ही, ज्योति एकदम संजीदा वर्किंग गर्ल क्या कहें...वुमन बन जाती। कम्प्यूटर की इवनिंग क्लासेज में दो घंटे रिसेप्शन पर गुलाबी रजिस्टर में रिमार्क्स वाले कॉलम भरती और उसी संजीदावस्था में रुखसत लेती। फिर शुरू होती नर्स वाली पारी। घर पहुँचने पर माँ की सफाई बुहराई...बिस्तर, उनके कपड़े...। फिर माँ का रोल शुरू होता। एक-एक करके भाई-बहनों से उनके दिन भर के हिसाब की वसूली होती। फिर सबको पढ़ने बैठाना और बीच-बीच में उनके चौकन्नेपन की अचानक निगरानी। उसके बाद बाईगिरी। बरतन चौका। फिर आखिरी सेशन होता 'हैप्पी एंड' का। सभी भाई-बहन एक कमरे में अड्डा मार देते। आधी रात वहाँ से हा...हा...हो...हो...की आवाजें आती-जाती रहतीं। पिताजी दरवाजा खोल उसके बीचोबीच कुर्सी पर चुपचाप उठँगे रहते, उमस भरी बिजली विहीन उन रातों में। माँ की आँखों से आँसू गिरते जाते। वे सोचती होंगी कि उन्होंने तो कभी सिखाया नहीं...खुद सीखा नहीं तो सिखातीं क्या...पर ये बच्चे कैसे सीख गए ऐसी जिन्दादिली! खासकर ये बड़की...।

हर्ष! वह हमारे घेरे में कैसे घुसा, कैसे घुसता चला गया...। बहुत धीरे-धीरे खुलने वाला लड़का। दिन भर में औसतन तीस-पैंतीस लाइन बोलता। बस। अच्छी-सी आवाज। लेकिन उसकी जरूरत से ज्यादा हिफाजत। ऐसा भी नहीं था कुछ कि कम बोलने वालों की तरह वह इशारे से अपना काम चलाता। वह बस नजरें उठाकर सामने वाले को देखता था। अब सामने वाला उसे जैसे पढ़े-'हाँ' समझे उसका माने, या 'ना' समझे। ग्रुप में मैं सबसे कम उसी के बारे में जानती थी। एक बार में उसके साथ बस स्टैंड तक आई। शाम का सबसे मशगूल वक्त था। लोगबाग हुजूम में दफ्तर से घर की ओर या घर से बाजार की ओर भागे जा रहे थे। वह मुझसे एक हाथ की दूरी मेनटेन किए चुपचाप बढ़ा जा रहा था। मुझे उकताहट होने लगी। ये

जँचता नहीं था कि एक ही ग्रुप के रोज मिलने वाले लोग ऐसे चुप-चुप जा रहे हों। हालाँकि सही मायने में देखा जाए तो हम पहली दफा मिल रहे थे। अकेले में। भीड़भाड़ से दूर। ग्रुप के दूसरे लोगों की गैरहाजिरी में। झिझक और अनजानापन अभी तक हमारे बीच था। मैं खुद भी बड़ी चुप्पा किस्म की जीव गिनी जाती हूँ। लेकिन वह मेरा उस्ताद साबित हो रहा था और मुझे बाकायदा चिढ़ हो रही थी। मैंने कहा, "देखते-देखते इस शहर की आबादी कितनी बढ़ गई है।"

उसने चौंककर सुना, फिर उजबक की तरह चारों तरफ देखने लगा। जब वह शहर की आबादी देख चुका तो फिर नजरें झुकाकर कदमाताल करने लगा।

"दिन भर में कितने शब्द बोलते हो हर्ष?" मैंने सीधा हमला किया।

"नहीं तो।" बोलकर वह झेंपता हुआ मुस्कुराया और चुप हो गया। "नहीं तो"—मेरे सवाल का ये कैसा बेतुका जवाब हुआ। मैंने सोचा कि ये तो खत्म मामला है। इससे बुलवाने की कोशिश करना अपने आपको बेवजह तकलीफ देना है।

"तुम क्लास में कभी हँसती क्यों नहीं?"

अरे...उसके इस छिपे हमले पर मैं सचमुच हैरान रह गई। ये चुप्पा गुड्डा ऐसा भी बोल सकता था।

"कहाँ...?" मेरे मुँह से निकला। अनजाने में मैंने भी "नहीं तो" किस्म का जवाब दे दिया।

"हँसकर दिखाने का पैसा लेती हो तो पैसा लो, लेकिन हँसा करो!"

ये तो बड़े उस्तादों जैसी बातें बोलकर दिखा रहा था। मैं पूरी तरह डिफेंसिव एंड पर आ गई थी और वह गुरिल्ला ढंग से चौंकाऊ हमले कर रहा था। लेकिन मैंने भी एक चांस लिया।

"अरे...वाह! तुम्हें तो खूब बोलना आता है। एक्सपीरिएंस बोल रहा है? मेरे सामने बोलने का कितना पैसा लिया है?"

"रेट बताने का भी पैसा लगता है मैडम।" हर्ष हँसा।

उसकी बातों ने और उसकी उस हँसी ने नए सिरे से उसमें मेरी दिलचस्पी जगा दी। मैं सोचने लगी और खोजने लगी उन वजहों को जो उसे सामान्य से इतना कम बोलने की इजाजत देती थीं। फिर मैं दिन भर में छोटी-छोटी कई कोशिशें करने लगी। उसे खुश करने की—उससे जबरदस्ती टोक-टोककर कुछ बुलवाने की...। मैं लगी रही। और धीरे-धीरे मैंने पाया कि मेरी मेहनत असर दिखाने लगी थी। अब उसे कुछ कहने के लिए, हँसने के लिए...मेरे सहारे की उतनी जरूरत नहीं पड़ने लगी थी। बल्कि वह कभी-कभी ऑफेन्सिव रुख भी अख्तियार करने लगा। मुझे भीतर से खुशी होती कि वह मीठा-सा लड़का और मीठा होता जा रहा था। जब भी वह ऐसे खुश करने वाले परफारमेन्स करता, तो मुझे फख्र होने लगता। ऐसा लगता कि

उसे मेनस्ट्रीम तक लाने वाली मैं ही हुई। खासा मतलबपरस्त और अपने को लुभाने वाला खयाल था ये। लेकिन इतना चलता है।

...बलवाडीह नाम की एक छोटी-सी बस्ती। वहाँ पाकिस्तान के बँटवारे के बाद, बाँग्लादेश से आए शरणार्थी बस जाते हैं। पहले वे अपना वजूद बचाते हैं फिर धीरे-धीरे वहाँ जम जाते हैं। उनकी औलाद। फिर उनकी औलाद। ऐसे ही...। लेकिन पहले से बसे लोग और इनके बीच एक दरार है...। उसी बस्ती में एक मास्टर हैं...वह खूब पढ़ते हैं, पढ़ाते हैं, लिखते हैं, लिखाते भी हैं। वह सोचते हैं, सोचवाना भी चाहते हैं। यहीं उनसे गलती हो जाती है। वह समझाने लगते हैं लोगों को कि जिस देश में वे अपनी रोजी-रोटी पा रहे हैं, जहाँ सिर छिपा रहे हैं, जहाँ की मिट्टी का दिया खा रहे हैं, वहाँ के हक में अपना फर्ज पूरे ईमान से निभाएँ। वह अपने लोगों के बीच छोटे-छोटे आन्दोलन हमेशा चलाना चाहते हैं, ताकि आगे बढ़ने का रास्ता रोज नए तरीके से, नई नजर से तलाशा जा सके। नई उमर के नए सोच वाले नौजवान उनसे हाथ मिलाते हैं। सब मिलाकर अपनी तरक्की के लिए काम करते हैं। पहले से बसे लोगों को खतरा महसूस होता है...कि इनकी तरक्की उनके लिए मुसीबत न बन जाए। पुलिस और प्रशासन उनके साथ है। वे एक बड़ा जोखिम उठाते हैं और मास्टर को पकड़कर छिपा लेते हैं। मास्टर के लोगों का खून उबलता है तनाव बढ़ता है...कुछ लोग मारे जाते हैं...व्यवस्था पुलिस के हाथों में चली जाती है। लोगों पर दबाव बढ़ता है। जुल्म बढ़ता है...लोग मास्टर को भूलकर अपने खून खानदान को याद करने लगते हैं। आबाद बस्ती धीरे-धीरे छितराने लगती है। तीन मुल्कों के ठुकराए हुए लोग खोलों में दुबककर बिखर जाते हैं। मास्टर का परिवार भी बच-बचाकर यहाँ आ जाता है। घर के सारे लोग मास्टर की याद को और अपने आपको भूलकर मेहनत करते हैं। घर आबाद हो जाता है और हर्ष जवान। उसकी छोटी, दुबली-पतली, गाढ़े रंग की माँ सिन्दूर लगाती है गहरा और इस यकीन से मुस्कुराती जाती है कि मास्टर को उठाकर ले जाने वाले मार नहीं पाए होंगे उन्हें। बल्कि इतने दिनों में मास्टर ने उनके सोच को बदल दिया होगा। मोनालिसा-सी इस मुस्कान का राज खोलने में लोग चूकने लगे थे।

और आखिर में अतुल। वह जब मुस्कुराता तो उसके बाएँ गाल में लड़कियों की तरह गड्ढे पड़ते थे। प्यारा लड़का..., जो बातें बहुत करता था। उसे नाराज कर देना ज्यादा आसान था कि मना लेना...मैं जान नहीं पाई।

''चलो इस संडे को प्लान बनाकर मूवी चलते हैं...'' इससे ज्यादा कल्पनाशील बात वह सोच ही नहीं सकता था। उसकी हद यहीं खत्म होती थी और वह उसी में

मस्त था। हर इतवार मैटिनी और इवनिंग शो में उसकी हाजिरी लगती थी और वह दिन भर में लंच के बाद एक सिगरेट पीता था। खास बात एक कि वह अपना लंच खुद तैयार करके लाता था रोज, और रात की रोटी भी घर में सब उसके हाथ की ही खाना पसन्द करते थे। मैं हैरत करती और उससे शिकायत करती कि वह फेंक रहा है...तब वह तरह-तरह से मुझे इत्मीनान दिलाने की कोशिश करता। मुझे मुलायम, बराबर सिंकी रोटियाँ बनाना सिखा देने का ऑफर भी वह लगे हाथ दे देता।

जिन्दगी का ऐसा ही खूबसूरत जायका मेरे काबू में था कि तभी वह खबर लपट की तरह बढ़ी आई कि कारसेवक बाबर जानी की उस मस्जिद को तोड़ डालने के लिए मोर्चाबन्दी कर चुके थे। लोगों में सनसनी फैल गई। बल्कि ऐसा कहें कि एक सनसनी जो उनमें फैली हुई थी, उसे नाम मिल गया। लोग एक साथ उत्तेजित भी हुए और घबरा भी गए। वे फैसला नहीं कर पा रहे थे कि उन्हें दूसरों की जान के पीछे पड़ना है या कि अपनी जान बचानी है? इस राष्ट्रीय असमंजस वाले हालात से बेपरवाह...मेरे ग्रुप का कार्यक्रम झटपट तैयार हो गया...अगले इतवार हम साथ मिलकर कहीं चलते हैं, पिकनिक मनाने। बात हर तरफ से राजी-खुशी की मुहर लगाकर आई तो अनन्या अड़ गई। उसकी जिद थी कि बाहर कहीं जाने कि जरूरत क्या...सब मिलकर उसके ही घर में बैठकी जमा दें।

"लेकिन घर पर वह बात कहाँ जो आउटिंग में है..."

"नो शिरीष! तुम लोगों को तो बस बाहर भटकने का बहाना चाहिए।"

"अनन्या, ऐसा करते हैं, पहले सब तुम्हारे घर इकट्ठा होते हैं, फिर बाहर चलते हैं।"

"ठीक है।" मनी ने कहा, "बस यही पक्का रहा।"

शिरीष राजी हो गया।

मैं घर लौटी और मैंने अम्मी से बताना शुरू किया तफसील से। अम्मी तभी चश्मा लगाए कुर्सी पर बैठी चावल से कंकड़ बीन रही थीं। अब तक होता यह आया था कि अम्मी चैन से मेरी पूरी बात सुनतीं और तब कम-से-कम लफ्जों में कुछ कह देतीं। लेकिन इस दफा अम्मी ने मेरी पूरी बात और पिकनिक की नक्शेबाजी सुने बगैर हड़बड़ी में मुझे बीच में रोका—"तुम न जाती।"

मैं रुक गई...रोक दी गई। उससे पहले कभी इस तरह रोकी नहीं गई थी, इसलिए इसके बाद अपनी तरफ से क्या सवाल पूछना चाहिए, इसकी भी तैयारी नहीं थी। अम्मी को भी लगा कि कुछ ज्यादा ही कह बैठी हैं लेकिन ज्यादा बोल

चुकने के बाद कैसे बात सँभाली जाए, इसका उन्हें भी ठीक अभ्यास न था। फिर भी उन्होंने कहा, "माहौल सही नहीं है चारों तरफ।" मैंने उन्हें देखा। उन्होंने आँखें चुरा लीं।

"मेरे जाने से...?" अम्मी के फिर से कुछ कहने से मुझे बल मिला।

"ठीक है। कायदे से जाना।" अम्मी बोलीं।

उसके बाद से मैं मन-ही-मन तैयारियाँ तो करती रही पर ले-देकर अम्मी की बात पर मन अटकता था। माहौल ठीक नहीं था इसका मुझसे क्या मतलब बनता था? मैंने किसी का कुछ बिगाड़ा न था, न मेरे किसी दोस्त ने कुछ किया होगा। मैं किसी की ओर नहीं थी, मेरे दोस्त भी किसी की तरफ क्यों रहते...फिर हमारी आजादी में खलल कोई क्यों डालने लगे, जब हमने किसी से मतलब नहीं रखा? मैंने देखा अम्मी मेरी सारी सुन चुकने और अपनी सारी बोल चुकने के बाद कुछ पेंचीदी बात गुनने लगी थीं। वह चावल बीनकर उठने लगीं तो सँभाल गड़बड़ाई और पूरी तश्तरी गिर पड़ी। फिर वे बैठकर कुछ लम्हे हाथों से फर्श के चावल बीनकर उन्हें तश्तरी में डालने लगीं। फिर सूप ले आईं। कूट और सूप मिलाकर चावल को सूप में उठाया। बुहारी लाईं, सफाई की...और तब जाकर पहले वाली हालत बनी। तभी अम्मी को खयाल आया कि समाचार का वक्त हो चला था। वे हाथ धो रही थीं। वहीं से आईं, आधा-अधूरा पोंछा और झट से टी.वी. का स्विच अधगीले हाथों से ही ऑन कर दिया। समाचार की दुनिया मेरी दुनिया से एकदम जुदा थी। वहाँ बड़े-बड़े लोग बोल रहे थे। वे अपनी कौम की तरफ से नहीं, दूसरे कौम के खिलाफ बोल रहे थे। मुझे ये सब देख-सुनकर बड़ा हौलनाक अहसास हुआ। "अल्लाह" ...अचानक से मेरे मुँह से फरियाद निकली कि मेरा कोई साथी इसे न देख रहा हो। लेकिन यह क्या? मैंने देखा कि अम्मी मुझे देख रही थीं। इस दफा मैंने नजरें चुरा लीं। उस रात अगले दिन के समूचे नक्शे के बारे में मेरे ख्वाब पर पानी पड़ गया। लेकिन जाने क्यों हल्के जाड़े की उस रात उस भीगे ख्वाब और गर्म हकीकत में से गीले ख्वाब को ही चुन लेने का जी कर रहा था।

अगले रोज मुझे जाना था लेकिन कायदे से जाना था—यह सुनने में आसान था लेकिन करने में मुश्किल जान पड़ रहा था। फिर भी अम्मी ने कहा था तो ऐसा ही सही। मैं चलने को हुई तो अम्मी दरवाजे पर किवाड़ पकड़कर खड़ी मिलीं। उन्होंने मुट्ठी में से तुड़ामुड़ा सौ का नोट मेरी मुट्ठी के हवाले किया और मुझे देखती रहीं। बीच में उनकी भौंहों की लय थोड़ी गड़बड़ाई और वे ऊपर-नीचे काँपीं। जब कम्पन के आसार ज्यादा बढ़ने लगे तो अम्मी सामने घूम गईं और मुझे रास्ता दिया उन्होंने। मैं निकल गई तो बोलीं, "शाम का खयाल करना।" मैं 'अच्छा' बोलकर निकल गई। अपनी गली की मोड़ पर पहुँचकर मेरा मन किया कि मैं आगे न जाऊँ, वापस

लौट चलूँ। मैं ठिठकी लेकिन वही गीले ख्वाब और गर्म हकीकत वाली बात थी। सो मैं चलती रही। अनन्या के घर से जरा-सी पीछे रही होऊँगी...जहाँ से उसका घर दिखता था..., तब लगा कि हो सकता है बेहतरी मेरे न जाने में ही हो। गीले ख्वाब जिन्दा तो रहेंगे। अगर इन्हें कुछ हो गया तो...! मैंने जोर से अपने को घुड़का। मैं अपने आप को आगे सोचने का मौका दिए बगैर तेज-तेज, अनन्या के घर की सीढ़ियाँ चढ़ गई। वहाँ सभी आ चुके थे, बस मेरा और मनी का इन्तजार था। मनी का? खुदा! मुझे मनी का होश वहाँ आकर आया! वह बेचारी मेरा रास्ता देखे जा रही होगी। तय था कि मैं उसके घर जाकर उसे साथ लेती। अब क्या हो? हम सब परेशान हो उठे। मैंने दुबारा लौटकर उसके घर तक जाने की पेशकश की। तीनों लड़के मचल उठे, "तुम्हें जाने की क्या जरूरत है...जब हम हैं?"

"अरे...!" मैं फॉर्म में आ गई, "तुममें क्या है, जो मुझमें नहीं है। मैं क्या कोई शहजादी...फूलकुमारी हूँ? कमजोर हूँ क्या? गलती मेरी है। सुधार पर बस मेरा हक है। मैं चली।" अब मेरी खौफनाक शक्ल से भिड़ता कौन। पर शिरीष ने हिम्मत की, "नहीं, आप ताकतवर हैं बहुत। आपको बड़े-बड़े काम करने हैं, इसलिए ताकत को बचाकर रखें। अभी धूप में चलकर आई हैं, चेहरा लाल हो रहा है। बैठकर पानी-शानी पीजिए। मैं उसे लेकर आया अभी।"

वह चला। मैं 'शिरीष, शिरीष' चिल्लाती जीना उतरने लगी फिर अनन्या मुझे वापस खींच ले गई। मैं भीतर जाकर बैठ तो गई पर शिरीष के ऊपर मुझे बड़ा तेज गुस्सा आया—असली वाला! ये लड़का बार-बार मुझे क्या अहसास कराना चाहता है...मैं कुढ़ती रही। मनी मेरे ऊपर कुढ़ती आई और आते ही गुस्सा करने लगी, नकली वाला। हम सब लोग अनन्या के घर से ढंग से पेट भरकर निकले। अनन्या की गाड़ी। अनन्या का ड्राइवर। शहर में थोड़ा अलग हटकर बना डैम। वहाँ का जंगलों का वीरान इलाका...हम घूमते रहे, बतियाते रहे, तसवीरें उतारते रहे एक-दूसरे की। खेलते रहे गानों की अन्त्याक्षरी, खाते रहे कि फिर से अनन्या का ही खाना। उसके बाद दोपहर ढले हम सब लोग छितरा गए। कोई कहीं निकल गया, कोई कहीं। हम पेड़ों की छाँव में ही अधलेटे हो गए। हम, यानी मैं और ज्योति। वह अपने उस रिश्ते की बात मुझे बता रही थी, जहाँ पिछले हफ्ते से उसकी शादी की बात चल रही थी। बताते-बताते उसने पूछा जरूर, "मैं तुम्हें बोर तो नहीं कर रही?"

"बताती चल।"

"तेरी शादी की बात आंटी सोच रही हैं?"

"अरे तू अपनी सुनाते-सुनाते मेरे पर कैसे उतर गई? चल आगे बता।"

ज्योति बताती रही। परा मेरा मन भटक चुका था...। एक शाम पहले की घर की बातें। शिरीष से झड़प...। मैं उठकर बैठ गई। मैंने स्वेटर से सटी पत्तियाँ झाड़ीं,

नजरें दौड़ाईं। शिरीष दूर कोने में डंडे से झाड़ी में ठोक-पीट कर रहा था। ज्योति अलसा पड़ी थी।

“नींद आ रही है...मैं सो लूँ क्या?”

“सो रह! मैं तेरे सिर पर छाँह कर देती हूँ।” मैंने झाड़ियों में शाल टाँगकर उसके सोने का माहौल बना दिया। मैं उठकर शिरीष की तरफ चली और उसकी बगल में जाकर बैठ गई।

“मुझसे माफी क्यों नहीं माँग लेते?”

“सोच रहा हूँ...तुम्हें माफ क्यों नहीं कर देता।”

“अरे...” मैंने उसके हाथ का सटका झपट लिया, “गलती तुम्हारी थी। मैं चली जाती तो आसमान टूट पड़ता? तुम्हें हर बार ये जताना जरूरी है कि मैं लड़की हूँ और छुईमुई हूँ और कमजोर हूँ और सब कुछ मेरे बूते का नहीं।”

“गलती मेरी है।”

“है ही।” मैंने सटका जमीन पर मारा।

“मानता हूँ। माफ कर दो। आगे ऐसा नहीं होगा।”

“हद है। ऐसे कैसे मान लिया कि गलती तुम्हारी है? मुँह में जुबान नहीं है क्या?”

“क्या करूँ।”

“लड़ो...”

“नहीं, गलती मेरी ही है। तुम जो कहो वही करना चाहिए मुझे।”

“कैसे करना चाहिए? क्यों करना चाहिए...मैं जो कहूँ वही?”

“क्योंकि तुम सही कहोगी।”

“ऐसा कैसे सोच लिया तुमने कि मैं सही ही कहूँगी?” मैंने सटके को फिर से जमीन पर मारा।

“क्योंकि मैं तुम्हें पसन्द करता हूँ।”

“ये तो ठीक है। बहुत लोग मुझे पसन्द करते हैं पर क्या ये अहसास कराना जरूरी है? इसका गलत फायदा भी उठाया जा सकता है।”

“क्या गलत फायदा उठाओगी तुम?”

“वह मैं तुम्हें क्यों बताऊँ?” मैंने सटका जमीन पर मारा था।

“लो न! जमीन पर क्यों मार रही हो? मेरी पीठ पर ही मारो, बहुत गुस्सा है तो।”

“मेरी जहाँ मर्जी मैं वहीं मारूँगी।”

“हाँ-हाँ, बिलकुल जो मर्जी हो तुम्हारी वैसा ही करो।”

“चिढ़ा रहे हो मुझे?”

“नहीं नसर।” उसने आँखें बन्द कर लीं और सिर झुका लिया। तब मुझे पहली बार अहसास हुआ कि शिरीष दुबला हो गया था। “नौकर खाना सही नहीं बनाता

है क्या?'' शिरीष की माँ बड़े भाई के पास बाहर गई हुई थीं उन दिनों, और घर पर पिताजी के साथ वह अकेला था।

''नहीं...।''

''खुद से बनाने लगोगे तो रुतबा चला जाएगा क्या? इतने बड़े हो चुके। अपना पेट भी नहीं भर सकते?''

''मेरे खाने की बात यहाँ कहाँ से आ गई?''

''दुबले हुए जा रहे हो। हड्डी निकल चुकी है। लेकिन सूरत ऐसी है, कोई मॉडलिंग भी क्या करवाएगा?''

उसने दूसरा डंडा ढूँढ़ लिया और सिर झुकाए-झुकाए जमीन खुरचने लगा।

''जितनी देर गली में लोफरबाजी करते हो, उतने वक्त में खाना भी बनाया जा सकता है।''

वह फिर भी चुप ही रहा। मैं खीझ उठी सच में।

''चुप रहने से लोग तारीफ नहीं करने लगेंगे तुम्हारी। उसके लिए कुछ हुनर भी होना चाहिए।''

''चलो बोलता हूँ। बोलूँ?...नसर बहुत गुणी है। नसर कभी गलत नहीं हो सकती। नसर जो कहे वही सही।''

मैंने जमीन पर जोर से सटका बजाया...

...मनी, अनन्या, अतुल और हर्ष लौट आए कुछ जंगली फूल और पत्तियाँ वगैरह लेकर। मनी अपनी समझ से कुछ जड़ी-बूटी भी ढूँढ़ लाई थी। हमने ज्योति को जगाया और वापसी की तैयारी की। सामान वगैरह समेटकर हमें चलते-चलते शाम ढलने लगी। मैं अनन्या की कार पर सवार हुई तो अम्मी की बात याद आई। उनकी दरवाजे वाली शक्ल भी। मैंने वक्त देखा और अन्दाजा लगाया कि मैं समय पर न सही, जरा ही लेट, पहुँच जाऊँगी। हम बाजार पार कर गए थे, जब गाड़ी रुक गई। थोड़ा जाम लगा था। हमने उचककर देखा तो मजमा जैसा कुछ आता दिखा। नारेबाजी चल रही थी। दूर से आती आवाज का कुछ मतलब नहीं निकल रहा था। जब आवाज पास से गुजरी तो टुकड़े में पसर गई–''हिन्दू हैं हम हिन्दू यारो। कटुए सालों को देखो मारो...''

मेरी नाक बन्द हो गई और मुझे मुँह खोलकर साँस लेना पड़ गया। बीच चौराहे पर मुझे लगा...मेरे सारे कपड़े मेरे जिस्म में समा गए हैं, और मैं बस उघड़ा आकार भर रह गई हूँ। हुजूम गुजरा। गाड़ियाँ धीरे-धीरे सरकने लगीं। हमारी कार भी बढ़ी लेकिन कार के भीतर सब कुछ रुक गया जहाँ-का-तहाँ। पहले के चलते आ रहे शोर-शराबे, गीत-ठहाके सब अकड़ गए। मुझे इस सन्नाटे से खौफ होने लगा। मेरे भीतर से एक आवाज उठी थी, जो कहती थी–बोलो...कोई तो बोलो। पहले की

तरह कोई बोलते क्यों नहीं, साँप क्यों सूँघ गया सबको। हम दोस्त बनकर आए थे, दोस्त बनकर ही लौटें। कोई तो अपनी आवाज से नजरअन्दाज करे इस शोर को, जो हमारे भीतर अजनबीपन बो रहा है। कोई तो बोलो...शिरीष। कार में कुछ हिन्दू और एक मुसलमान रह गए थे। कार रुकी पहले एक हिन्दू के घर, फिर दूसरे हिन्दू के घर, फिर मुसलमान के घर। सब कुछ बड़ा निबटाना किस्म का रह गया था। मैं उतरी। हल्की मुस्कुराहट, जिसे मुस्कुराना जितना मुश्किल था, लोगों के लिए उसका जवाब देना भी उतना ही मुश्किल रहा।

अँधेरा गहरा रहा था, जिससे सही दिखा नहीं दूर से। मैं सीढ़ियाँ चढ़ गई तो अम्मी एकदम सामने खड़ी दिखीं।

"अम्मी आप अकेली थीं घर पर। मेरे पीछे सब ठीक तो है?" अजीबोगरीब से इस सवाल को पूछने की ख्वाहिश हुई। अम्मी को देखते ही मुझे लगा कि वह हुजूम मेरे घर की ओर ही बढ़ चला था उस वक्त। अजब पागलपन था, वे लोग इधर ही आते होंगे तो भी मुझे तो पहले पहुँचना ही था। मैं कार से जो आई थी। मतलब अभी तक सब ठीक है, आगे गड़बड़ हो सकता था...

अम्मी के चेहरे पर एक स्याह परत थी, जो मेरे आने से छँटी थी। अम्मी चुपचाप मेरे आगे घर में चलीं। फिर दरवाजे पर वह रुक गईं। मुझे भीतर घुसने दिया। फिर खुद घुसीं और दरवाजा बन्द कर दिया उन्होंने। अम्मी किचन में चली गईं। उस वक्त तेज तबीयत थी कि वैसे ही, औंधी, बिछावन पर पट जाऊँ पर अम्मी का लिहाज कर कपड़े वगैरह बदल, हाथ-पैर साफ कर मैं किचन में पहुँची। अम्मी ने सब्जी छौंक दी और खाँसी का दौर खत्म कर मुझसे पूछा, "कैसा रहा सब?"

"ठीक।"

"आने-जाने में...?"

"ठीक।"

"तू जाकर आराम कर। भूख लगी है?"

"नहीं।"

"ठीक है। मैं खाना बनाकर तुझे बुलाती हूँ, भूख तो लगी ही होगी।" अम्मी की बात ने मुझे पिघला दिया। अभी, दरअसल मैं ऐसे जबरदस्त जज्बाती कगार पर खड़ी थी कि एक जरा-सी गर्म आवाज मुझे बूँद में बदल सकती थी। मैं आकर लेट गई। कलेजे के भीतर धड़कनों का शोर बढ़ चला। उस आवाज को सुनकर मेरा बुत में बदल जाना। उफ...मैंने आँखें बन्द कीं तो एक और ही शक्ल तैर गई। शिरीष का चेहरा...।

शिरीष को देखूँ या उसकी आवाज भी सुनूँ...बस जान लूँ कि वह है कहीं आसपास, तो मुझे कैसा लगने लगता। उसके सामने होते ही मेरे भीतर उससे खेलने

की आरजू सिर उठाने लगती और फिर खेलते-खेलते उसे गोद में बिठाकर खेलाने की या बोधने की ख्वाहिश। कभी उसे धमकाने की, कभी नाराज होकर आसमान तोड़ देने की तमन्ना। कभी-कभी उससे हर तरह की बातें करने का जी चाहता और अपने सारे राज उसके आगे बेपर्दा कर देने को मैं तैयार दिखती। कभी उसकी बेवकूफी देखकर सिर ठोंक लेने का दिल करता और अहसास होता कि यह लड़का तो किसी काम का था ही नहीं। मैंने उसे अपना प्यारा-सा दोस्त बना लिया था और ख्वाहिश यही थी कि मैं उसकी अजीज बन जाऊँ। पर कभी-कभी सच में वह मुझे कँपा देता था। जब वह मेरी सारी बातें मान लेने वाली चीज दुहराता था—मेरे जुल्म पर चुपचाप सिर झुका लेता—अजीब-सी आँखों से मुझे देखता रहता...बस उसकी इन्हीं चीजों से मैं खौफ खा जाती थी क्योंकि मैं उसे खोना नहीं चाहती थी। और यह जानती थी कि उसे खो दूँगी मैं उसी वक्त...जब वह मुझसे यह कह दे कि उसे मुझसे...वह मुझे चाहता है...मैंने आँखें खोल दीं। उस लम्हे को मैं झेल नहीं पाती, यह तय था। मुझे उसे अपना दोस्त बनाए रखना था, सिर्फ दोस्त। इससे पहले कि वह इसके आगे बढ़े, मैंने उसे रोक लेना तय किया। मैं ये फैसला-सा करके उठी और अपने लिए एक किताब निकाल लाई। मैंने उसके पन्ने सीधे किए और धुन से सारे पन्ने पलट गई। कुछ पन्नों पर रुककर मैंने उनमें कुछ उलझाना भी चाहा अपने को। लेकिन बहला नहीं पाई। मैंने थककर अपना सिर घुटनों पर रख दिया। मैं सोचती गई सुबह की घटनाएँ, शाम का हादसा, उसके एक शाम पहले की बात...मेरी सीधी खुशमिजाज जिन्दगी को तोड़-मरोड़ क्यों रहा है यह सब। क्या वजह है कि मैं अपनी मर्जी के रास्ते पर चल नहीं पा रही...

कभी मेरा जेंडर मुझे पीछे खींच रहा था, तो कभी मेरा मजहब। मैं अगर लड़का होती तो न शिरीष मेरे बारे में उस तरीके से सोचता, न मैं ही डरती रहती। हम कितने प्यारे दोस्त हो सकते थे तब। या कि यह मजहब ही हमारे बीच नहीं आता तो हम कितनी बेफिक्र जिन्दगी जी पाते।

अम्मी खाना लेकर कमरे में ही आ गईं। मैं हड़बड़ाकर उठी। किताब नीचे गिर गई। मैंने उसे उठाया। बिस्तर पर रखा तो अम्मी ने उसके ऊपर ही थाली रख दी। मैंने थाली को अपनी गोद में रखा और रोटी तोड़ डाली। अम्मी लौटीं नहीं थाली रखकर। वे बैठ गईं वहीं। अम्मी ने थोड़ी देर चुप रह चुकने के बाद कहा, "इससे पहले कि उस पर कोई हमला हो या हमें नुकसान पहुँचे...हमें निकल जाना चाहिए।"

'उस पर'—मतलब किस पर? कोई हमला करे—मतलब? कौन? हमें निकल जाना चाहिए? हमें—किन्हें—जैसे कई सवाल मेरे जेहन में गूँजे। लेकिन मैंने पूछा—"कहाँ?" अम्मी ने कहा, "अपने लोगों के बीच। यहाँ हमारे आसपास कोई नहीं बचा...अपना।"

मैंने आसपास नजर दौड़ाई। फिर मैंने एक-एक कर सारे सवाल पूछे। अम्मी उन्हें सुनकर कुछ देर चुप रहीं। फिर वे बोलीं, "कार सेवकों को सरकार रोके या वे मस्जिद को तोड़ डालें—दोनों हालात में यहाँ हमारा रहना सही नहीं...यहाँ आसपास सारे हिन्दू ही तो बचे हैं। हमारे लोग तो सब अब यहाँ से छिटककर दूर बस गए हैं। मैंने शाम को चौक पर से तेरे मामू के घर फोन लगाया था। वहीं..."

"मामू...।" मैं बिदकी। जिस मामू का नाम अम्मी ने भर जन्म तक न सुनने की कसम ले ली थी...उनके घर फोन किया! मुझे अम्मी की सुनाई कहानियों के शैतान—अम्मी की शादी के बाद हँसुआ लिए अब्बू को दौड़ाते मामू—की झलक दिखी। घोर हैरत की बात थी मेरे लिए कि नाता तोड़ चुकने के इतने दिनों बाद अम्मी ने अपनी पहल पर मामू को फोन किया। बिना मुझसे सलाह किए...और उनके पास जाना भी तय कर बैठीं? मामू का टेलीफोन नम्बर मिला कहाँ से अम्मी को? तो क्या अम्मी ने जरूरत के खास दिनों के लिए अपने लोगों के कुछ टेलीफोन नम्बर सँभाल रखे थे? अपने लोगों—हुँह—मेरी जुबान कड़वी हो गई।

अम्मी ने शायद मेरे मन को कुछ हद तक पढ़ लिया। धीरे से बोलीं, "देख नसर! तू जिन दोस्तों से घिरी है ना, वे भोले हैं, अभी बच्चे हैं। कुछ समझते नहीं। कुछ देखा नहीं। लेकिन जिस रोज मजहब की आग जोर पकड़ेगी, उस रोज सारा नक्शा ही बदल जाएगा। तू उनके लिए मन्दिर को तोड़कर उस जगह अपने खुदा को रख देने वाली काफिर बन जाएगी। उधर अयोध्या में कोई पंडा एक पत्थर, किसी मुसलमान पर उठाएगा, इधर तू पत्थरों से लाद दी जाएगी। मजहब की बात आते ही इनसान वहशी बन जाता है...।"

वह रात अँधेरी, और हादसों से भरी थी। कभी बियाबान में एक काफिला "कटुए साले को देखो मारो..." बोलता हुआ गुजर जाता, कभी मैं बैठी होती...चुप-सी, कभी शिरीष को पुकारती हुई, गुस्से से फूलती मैं, अनन्या के घर की सीढ़ियाँ उतरती जाती। कभी बरामदे में खड़ी अम्मी के चेहरे की परछाईं दिख जाती। कभी पेड़ के नीचे पत्तों के ऊपर ज्योति के साथ मैं लेटी होती...।

अगले रोज सूरज गोल बना-ठना-सा निकला पर जल्द ही बादलों से घिर गया और फिर लिटमस पर पड़ी स्याही की तरह बादलों पर पसर गया। मैं उस पसरे सूरज के साए में बस्ता-वस्ता लेकर निकली। पिछली रात के बाद से उस रोज तक मैंने अपने को कुछ भी नहीं सोचने दिया था। इस यूनिवर्सिटी तक के रास्ते को भी ऐसे ही काट लेना चाहती थी। पर होने लगा जरा हट के। गली में जहाँ मैंने तीन-चार लोगों को एक जगह गोलबन्दी किए धीमी आवाज में बातें करते देखा, मुझे लगना शुरू हुआ

कि ये मेरी ओर इशारे करके कुछ कह रहे हैं। वह 'कुछ' जिसका ताल्लुक सिर्फ मुझसे था। उसी बेवक्त में मैंने कलेजा दाबकर यह भी अन्दाजा लगाना शुरू किया कि कितनी दूर तक इस इलाके में अल्लाह को मानने वाला कोई नहीं था हमारे सिवा। कितनी अजीब बात थी कि हम दो लोग इस इलाके में बसे थे। हालाँकि इस बात की अजूबियत पर अब हमने गौर किया था। क्या ऐसा था कि लोग भी इस बात को आज तक नहीं महसूस कर पाए थे और क्या ऐसा भी था कि लोगों को भी अहसास अब हुआ था! हम दो लोग। जमाने से कटे-छँटे दो बाशिन्दे। अपने लोगों से भी कटे हुए और अपने इलाके से भी। कभी-कभी अम्मी को दूर की फूफी या चाची खबरदार कर जातीं कि ऐसे अपने खानदान से कटकर रहोगी तो घर का कोई लड़का मिलने से रहा, बेटी के लिए। मतलब मेरे लिए। हमारे मजहब की एक बड़ी सहूलियत भी हमें नसीब नहीं होने वाली थी।

ऑटो में बैठी। ऑटो में कितने लोग बैठ पाते हैं? बहुत तो बहुत पाँच या छह। बस उन पाँच-छह लोगों से ही, चार-पाँच कहूँ...मुझे छोड़कर...अच्छा-खासा शोर था—बस वही...ईंट-पत्थर की बनी एक मस्जिद, उसके खिलाफ आगे बढ़ते कार सेवक...। लोग जोश में थे। सबके पास बोलने को बहुत कुछ था, पर उन्हें बोलने के लिए अपनी बारी का इन्तजार करना पड़ रहा था। यूनिवर्सिटी पहुँची तो ऐसा लगा जैसे सारे पेड़ बोल रहे हों...वही जज्बात..., वही बातें, वही ढंग...। कभी कोई पेड़ मुझे देखकर फुसफुसाता...चुप...चाप...वह आ रही है...। कुछ चुप लगा जाते...कोई एक बोल पड़ता—आ रही है तो क्या? हम किसी के बाप से डरते हैं क्या...स्या...।

चलिए वह रास्ता भी लदे-फँदे पैरों से कटा। उस रोज यूनिवर्सिटी में माहौल अजीब-सा था। कोई पढ़ने-पढ़ाने के मूड में नहीं था। सभी, जो हुआ था, उस पर तफसील दे रहे थे और कुछ और भी होगा इस बात का उन्हें यकीन था। यही यकीन उन्हें और मशगूल कर रहा था उस मुद्दे में। बल्कि एक तरह से वे उस यकीन के हकीकत बनने का इन्तजार करना शुरू कर चुके थे। मेरी नजर मनी पर गई। वह मुझे देखकर चौंकी और मुँह से निकला उसके—"तुम यहाँ?" ठीक उसी समय मैं चौंकी और मेरे मन में भी उठा—"मैं यहाँ?" हम दोनों अचरज में गर्क रहे कुछ देर। फिर क्या था, यह सिलसिला चल निकला। जो भी पहचान वाला मुझे देखता, ऐसे ही चौंकता और उतनी बार मैं भी चौंक पड़ती। ये चौंका-चौंकी का खेल चलता रहा। अब यहाँ के आगे मैंने ये भी सोचना शुरू किया कि अम्मी को भी इसका खयाल कैसे न आया कि मुझे रोक ही लेती। तब ये खबर भी आ गई कि क्लासेज सस्पेंड कर दी गई थीं। उस वक्त मुझे लगा कि मुझे अपने आप को मुजरिम होने का अहसास कराना चाहिए। गजब था, मैं इतने अरसे से मुसलमान थी, ये इतने जमाने से हिन्दू थे...लेकिन हम डोरमैंट हालत में पड़े थे। एक वाकया हो जाता है

और सब कुछ बदल जाता है। मुसलमान-हिन्दू दोनों हरकत में आ जाते हैं...और तब चौंकना, सोचना, नफरत, बदला...ये सब सीन में आ जाते हैं।

क्लासेज नहीं हुए तो जाना चाहिए था। लेकिन अनन्या ने मशविरा दिया कि लंच बॉक्स खाली करके ही चला जाए। अब लंच का सीन। टिफनें खुलीं। बाँटने का सिलसिला शुरू हुआ। जब-जब टुकड़े बनाकर उनके डिब्बों में रखती जाऊँ, तो मुझे लगे कि मैं अपने लंच से बीफ के टुकड़े उन्हें पेश किए जा रही होऊँ। और किसी भी वक्त कोई मेरा हाथ पकड़कर मेरे लंच सहित मुझे ग्राउंड से बाहर फेंक सकता था...। कुछ ऐसा हुआ नहीं। लेकिन ऐसा ही दूसरा कुछ हो रहा था। हम सब चुप थे। मैं जब भी पलकें उठाती तो पाती कि सामने वाला मुझे देख रहा होता और मेरे देखते ही उसकी पलकें झुक जाएँ। चाहे सामने वाला कोई भी हो—मनी, अनन्या, ज्योति, अतुल, हर्ष, शिरीष। हाँ, जब शिरीष के साथ ऐसा हुआ तो मुझे सदमा लगा। वजह यह थी कि मुझे रात को अपने से किया गया एक वादा याद आया। शिरीष की आँखें मुझे खींच रही थीं या कि वे अपने को मेरी तरफ ढकेल रही थीं। मैं सँभाल तो नहीं ही पाई। उलटे मेरी साँसें जरूर तेज हो गईं। इसे रोकना ही पड़ेगा। मैंने जी कड़ा किया। उसी समय मुझे लगा कि मेरी तेज रुलाई निकल पड़ेगी और मैं घिघियाकर पूछ पड़ूँगी कि मेरी क्या कोई खता थी...कि मैं एक रात में बाबर जानी की कब्र पर रखा फूल बन गई...मैं नसरीन। उनकी आँखें कोई सवाल करतीं या केवल चुभतीं भर मुझे, तो मैं ये सब कह सकती थी। लेकिन तब जब उनकी नजरें ठंडी थीं और उनमें कतराकर बच निकलने की मंशा थी तो मेरे लिए ये सब करना भी मुमकिन न था।

मैंने उसके बाद चलते समय जरूर शिरीष को धीरे-से रुकने के लिए कह दिया। कहा उससे कि मुझे कुछ बातें करनी थीं। वह लाइब्रेरी की ओर निकल गया। बाकी लोग घर जाने लगे। मैंने मनी से कहा कि मुझे ऑफिस में जरा काम था। मैं उस वक्त ऑफिस में ही घुस गई। मनी चली गई तो मैं भी लाइब्रेरी की ओर चली। यूनिवर्सिटी बियावान हो रही थी। और मेरा खयाल था कि लाइब्रेरी में भी ताला लगने ही वाला होगा। लेकिन वह जगह रस्म निभाने भर खुली थी। शिरीष एक खिड़की से लगकर बाहर देख रहा था। मैं गई और मैंने उससे बाहर चलने को कहा। मेरे हाथ उस वक्त भी पसीने से भरे थे। बाहर धूप में पहुँचकर मैं शिरीष की तरफ पीठ और एक पेड़ की तरफ चेहरा करके खड़ी हो गई।

''मुझे बात पूरी करने देना बीच में टपकना नहीं। काटना नहीं। मेरी ओर देखना भी नहीं।'' मैंने कहा।

वह चुप ही रहा होगा क्योंकि मुझ तक उसकी कोई आवाज नहीं आई।

''मैं कोशिश करूँगी कि कम लफ्जों में अपनी बात कहूँ और साफ-साफ कहूँ।'' मैं कहती रही, ''तुम मुझे पसन्द हो। मैं तुम्हें एक दोस्त के रूप में कुबूल

कर चुकी हूँ। दो इनसानों के बीच दोस्ती से खूबसूरत कोई रिश्ता नहीं हो सकता। न इससे ज्यादा खूबसूरत, न बड़ा। वे दो इनसान चाहे एक लड़की और एक लड़का ही क्यों न हों। कोई रिश्ता नहीं शिरीष...मोहब्बत भी नहीं।'' मैं रुकी कुछ लम्हे...''दोस्ती और इश्क के बीच की लकीर बड़ी पतली है। इस लकीर की कद्र तुम्हें भी करनी पड़ेगी और मुझे भी। मेरे जेहन में हम दोनों के रिश्ते की जो तसवीर थी मैंने तुम्हारे सामने रख दी...अब आगे तुम्हारी मर्जी...।'' वह चुप था अब भी। तब मेरा हौसला और बढ़ा। मैंने आगे कहा, ''मुझे लगता है कभी-कभी कि जैसे तुम...। आगे से ऐसा नहीं होना चाहिए। हम दोनों दोस्त हैं...बस दोस्त।'' यही वह मुकाम था जहाँ मुझसे चूक हो गई। ये बाद वाली चीजें मैं न कहती तो उससे बचा जा सकता था, जो तब हुआ। कैसे-कैसे क्या हुआ, नहीं पता। मुझे तो बस अचानक सिसकी सुनाई दी, जो तेज आवेग की रुलाई में तुरन्त बदल गई। मैंने इधर चेहरा किए-किए ही महसूस किया कि रोने वाला शिरीष था। मैंने उसे रो लेने दिया और खुद उतनी देर दाँत पर दाँत चढ़ाकर खड़ी रही। मुझे ऐसा अन्देशा होने लगा कि जिस घड़ी का सामना करने से मैं कतरा रही थी, वह शायद यही थी। मैंने अपने आप को मजबूत बनाकर रखा। यह वक्त यदि तरीके से निकल जाता तो अपने दोस्त को सहेज सकती थी। लेकिन कमबख्त यह वक्त बड़ा आहिस्ता-आहिस्ता गुजर रहा था। कुछ घड़ी बाद उसकी सिसकियाँ बन्द हो गईं और वह चुप होते-होते चुप हो गया। कुछ देर चुप बैठने के बाद उसने कहा, ''तुम जैसा कहोगी, वही सही है।'' उसकी आवाज धीमी पर सधी हुई थी।

''क्यों सही है वही?'' मैं चीखी, ''मैंने कह दिया इस वजह से? क्या तुम ऐसा नहीं सोचते? तुम्हें ऐसा अहसास नहीं होता!''

''हुआ। इसलिए तो कहा...''

''फिर ठीक।'' मैं विचित्र तरीके से मुस्कुराती हुई पलटी। रोने के बाद वह अच्छा दिख रहा था।

''अब चलें?''

''एक बात...एक बात पूछना चाहता हूँ।''

''पूछो।''

''नसर, तुम ये सब कह रही हो इसलिए क्या कि तुम मुसलमान हो, मैं हिन्दू!''

अपनी हिफाजत के सारे गढ़ मेरे टूट चुके थे। अब मैं उसके सामने चेहरा करके खड़ी थी और कोई तैयारी भी नहीं थी मेरी, इस सवाल से टकराने की। मेरे मुँह से बस निकलता गया, ''नहीं, इसलिए कि मैं इनसान हूँ। इसलिए कि मैं न एक लड़की की तरह जीना चाहती हूँ, न मुसलमान की तरह। मुझे इनसान की तरह जीना है।

जिसके लिए मेरे मन में जो अहसास जागे मैं उसे वही दर्जा देना चाहती हूँ। यह न हो कि मेरे लड़की होने की वजह से या मजहब के चलते उस अहसास को मैं दूसरे खाने में फिट कर दूँ। और तुम यकीन रखना कि मैं दोस्ती का फर्ज अदा करने के रास्ते में इस फरक को नहीं आने दूँगी, जो मुझमें और तुममें हैं। अब कहो कुछ कहना है?''

''नहीं।''

''चलें?'' मैं फिर मुस्कुराई।

वह मेरे साथ-साथ चलने लगा।

''शिरीष।'' मैंने थोड़ी देर चल चुकने पर कहा, ''क्या मेरी बात तुम्हें सच में सही लगी थी?''

''हाँ''

''तुमने भी ऐसा कुछ सोचा था पहले कभी?''

''नहीं।''

''फिर ठीक।''

उसके बाद मैं बड़ी मुश्किल से उस जगह तक पहुँच सकी जहाँ से हमारे रास्तों को अलग होना था। मैं घर तक आ गई। वापसी का रास्ता कितने सुकून से कटा। अब भी चारों तरफ वही शोर था, वही बातें थीं, वही लोग थे...दो-चार के झुंड में जुटे। लेकिन उनकी बातों की ओर मेरा ध्यान गया ही नहीं। घर में ऐसे मुझे पहुँची देखकर अम्मी हैरत में पड़ गईं। जब मैंने सारी बातें उन्हें बताईं तो वे मेरा हाथ पकड़कर बोलीं, ''अब इधर तुझे वहाँ जाने की जरूरत नहीं। कुछ दिन बाद आगे का देखेंगे।''

मैं थककर सोफे पर बैठ गई। बाद के हमारे दिन दूसरे तरीके से गुजरने लगे। हम सुबह से शाम तक टी. वी. की खबरों के सहारे बैठे रहते। अम्मी के एकमुश्त लाकर रख दिए गए सौदे से हम घर का काम निकाल रहे थे। तब हमारी दुनिया बस पत्थर, मस्जिद और भक्तगणों तक सिमटकर रह गई थी। एक नई और सुखद बात यह हुई थी कि हम माँ-बेटी में बहनापा पनपने लगा था। अम्मी अब उतनी चुप नहीं रहतीं। बल्कि घटनाओं पर बोलने लगी थीं।

उनकी बातों में एक मुसलमान के अहसास नहीं, एक डरी हुई माँ का खौफ झलकता। उन्हें ये लग गया था कि उनके इस तरह सबसे अलग-थलग रहने वाला जीवन चुन लेने की वजह से मैं अपने रिश्तेदारों की ओर से एकदम ठंडी हो गई थी। कोई रिश्ता मुझमें हसरत नहीं जगा पाता था। इसलिए भी शायद अम्मी इन दिनों यह कोशिश करने लगी थीं कि...वे मुझे दुबारा उन तक जाने का रास्ता दिखाएँ। उन्होंने मुझे अपनी पहचान वालों के किस्से सुनाने शुरू कर दिए थे। लेकिन मेरे भीतर ये किस्से भी कोई हरकत नहीं जगा पा रहे थे। उलटे मेरे भीतर एक किस्म का इन्तजार जाग रहा था। यह इन्तजार वक्त में आई उस उथल-पुथल के थम जाने का नहीं था बल्कि

किसी और...अलग-सी चीज का था। वह क्या थी यह मैं पहले नहीं जान पा रही थी लेकिन तब जाना जब मेरा इन्तजार खत्म हुआ। उस शाम धुँधलका छा जाने पर हमारे दरवाजे पर दस्तक हुई। वह दरवाजा जिसे लोग बहुत कम पीटते थे, उस दरवाजे को छुआ गया तो आवाज थोड़ी ज्यादा शोख निकली। मैं दरवाजा खोलने चली तो अम्मी ने मुझे रोक दिया। अम्मी खुद बढ़ीं दरवाजे की ओर। अम्मी के चेहरे पर खौफ था। मैंने देखा। मैं बढ़ी किचन की तरफ और चाकू उठा लाई। चाकू मेरे पीछे और मैं परदे के पीछे और परदा अम्मी के पीछे। अम्मी ने दरवाजा खोला। तीन लड़के थे...अम्मी के लिए। अतुल, शिरीष और हर्ष थे मेरे लिए। मैं परदे से बाहर आ गई।

"आप लोग ठीक तो हैं?" किसी ने पूछा।

"हाँ।" मैंने अम्मी से उनकी पहचान करवाई। अम्मी के चेहरे पर तसल्ली थी, शर्म थी, हैरत थी, अजनबीपन था।

"तुम आई नहीं...कोई खबर नहीं तो हमें लगा..." हर्ष बोला।

"कोई दिक्कत तो नहीं है आंटी?" अतुल ने पूछा।

अम्मी ने अजीब-सी झेंपी मुस्कान में कहा, "नहीं।"

"तुम अभी यूनिवर्सिटी नहीं ही आना।" शिरीष ने कहा।

"यह..." अतुल ने मेरे हाथ में सात कलियों वाला एक बुके दिया।

"चलते हैं..." वे लोग निकल गए। अम्मी ने दरवाजा बन्द कर लिया। मैंने उन कलियों को देखा। उनके नीचे अनन्या की राइटिंग में लिखा था—बट...व्ही हैव टू मीट—'नासमझ'।

तेज रुलाई उठी और मैंने आँसुओं से उन कलियों को ताजा कर दिया।

फिर कुछ दिनों तक कोई घटना नहीं घट पाई। लोग इन्तजार करते रहे...हम भी। माहौल में गरमी थी पर नतीजा कुछ खुलकर आ नहीं पा रहा था। तब अम्मी की इजाजत से मैं यूनिवर्सिटी चली। वहाँ 'नासमझ' ग्रुप ने मुझे अचानक से आया देखा तो देखता ही रह गया। फिर हमने अपने मिलने का जश्न मनाया और बड़े ढंग से उस दिन को गुजारा। लंच भी तबीयत से किया गया। इस बीच के न मिल पाने ने हमें जोड़ दिया था।

हम हिन्दू, मुसलमान नहीं थे...एक ऐसा कुनबा थे...जिसे फिर से...बार-बार मिलना था। मैं ढेर सारी ताजा हवा लेकर बड़ी मस्ती में घर लौटी और अम्मी के गले में बाँहें डालकर झूल पड़ी। अम्मी के लिए यह अहसास नया ही होगा। क्योंकि ऐसी बेतकल्लुफी मैं पहले दिखा नहीं पाई थी। फिर भी इतने दिनों बाद बाहर निकलकर मैं कितनी हल्की हो पाई थी। उस रात अम्मी ने मेरे बालों में तेल लगाते हुए मुझसे मेरे छहों दोस्तों के बारे में इत्मीनान से पूछा। अम्मी ने आगे पूछा, "क्या कोई मुसलमान तुम्हारे साथ नहीं पढ़ता?"

"पता नहीं..." मैंने पहले कहा। फिर कहा, "हाँ अम्मी। हैं कुछ। लेकिन मैंने यह जानने की कभी जरूरत नहीं समझी।"

अम्मी चौंकीं। मेरी बात से नहीं...समाचार का वक्त खिसकते जाने से। उन्होंने टी.वी. ऑन कर दिया। परदे पर बाबर जानी की मस्जिद टूटी पड़ी थी। मैंने तारीख याद की। छह दिसम्बर...अम्मी अवाक् थीं। टी.वी. के भीतर शोर था। उसके बाहर भी शोर था...अचानक मुझे अहसास हुआ। मैंने दौड़कर टी. वी. की आवाज धीमी कर दी। सोफे पर बैठ गई। फिर वे अचानक उठीं और उन्होंने खिड़कियाँ बन्द कर बत्तियाँ बुझा दीं। मुझे करंट छू गया।

"अम्मी..." मैं घिघियाई।

अम्मी ने मुझे अपने से साट लिया। तभी किचन में प्रेशर कुकर ने सीटी मारी तो अम्मी परेशान हो गईं। हम दोनों ने वह रात धीमी साँसें लेते हुए एक बिस्तर पर गुजार दी। मुझे अफसोस बस इस बात का था कि अब लम्बे अरसे तक मैं किसी से मिल नहीं पाऊँगी। जबकि अम्मी की फिक्र यह थी कि किसी से मिलने की घड़ी तभी तो आएगी, जब हम बच पाएँगे। यह कितना बड़ा सवाल हमारे आगे लिख गया था। हमारे घर में फोन नहीं था और अम्मी अपने नाते वालों को तभी खैर-खबर दे सकती थीं, जब बाहर निकला जाए। बाहर निकलना ही एक सवाल था। अम्मी रात को दरवाजे की छेद से आँखें सटाकर बार-बार बाहर झाँकतीं। अम्मी बार-बार अपने से वादा कर रही थीं कि हालात यदि एक बार सँभल गए तो वे दूसरे मुसलमानों की तरह इस इलाके को छोड़कर अपने गढ़ में जा बसेंगी। लेकिन हम बच पाएँगे...सवाल वही था एक।

अगला दिन हुआ। हम दिन तपे वहीं, वैसे ही पड़े रहे। उस रोज न अखबार वाला आया न दूध वाला आया...इधर। हममें हरकत तब हुई जब फिर से दरवाजे पर आहिस्ता दस्तक हुई। फिर चाकू वगैरह लेकर मैं परदे के इस पार रही...और अम्मी उस पार। अम्मी ने सूराखों से झाँका लेकिन उन्हें कोई निशानी न मिली। वे मेरी ओर पलटीं। तभी दुबारा दस्तक हुई।

"कौन है?" अम्मी का गला धीमा और लड़खड़ाया था।

"शिरीष।"

मैं परदे से बाहर आ गई और अम्मी पीछे हट गईं। मैंने दरवाजा खोला। तीनों थे।

"आप लोग चलिए।" शिरीष ने बगैर भूमिका के कहा।

हम दोनों जैसे इसी ताक में थे। हमने नहीं पूछा, कहाँ...। हम दोनों मशीन की तरह मुड़े और हड़बड़-हड़बड़ सामान समेटने लगे। मैं ब्रश, कंघी रखती जाऊँ और यह सोचती जाऊँ कि ऐसा होगा ही...क्या मैंने अपने आप को इस हालात के लिए तैयार कर रखा था? और अम्मी? वे किस तेजी से साड़ियाँ समेट रही थीं। उन्हें भी

यकीन था...किस पर...मेरे दोस्तों पर? क्या हम लोगों ने इतने अरसे में यही एक रिश्ता कमाया था। दो एयरबैग तैयार थे। अम्मी उनका मुँह ताकने लगीं। उनमें से एक जो था शिरीष, उसकी आँखें भरी थीं। अतुल ने दोनों बैग उठा लिये। मैं निकलती चली आई। तब देखा अम्मी अपने कन्धे पर मेरा दुपट्टा सँभाले दरवाजा बन्द कर रही थीं। बिना आहट। अनन्या की गाड़ी थी। हम दोनों पीछे बैठे, साथ अतुल। हम अजीब-शजीब गलियों से गुजरते पहुँचे, जहाँ पहुँचना था। हर्ष सामान उतारकर भीतर घुसा। अम्मी अन्दर ही बैठी रहीं। मैंने उतरकर शिरीष को देखा। उसने नजरें झुका लीं। मैंने अतुल को देखा। उसने मुँह फेरकर सामान उठाने में अपने को व्यस्त कर दिया। भीतर से हर्ष की गाढ़े रंग की माँ निकलकर बाहर तक आईं। उन्होंने मुझे नजर भरकर देखा। वे अगल-बगल अम्मी को तलाशने लगीं। शिरीष ने गाड़ी का दरवाजा खोल दिया। अम्मी बाहर आईं। भीतर से निकली माँ ने अम्मी का हाथ पकड़ लिया। अम्मी सर्द थीं। पर माँ की आँखों में अपनी शाखों से उखाड़कर अलग कर दिए जाने का दर्द था। बरसों पुराना दर्द जो उस रोज फिर से टीस दे रहा था। भीतर बहुत मेहनत झलक रही थी, जो हमारे लिए की गई थी। मुझे और अम्मी को बिठाया गया। हमें घेरकर घर के सारे लोग और मेरे तीन दोस्त खड़े हो गए। भगवान की जमीन पर वह मस्जिद हमने नहीं बनाई थी न इन लोगों का कोई हाथ उस मस्जिद को तोड़ने में था। फिर भी हम दोनों खेमे के लोग कतराकर गुनहगारों की तरह खड़े थे। एक दीवार थी, जो हमेशा से थी। जिसे बीच-बीच के ये वाकये और पुख्ता बना रहे थे। वही दीवार हमें एक-दूसरे से नजरें नहीं मिलाने दे रही थी। इमारत ही गिरानी थी तो गिराने के लिए यह दीवार ही क्या बुरी थी!

"मैं समझ सकती हूँ।" हर्ष की माँ ने कहा।

"मेरी समझ में कुछ नहीं आ रहा।" अम्मी ने कहा।

हमारे दो रोज यहाँ भी गुजर गए। वे दिन खुशी के खाते में रख दिए जाएँ या गम के। हमारी झिझक को उनके अपनापे ने, बात-बात पर फैलने वाली मुस्कान और धीमी आवाज में चलने वाले किस्सों में बदल दिया था। लेकिन उस घड़ी हममें खौफ समा जाता, जब लाल स्याही वाले अखबार या जलती बस्ती की लपटों वाली टी.वी. की खबरें हमारे सामने आ जातीं यकायक। सुबह-शाम शिरीष और अतुल आ जाते। अम्मी अब उन्हें हक से रोकने भी लगी थीं, ऐसे जलते हालात में वहाँ तक दोनों वक्त आने के लिए। तीसरी सुबह दस्तक हुई तो हर्ष की दोनों बहनें दौड़ीं। हर्ष ने उन्हें रोका और दरवाजा खुद खोला। मैं देखती रह गई और एक हट्टा-कट्टा आदमी भीतर घुस गया। उसने हर्ष को धकेल दिया और "रोशनआरा," चीखने लगा। यह नाम होश से पहली बार मेरे कानों में गूँजा था। बल्कि पहले-पहल मुझे लगा कि मैंने उस नाम को कहीं सुन रखा था। तब फक्...से दिमाग खुला...अम्मी...।

हर्ष सँभलता कि उस आदमी ने उसे पकड़ लिया और चिल्लाकर कुछ पूछता रहा। उसके साथ के आदमी बरामदे में मुझे नजर आए। तभी अम्मी आईं, कमरे में शोर सुनकर और उस आदमी को देखकर खड़ी रह गईं। आदमी अम्मी की ओर झपटा। वह अम्मी को जाने क्या-क्या बोलता हुआ खींचने लगा। अम्मी घिसटती हुई, मेरी तरफ देखने लगीं। उसने चिल्लाकर पूछा, ''तेरी लड़की यही है?''

मैंने कहा–'हाँ' और मैं अम्मी को खींचने लगी।

''चल!'' उसने मुझे खींच लिया।

''यहाँ तुम दोनों को सब मार डालेंगे। ये स्या...'' उसके बाद वही जानी-पहचानी चीजें...मैं सुनती रही...जिन्हें पिछले दिनों यूनिवर्सिटी आने-जाने में सुनती थी। सब कुछ वही था, बस 'मुसलमानों' की जगह 'हिन्दू' चिपका दिया गया था यहाँ। मैं अब एकदम ठंडी हो चुकी थी–अपने मामूजान को पहचान कर। तभी बाहर खड़े लोगों ने अपना काम कर दिया। घर के एक कोने से आग की लपटें उठने लगीं। मैंने उसका हाथ झटककर कहा–''नहीं जाना हमें।'' वह मुझे अजूबे की तरह देखने लगा। उसने दाँत पीसे और अम्मी से कहा, ''चलो, वक्त नहीं है हमारे पास! कैसे-कैसे तलाशा है तुम्हारा ठिकाना। इन हरामखोरों के इलाके में हम जान मुट्ठियों में लेकर आए हैं। चल!''

''नहीं जाएँगे हम अम्मी...'' मेरे गाल पर करारा चाँटा लगा। मामूजान का।

''निकलो, तुम निकलो।'' मैं दहाड़ी।

''नसर।''

''अम्मी हम नहीं जाएँगे। हम इनके साथ गए तो इनके लोग इस घर को तबाह कर देंगे, जिसने हमें दो रोज से छत दी है।'' मेरे गालों पर तमाचे पड़ते रहे बेहिसाब। मामूजान मुझ पर चढ़ गए।

''नहीं जाऊँगी, नहीं जाऊँगी मैं। जिन लोगों ने हमारी जान बचाई बिना कुछ बूझे...उनके घर में आग लगा सकते हैं तो क्या हमारे जाने के बाद उस घर के लोगों के जिस्म में छुरा नहीं उतार सकते...ये।''

अम्मी दोनों हाथों से चेहरा ढाँपकर वहीं बैठ गईं। घर जलता जा रहा था, सबके सामने और घर के लोग एकदम खड़े थे। तभी बाहर खड़े लोगों में भगदड़ मच गई।

''मरो तुम दोनों यहीं...'' मामूजान दहाड़े उनके साथी उन्हें पकड़कर ले गए। हिन्दुओं के इलाके में घुसकर इतनी हिम्मत दिखा जाना बहुत था। उनके जाते ही अम्मी को छोड़कर हम सब आग बुझाने में जुट गए। हर्ष मुझे और अम्मी को लेकर भीतर आने लगा। उसने अम्मी को बेआवाज खींचा। अम्मी बेचारी एक झटके से उबरी भी न थीं कि फिर लड़खड़ाती भागीं। हम दोनों को भंडार में छिपाया गया। अगल-बगल के लोग घर में आ गए। लेकिन आग लगाने वाले कौन थे...क्यों लगी आग...इसका जवाब वे ढूँढ़ नहीं पा रहे थे। अम्मी भंडार में घुटनों पर सिर दिए बैठी थीं, मैं दीवार

से सिर टिकाए। हम इन्तजार करते रहे। घर के खाली होने का...फिर भंडार के बाहर से खोले जाने का...फिर...हर्ष की माँ भीतर आईं। मैं उठी दीवार पकड़कर। उन्होंने झुककर अम्मी को पकड़ा। अम्मी ने सिर उठाया और फफककर रो पड़ीं। अम्मी रोती रहीं। उन्हें वैसे जतन से रोता देखकर किसी को चुप कराने का खयाल नहीं आया। अम्मी की आँखों से जब कुल मिलाकर उतना पानी गिर चुका, जिससे उस घर की आग बुझाई जा सकती थी, तब मैंने अम्मी के कन्धे पर हाथ धरा। अब अम्मी इस घर का कर्ज सधा चुकी थीं। मैंने अम्मी को चुप कराया। धीरे-धीरे फिर घर के सारे लोग हमारे साथ वैसे ही हो गए, जैसे उस वाकये के पहले थे। शाम को हम टी.वी. देख रहे थे, जब शिरीष और अतुल आए। शिरीष मुझे दूसरे कमरे में ले गया।

"नसर, तुमने दोस्ती निभा दी। हमारे रहते तुम्हें कोई नहीं छू सकेगा।"

"शिरीष, तुम लोगों ने क्या कम किया है मेरे लिए। मेरे लिए...मैं सोचती हूँ तो...। मैं इतनी अमीर थी, मुझे अहसास ही न था...।"

अचानक मेरी पलकों में कोई एक आँसू फँस गया...मैंने महसूस किया।

"तुम बहुत अच्छी हो नसर।"

मेरी पलकें झिलमिलाईं।

"बहुत-बहुत अच्छी। नसर एक बात कहूँ?"

"हूँ।"

"प्लीज न मत कहना...! एक हसरत है, बस एक...प्लीज नसर।"

"कहो।"

"मैं एक बार तुम्हारी पलकें चूमना चाहता हूँ, बस एक..."

पलकों ने उस आँसू को आजाद कर दिया। वो मेरे गाल पर फिसल गया–"शि..."

अतुल और हर्ष कमरे में घुसे।

"शिरीष, आगे की कुछ प्लैनिंग कर लेते हैं।" अतुल ने कहा।

"कल से आंटी और नसर को मेरे घर शिफ्ट कर देंगे।" शिरीष ने कहा।

"यहाँ कोई प्रॉबलम अब नहीं होगी।"

"नहीं हर्ष। यहाँ अब खतरा है। दोनों परिवारों को।"

"मेरा इलाका सेफ नहीं है..." अतुल की आवाज लड़खड़ा गई।

"ज्योति..."

"मेरे साथ रहेंगे ये लोग बस।"

"नो शिरीष। आंटी के आने के बाद! ज्योति का घर सही है तब तक।" अतुल ने कहा।

"तुम क्यों नहीं कुछ कहती?" हर्ष ने मुझसे कहा।

"मैं क्या कहूँ...तुम सबको आफत में डाल रखा है। मैं क्या कहूँ?"

"क्या लड़कियों की तरह रोना शुरू कर दिया?" अतुल ने मुझे डाँटने की कोशिश की या हँसाने की?

"चुप हो जाओ नसर...! अच्छी बच्ची...देखो बाबू।"

शिरीष ने मुझे बहलाने की कोशिश की या दुलारने की?

हर्ष ने मेरी हथेली को जोर से पकड़ लिया। उसने मेरी पीठ थपथपाई। उसने मुझे ढाँढस बँधाने की कोशिश की या दिलेर बनाने की...।

"फिर फाइनल रहा ज्योति का घर। अभी हम दोनों निकलते हैं...ज्योति के घर। फिर हम आएँगे। आज ही शिफ्ट करना होगा।"

"आज...?" मैं और हर्ष साथ-साथ चौंके।

"नहीं कल।" शिरीष ने कहा, "चल अतुल। हर्ष।"

वे तीनों निकले। मैं कमरे में अकेली बची। कुछ लम्हे बीते। मेरे में हसरत जागी कि मैं उन दोनों को जाता हुआ देखूँ...मैं झपटकर बाहर निकलने लगी। घर के दरवाजे पर मेरे पैरों ने अपने को रोक लिया...कानों के इशारे पर। अतुल था...अब रोया कि तब रोया..."मम्मी, डैडी मानते नहीं। डैडी तो फिर भी। मम्मी एकदम नहीं। कहती हैं—तू घर से बाहर चला जा, बर्दाश्त कर लूँगी..."

"अतुल ठीक है न...। हर्ष, गाड़ी नहीं आएगी...अनन्या की। वह घर में सबको राजी नहीं कर पाई।" शिरीष की बुदबुदाहट खो रही थी। फिर फिर फिर। मैंने हिम्मत करके झाँका। हर्ष बरामदे में बैठा था। दो लोग नहीं थे...।

तो वह उस घर की मेरी आखिरी रात थी। ठंडी और बेरहम। मेरी हसरत थी कि हर्ष के साथ थोड़ी तनहाई पा जाऊँ। मैंने ऐसा ही किया। रात ढलते ही खा-पीकर सारे लोग दुबकने लगे। तब मैं अम्मी से इजाजत लेकर आई और मैंने हर्ष से उसका साथ माँगा। हम दोनों ड्राइंगरूम के कोने में ही बैठे। मैं सोफे पर पैर ऊपर करके उकड़ूँ, और वह भले इनसानों की तरह।

"हर्ष अच्छा ही हुआ, मैं नासमझ की मेम्बर रही। मेरे होने से कितने अमीर हुए तुम अहसासों के मामले में!"

"क्या तुम्हें बुरा लगा था...या डर जैसा कुछ..."

"क्या...?"

"अकेली पड़ जाने पर?"

"नहीं। क्योंकि मैंने ये सोचना शुरू कर दिया...जैसे मैं, मैं होऊँ ही न, कोई और होऊँ। अपनी रूह से अपना बोझ उतार दिया...बस।" मैं मुस्कुराई।

"गुड! दुनिया में सबको एक न एक बार ऐसा लगता है कि वह अकेला रह गया है। यह अकेलापन दरअसल अपने आप के होने का बोध है। ए सेंस ऑफ आइडेंटिफिकेशन। ये एक जरूरी फेज है। बेहद जरूरी। तुम जिससे गुजर रही हो।"

"गुजर चुकी हूँ।" मैंने कहा।

"गुजर चुकी हो।" हर्ष मुस्कुराया।

"नसर जाने क्यों, अभी ऐसा लग रहा है जैसे हम कभी मिलेंगे ही नहीं।"

मैं हँस पड़ी, "कौन मारा जाएगा–तुम या मैं?"

"अगर मरना ही तय है तो दोनों मरें--क्यों?" हर्ष ने कहा।

"नहीं! मैं नहीं मरती...और तुम भी बच जाओगे...व्ही हैव टू मीट–नासमझ!"

"तुम नासमझ!"

"ग्रुप के सारे लोग अभी यहाँ होते तो कितनी मस्ती आती।"

"जो जहाँ रहें, वहीं मस्त रहें।" मेरी आँखें छलक आईं फिर से।

"कम ऑन नसर।" हर्ष ने उसे नोटिस कर लिया, "चलो सो जाओ! आखिरी रात तो यहाँ पर चैन से सोओ! चलो।" उसने मुझे उठाते हुए कहा।

"नहीं अभी नहीं। बैठो न...! अच्छा चलो!"

"बैठना है?"

"नहीं चलो..."

अगला दिन बगैर किसी घटना के निकल गया। शाम आ गई तो हमने सामान बैग में भर लिए। अँधेरा होते ही अतुल और शिरीष आ गए। हमारा दिन जैसे चुपचाप गुजरा था, ठीक उसके विपरीत शहर के हालात थे। हिन्दू, मुसलमान दो साफ खेमों में बँट चुके थे और किसी समय कुछ भी हो सकता था। छुप छिपाकर हमारी जगह बदल दी गई। ज्योति के घर। यहाँ सब लोग हमसे भी ज्यादा खौफ खाए थे। अम्मी के चेहरे पर स्याही पुती थी, जो ताजा-ताजा हुई घटना की परछाईं थी। जब हम हर्ष के घर से चल रहे थे, तो अम्मी ने भरे गले से हर्ष की माँ से कहा था– "खता हुई हो हमसे जाने-अनजाने तो माफ करेंगी।" तब हर्ष की माँ की आँखें चमकी थीं। वे बोलीं–"भूल-चूक अपनों के साथ होती है। दूसरों के सामने तो आदमी सँभलकर रहता है।"

ये क्या होता जा रहा था मुझे...एक पल जोश लेकर उठती थी कि इस मुसीबत का जैसे बन पड़े, सामना करना था और जीतकर ही निकलना था यहाँ से...दूसरे लम्हे जिन्दगी लुटा देने लायक चीज लगने लगती। इस दर-दर की भटकन से अपने घर की घुटन क्या बुरी थी! हम तक आता ही कौन! हमें मारकर किसी को क्या हासिल होता? किसी को भी मारकर किसी को क्या हासिल होता है? वही हमें भी मारकर होता! बात इतनी आसान और सुलझी हुई थी! ज्योति का बेआधार परिवार। बिस्तर पर पड़ी माँ, छोटे भाई-बहन। इन्हें देखते ही मुझे लगा कि हम ज्यादती कर रहे थे। मैंने आहिस्ता-आहिस्ता शिरीष से कहा, "हम घर ही चले चलते..."

"बस आज की रात। वह भी आधी। सुबह चार बजे ही तुम्हारी ट्रेन है।"

"ट्रेन?"

"ये टिकट। तुम मेरे भाई के घर जा रही हो। माँ वहीं हैं। सारा इन्तजाम हो गया है। वहाँ शान्ति है। स्टेशन से तुम लोगों को भइया आकर ले जाएँगे। यहाँ जब शान्ति हो जाएगी, तभी आप लौटेंगी आंटी।" शिरीष ने अम्मी से मुखातिब होते हुए हमें हमारा अगला पता बताया। अम्मी के चेहरे पर सुकून दिखा। ज्योति के भाई-बहन हमें घेरकर बैठ गए। हम माँ-बेटी चिड़ियाखाना के जानवरों-से सिकुड़े बैठे थे। शिरीष जाने लगा तो मैं उठी। उसने जाते-जाते अम्मी से कहा, "हम सुबह आएँगे चार बजे। तैयार रहिएगा।" जब वह चलने लगा तो मैंने धीमे से कहा, "तुम अच्छे हो, लेकिन मुझसे ज्यादा नहीं।"

उसने सिर झुका लिया और बाहर निकल गया बगैर देखे। अम्मी से खाने का इसरार किया गया, पर वे एक-दो कौर में रस्म अदाकर लिहाफ में घुस गईं। ज्योति ने झटपट भाई-बहनों को खिलाया। अपनी माँ को अच्छी तरह से ढँक आई। उनकी तबीयत दोपहर से बिगड़ गई थी और हमारे आने के पहले से ही वे सो रही थीं। उन्हें मालूम भी नहीं हो पाएगा और हम आकर चले भी जाएँगे...उसे इस बात का बड़ा अफसोस था। ज्योति फिर पिता का बिस्तर वगैरह लगाने चली। घर के भीतर जगह नहीं बची थी कुछ भी, तो घर के बाहर। भयानक शर्मिन्दगी हुई। मैं खिड़की के बाहर ज्योति को बिस्तर लगाते देखती रही। अंकल चादर बिछवाने में मदद कर रहे थे। ज्योति चलने लगी, तो अंकल ने डरी हुई आँखों से पूछा, "जाएँगे कब ये?" ज्योति की आँखों में मेरी आने वाली जिन्दगी की रूह काँप गई।

"सुबह...।" उसके अल्फाज बिखर गए...।

मैंने ज्योति की गोद में सिर रखा और आँखें बन्द कर लीं। उसने दो खत मेरे आगे कर दिए। एक लिफाफे वाला। दूसरा उघड़ा। कागज की नस्ल देखकर ही लगता था कि दोनों ताजा थे। मैंने आँखें मूँदकर दोनों में से एक को उठाया। बिना लिफाफे वाला खत उठकर आ गया मेरे हाथ में। यूनिवर्सिटी से घर लौटने के रास्ते में आँखें बन्द करवाकर मनी की एक उँगली चुनवाने की अदा याद आ गई। मैंने खत की तह खोली तो वह मनी का ही था।...पहले मेरा हाल, फिर अम्मी का...फिर मोहल्ले की गर्म हवा, फिर मिलने की तमन्ना, फिर..."जिसका इन्तजार करती थी, वह खत नहीं आया। खत लिखने वाला खुद आया! उसकी अहसानमन्द हूँ। उसने मुझे कामना बनने से बचा लिया। वह मेरी जिन्दगी से दूर जा चुका है। अब जब हम मिलेंगे...तुम्हारे किसी सवाल के जवाब में मैं...मैं कामना जैसी किस्मतवाली कहाँ...ऐसा कुछ नहीं कहूँगी। जल्दी मिलना नसर...।"

बस मेरे हाथ से कागज नीचे फिसल गया। मैंने ज्योति को देखा। उसने मुझे। मैंने लिफाफा फाड़ दिया। अनन्या—"जिस लड़के को मैंने खून दिया था, उसने कल

शहर के दंगे में अपने दो मुसलमान दोस्तों को मार डाला। मुझे माफ कर देना नसर...'' मैंने साँसें खींच लीं। मेरी पलकें...। मैंने एक बार जोर से...बगैर परदा...रो देने को मुँह बनाया लेकिन रुलाई आई नहीं। हाँ। ज्योति ने मुझे पकड़ा, ''नसर, हम सब तुम्हें बहुत चाहते हैं। सब ठीक हो जाएगा। हम फिर पहले की तरह...हम तुम्हें कभी नहीं गँवा सकते।''

ये लम्हा कितना सुकून पहुँचाने वाला था। आह! अल्लाह मरने की सही घड़ी चुनने को कहता तो शायद मैं इसे ही चुनती। मरना उसी घड़ी जब जीने की सबसे ज्यादा चाह जगे...मैं नींद में उतरने लगी...।

मेरी आँखें खुलीं और मुझे लगा कि मैंने कुछ गँवा दिया है। मैं सँभला और बेतहाशा हर्ष के घर की ओर भागा। आधे रास्ते पर मुझे याद आया कि मुझे तो ज्योति के घर जाना चाहिए था...अतुल को भी साथ लेने की बात थी। मुझे कुछ नहीं सूझा। घड़ी देखी। साढ़े तीन। मैं बगैर अतुल को लिये या हर्ष को लिये ज्योति के घर की ओर भागा। मैं क्यों भाग रहा था, खुद मुझे पता न था। मैं पहुँचा। मैंने देखा–घर शान्त पड़ा था। मुझे सुकून हुआ। मैंने स्थिर होकर साँसों को सामान्य किया। मैं तब चला दरवाजा थपथपाने। वे लोग तैयार थे कि नहीं...। बरामदे पर अंकल का बिस्तर बिछा था। दरवाजा बन्द था घर का। मैंने दरवाजे पर दस्तक दी। दरवाजा खुल गया। मेरी कुछ समझ में न आया। बस दस्तक देने से दरवाजा कैसे खुल सकता था। अंकल बाहर सोये थे तो दरवाजा खुला छोड़ दिया...। तभी मेरी बुद्धि खुली और मैं बेतहाशा–''नसर...नसर...ज्योति'' चिल्लाने लगा। घर के लोग नींद से हड़बड़ाकर जागे। स्विच किसी को मिल नहीं रहा था। फिर किसी ने बत्ती जलाई।

मैंने उन लोगों में से ज्योति को चुनकर निकाला–''नसर?''

''क्या नसर?''

''नसर कहाँ हैं?''

ज्योति का मुँह खुला रह गया। सबने रजाइयाँ उठाकर फेंकनी शुरू कर दीं

''आंटी...''

वे होतीं तो न मिलतीं।

''यहीं तो थीं...'' ज्योति ने तकिया टटोला–चद्दर भी।

मुझे तकिए के नीचे कुछ दिखा। मैं झपटा उस पर–''शिरीष के लिए...'' मैंने ज्योति को देखा।

मैंने लिफाफा फाड़ना शुरू किया। लिफाफा फटा। हमने भीतर झाँका।

"कुछ नहीं...खाली लिफाफा!" ज्योति के होंठ थरथरा रहे थे। मुझे उस लिफाफे में कुछ दिख गया था। लिफाफा खाली नहीं था। उसमें...उसमें नसर की पलक थी!!! एक साबुत पलक। मैंने लिफाफे को शर्ट की जेब में रख लिया और लेट गया।

पलकों के बारे में सुना है कि वे एक खास तयशुदा कतार में रहा करती हैं। ये भी कि वे एक निश्चित सीमा के बाद आगे नहीं बढ़तीं। और जब वे उस तयशुदा जगह और दायरे से बाहर अपनी शख्सियत तलाशना चाहती हैं, तो उन्हें टूटना होता है। और ऐसी ही कोई टूटी पलक यदि आँखों के बीचोबीच आ गिरे तो सारा समीकरण बिगड़ जाता है और इनकी जरा-सी मौजूदगी भी बड़े से बड़े वजूद को हिला देती है। नसरीन अख्तर कहीं तुम मेरे पूरे समय की आँखों में पड़ी वही पलक भर छटपटाहट तो नहीं!!!

"कहाँ छुपा लिया तुमने अपने आप को?" मैं कहता रहा।

"क्या दुनिया इतनी बड़ी है कि उसमें अपने आपको छुपा लिया जाए।"

मेरी आँखों से ढल-ढल बूँदें ढलीं। तुम्हारे बगैर देखो...नसर ये सब सीख चुका हूँ। तुम्हारी बात भी करना, अपनी बात भी करना। सवाल-जवाबों का दौर। अब अकेला दोनों की पारियाँ खेलता हूँ–

"क्या आधी रात में इस तरह जाना जरूरी था नसर?"

"हमेशा से ऐसा होता आया है, जिसे कुछ हासिल करना हो...जिसके सामने मकसद बड़ा हो...उसे आधी रात को ही निकलना होता है...उस समय जबकि उसकी दुनिया सबसे सुखी हो...।"

"क्या तुम्हारी राह देखी जाए? उड़ चुके परिन्दों का इन्तजार सही है क्या?"

"इन्तजार अल्फाज किसी सही-बेसही की हद में नहीं बाँधता अपने को।"

पलकों के बारे में यह भी सुना है कि अगर उन्हें बन्द मुट्ठी के ऊपर रख दिया जाए...आँखें बन्द करके कोई मुराद माँगते हुए फूँककर उडा दिया जाए...और आँखें खोलने पर पलक मुट्ठी पर ना मिले तो माँगी गई मुराद पूरी हो जाती है।

मैंने बन्द मुट्ठी पर उस पलक को रखा। आँखें बन्द कीं...

"तुम क्या पाकर लौटोगी नसर?"

"पाकर नहीं...खोकर। वह खौफ...जो मुझे इनसान की तरह जीने नहीं देता था, हमेशा एक औरत...एक मुसलमान बना डालने की धौंस देता था...उस खौफ को खोकर...अब लौटना होगा।"

क़र्फ्यू

रणविजय सत्यकेतु

जयनगर

दि. 11.11.89

प्रिय फरजाना,

तुम्हारी जिद ने आखिर मुझे घर पहुँचा ही दिया। तुम्हारी तसल्ली को बता दूँ कि यहाँ किसी तरह का खतरा नहीं है। खतरा जहाँ तुम्हें लग रहा था, वहाँ भी मैं सुकून महसूस कर रहा था। वाकई नसीम भाई का घर मुझे उपाध्याय लॉज, सिन्हा लॉज और नवाबगंज के किसी अन्य लॉज से ज्यादा और बहुत-बहुत सुरक्षित लग रहा था। लेकिन तुम्हारी तरह नसीम भाई ने भी मुझे भगाने की कसम ही खा ली थी। उन्होंने मेरी एक नहीं सुनी। लगभग खींचते हुए अहाते के बाहर ले आए और कहा, ''बहुत वीर-बाँका न बनो और तुरन्त निकल लो। अभी दो-तीन दिन उपाध्याय जी के यहाँ रह लो, फिर मौका पाते ही गंगा पारकर लेना। सामान मेरे जिम्मे रहा।''

विभूति, अंजनी, प्रणव और अजीत तो पहले से तैयार बैठे थे निकल भागने के लिए। सो उन सबने नसीम भाई को बहुत-बहुत शुक्रिया कहा।

धनियापुर की सीमा तक नसीम भाई आए और फिर रुक गए। मुझे एक तरफ खींच लिया, ''बेटा, बुरा न मानना। खुदा न करे ऐसे कोई हालात खड़े हो जाएँ तो जान पर खेलकर भी तुम सबकी हिफाजत करूँगा लेकिन बला को जितना टाला जाए, उतना ही ठीक। मोहल्ले के कुछ लड़के बड़े-बुजुर्गों के कहे में नहीं हैं, कुछ बड़े भी उनकी हाँ में हाँ मिला जाते हैं। इसलिए मैं बेहद डरा हुआ हूँ।''

उपाध्यायजी के यहाँ चला तो आया लेकिन वहाँ हमेशा दंगों की ही बातें होती थीं। उपाध्यायजी दंगे-फसाद के नाम से डरनेवाले ठहरे, वे अपनी जान-माल बचाने के लिए दंगों की बात करते थे। लेकिन उनका बेटा अन्नूजी अपने बड़बोलेपन की

वजह से दंगों की बातें करता था। आसपास के लोग यों ही बतकही में शामिल होने आ जाते थे। और रही-सही कसर हमारे दोस्त पूरी कर देते। कुल मिलाकर शान्ति वहाँ भी नहीं थी।

24 अक्टूबर की शाम को शहर में दंगे शुरू हो जाने का असर धनियापुर-नवाबगंज में साफ दिखाई दिया। मैं बड़ी हैरत में था। दोनों मोहल्लों के साथ-साथ क्रिकेट और फुटबॉल खेलनेवाले लड़के एक-दूसरे पर ईंट-पत्थर फेंक रहे थे। देव सिंह के लड़के मिलन और इनायत खाँ के लड़के अख्तर की गायक जोड़ी की माँग ऑरकेस्ट्रा के लिए कितनी होती थी। तुमने भी कई बार उनकी गायकी के किस्से सुनाए थे। लेकिन उस शाम वे दोनों एक-दूसरे को भद्दी-भद्दी गालियाँ दे रहे थे। और न जाने क्या-क्या कह रहे थे।

24 तारीख को पूरी रात हम लोग जगे ही रह गए। बल्कि मोहल्ले के सभी लोग जगे हुए थे। 25 की सुबह हम सभी कुछ खाने-पीने की जुगाड़ लगा ही रहे थे कि तुम धमक आईं। पहले तो तुम्हें देखकर ही आश्चर्य हुआ कि कैसे तुमको इस वक्त घर से निकलने दिया गया। फिर खुशी हुई कि चलो पिछले दो दिन के अनुभव तुम्हें सुनाऊँगा। लेकिन तुम तो रणचंडी बनी आई थीं, "यहाँ क्या कर रहे हो, गाँव क्यों नहीं गए अभी तक?" कितना समझाने का तुम पर कोई असर ही नहीं पड़ा। उल्टे गुस्साती चली गईं। उतना भी चलता लेकिन फरजू तुम रो पड़ोगी, इसका मुझे कतई अन्दाजा नहीं था।

वह तुम्हारा अन्तिम और कारगर हथियार साबित हुआ। इसलिए भी कि मेरे इजहार को कभी तुमने अपने व्यावहारिक तर्कों से जरूर दफन कर दिया था, मगर मेरे मन में तुम्हारे लिए जो खास जगह बन गई थी, वह दिन-ब-दिन मजबूती ही हासिल करती चली गई।

नवाबगंज के बाहर जैसे ही निकला, गायत्री चौक पर खड़े दो पुलिसवालों ने हड़का लिया, "कहाँ जा रहे हो जत्था बनाकर? जानते नहीं, शहर में कर्फ्यू लग गया है?" हम लोगों ने गंगा पार कर गाँव जाने की बात पता नहीं कितनी बार और किस-किस तरह समझाई, तब कहीं जाकर आगे जाने दिया। लेकिन साथ ही हिदायत दे दी, "बीच से लौटियो मत, नहीं तो डंडे लगाऊँगा।"

हम लोग यूनिवर्सिटी गेस्ट हाउस मोड़ पर पहुँचे ही थे कि गेस्ट हाउस के माली तौफीक मिल गए। उन्होंने सुझाया कि हम लोग कोतवाली होकर आदमपुर घाट की ओर बढ़ें। कोतवाली भी सराय होकर नहीं बल्कि उर्दू बाजार, भेलसर होते हुए निकले।

हम सभी कम्पनीबाग पहुँचे तो अंजनी ठिठक गया जैसे कोई पूर्वाभास हुआ हो। बोला, "लगता है तौफीकवा फँसाने के चक्कर में है।" हमने उसके बेवजह शक का कारण पूछा तो कहने लगा, "एक तो उर्दू बाजार ही कम खतरनाक नहीं है, दूसरा

अगर वहाँ से किसी तरह निकल भी गए तो भेलसर चौक की सोचो। अलीपुर से कितना सटा हुआ है। अभी हर कोई छत पर से टोह ले रहा होगा। सुनसान सड़क पर दूर से ही हम पाँच नजर आ जाएँगे।''

अजीत उसकी बातों से बिलकुल सहमत था। तुरन्त जोड़ दिया, ''चौक तक आने और पूछने की फुर्सत अभी किसको होगी, छत से ही बन्दूक चल जाएगी। ऐसे माहौल में किसी को दया-धरम की याद नहीं रहती।''

उसके इस तरह कहने से वाकई सभी सोच में पड़ गए। अंजनी सराय होकर कोतवाली चलने को कह रहा था लेकिन प्रणव इससे सहमत नहीं था। वह सराय को ज्यादा खतरनाक बता रहा था। हम लोग भारी उधेड़बुन में फँस गए। कोई अन्तिम फैसला नहीं हो रहा था लेकिन बहुमत उर्दू बाजार होकर चलने का था। क्योंकि वह रास्ता सबके लिए जाना-पहचाना था। उस सुनसान सड़क पर ज्यादा देर खड़े रहना भी ठीक नहीं था। आखिर विभूति ने एक ठोस पहली की, ''अरे बॉस, चलिए, उर्दू बाजार, बाकी जो होगा देखा जाएगा।''

हम सभी उर्दू बाजार की ओर बढ़ गए। हम तेज-तेज चल रहे थे और बातें भी कम कर रहे थे। आशंकाएँ ढेरों थीं लेकिन हँसी-ठिठोली में उन्हें निर्मल किए दे रहे थे। लोग घरों से झाँक-झाँककर हमें देख रहे थे। वे ही लोग जो खटिया-चौकी बाहर में डाले लापरवाह बैठे बतियाते रहते थे, अपने घरों में भी खामोश थे। बच्चे आदतन बाहर की ओर दौड़ने की कोशिश करते तो माँएँ या बहनें उन्हें घसीट लेतीं, बाप-चाचा या भाई उन्हें घुड़क देते, दो चपत लगा देते।

ऐसे हालात को अंजनी और भयावह बनाने की कोशिश कर रहा था, ''जानते हो, सबको पता है कि इस बार आर-पार का फैसला होनेवाला है। एसपी बड़ा कड़ियल है, चुन-चुनकर कटुओं को मारेगा। एसपी की जीप पर बम मारना खेल समझते हो? या तो मियाँ लोग यहाँ से भाग जाएगा या फिर सब दिन के लिए हिम्मत हार जाएगा।''

''भागकर कहाँ जाएगा बॉस, यहीं रहेगा। और छाती पर मूँग दलेगा।'' विभूति ने अंजनी की बात को काटते हुए कहा, ''कमजोर समझ रहे हैं का मुसलमानों को? सीधा पाकिस्तान से कनेक्शन है। अकेले अलीपुर का मुसलमान पूरे शहर को नाप लेगा, बाकी मोहल्लों की बात छोड़िए।''

''अरे छोड़ो,'' अजीत को विभूति का तर्क पसन्द नहीं आया था। कहा, ''कितना भी बलवान हो, हिन्दुओं से थोड़े न पार जाएगा। पिंटू यादव, सूधो मंडल, दूलो सिंह, मानिक राय, जाखू मोदी क्या कान में तेल डालकर सोए रहेंगे? एक-एक ग्रुप शहर का एक-एक कोना थामने की कूवत रखता है। हिलने तो देगा नहीं और तुम शहर नापने की बात करते हो।''

''बकथोथनी करना अलग बात है बॉस, और काम करना अलग?'' विभूति की आवाज थोड़ी तेज थी, ''जितने नाम गिनाए, ये सब केवल अपने मोहल्लों के शेर हैं। बाहर इनको कुत्ते भी नहीं टेरते। सबका अपना-अपना स्वार्थ है, किसी को कभी एक साथ बोलते-बतियाते सुना भी है?''

''ऐसे बनाव तो मुसलमान के टाइगरों में भी नहीं हैं।'' अब तक चुप रहे प्रणव ने कहा, ''जितने बॉस और डॉन हैं शहर के, कौन किसका दोस्त है और कौन किसका दुश्मन, पता नहीं चलता।''

''पता अब चलेगा न, अब तो धर्म बीच में आ गया है। कितना भी सड़ा हुआ हिन्दू होगा, रामशिला का अपमान तो बर्दाश्त नहीं करेगा। जुलूस पर बमबाजी करना महँगा पड़ेगा उन्हें।'' अजीत ने दावे के साथ कहा।

''क्या फालतू की बातें करते हो, यार।'' मैं इस बेकार की बहस से खीज गया था। बोला, ''जहाँ चल रहे हो, पहले उसकी फिक्र करो, बाद में सियासी पहेलियों पर दिमाग खपाना। राह चलते कोई हिन्दू ही ठोंक देगा, सफाई तक देने का मौका नहीं मिलेगा। और पूरे शहर में शोर मच जाएगा कि पाँच हिन्दू लड़कों को मुसलमानों ने मार गिराया।''

इस बात पर सब एकबारगी चुप हो गए। सबका ध्यान मौके पर लौट आया। तब तक हम विक्रमपुर मोहल्ला पार कर चुके थे। भेलसर चौक आने ही वाला था।

''विवेक, देखो तुम्हारी मैडम की छत से दो लोग हमें ही निहार रहे हैं।'' अजीत का इशारा प्रोफेसर नीता मेहता की छत की ओर था। मैं इस समय उधर देखने के मूड में भी नहीं था और न ही चाहता था कि उस घर से मुझे कोई देख ले और खामाखाँ पूछताछ होने लगे। लेकिन साथियों को तो ऐसे मौके मिलने चाहिए। उसमें भी जबकि सामने कोई लड़की हो।

''अरे देख भी लीजिए बॉस,'' आदतन विभूति मजा लेने से नहीं चूका, ''बड़ी हसरत से आपको निहार रहे हैं लोग।'' हालाँकि उसके कहने का सीधा आशय था कि ''निहार रही हैं।''

मैं बड़ी शर्मिन्दगी महसूस कर रहा था कि कहीं इन लोगों ने किसी तरह का इशारा कर दिया तो सारी इमेज ही खत्म हो जाएगी। पता नहीं कौन-कौन छत पर हों। हारकर नजर उधर दौड़ाई तो देखा कि छत पर नीतादी का लड़का त्रिविष्णु और उनकी बड़ी बहन की बेटी समिधा थी। मेरे देखते ही दोनों ने हाथ हिलाए। मैंने भी हाथ हिला दिया। समिधा ने हाथ के इशारे से ही पूछा कि कहाँ जा रहे हो? लेकिन त्रिविष्णु ने कुछ पूछने की जगह हिदायत दी, ''विवेक भैया, ऐसे वक्त में बाहर घूमना ठीक है क्या, जानते नहीं शहर में कर्फ्यू लगा हुआ है?''

उसकी आवाज सुनकर आँगन में नीतादी निकल आई थीं। उन्होंने दोनों से पूछा कि किससे बतिया रहे हो तो उन्होंने मेरे बारे में बता दिया। थोड़ी ही देर में नीतादी

गेट के बाहर आ गईं। उनके पीछे उनके पति प्रो. त्रिपुरारी मेहता भी निकल आए। उन्होंने मुझे बुला लिया और लगे डाँटने। जब तक मैं कुछ बोलता, तब तक मेरी अच्छी खबर ले चुके थे दोनों।

वे तो दबाव बना रहे थे कि जब अपने लॉज से निकलकर इतनी दूर आ गया हूँ तो अब आगे न जाकर माहौल शान्त होने तक उन्हीं के यहाँ रह जाऊँ। लेकिन मैंने बताया कि मेरे साथ चार साथी भी हैं और फिर गाँव जाना जरूरी है। हालाँकि तत्काल गाँव भागने के लिए दी गई तुम्हारी कसम के अलावा कोई जरूरी कारण नहीं था। वे भी विवश हो गए। कहा, "जल्दी से कोतवाली पहुँचो और फिर जब तक घाट तक जाना पूरी तरह सुरक्षित न लगे, कोतवाली से हिलना नहीं।" मैंने हाँ की और छुट्टी पाई।

रास्ते में विभूति चिहुँका, "मान गए बॉस।"

"क्या मान गए भाई?" प्रणव ने तफरीह की।

मेरे साथ ही सभी विभूति का मुँह देखने लगे।

विभूति बड़ी देर तक मुस्कराया, फिर बोला, "बॉस, सिर्फ ट्यूशन ही पढ़ते हैं या कोई और बात है?"

"क्या मतलब?" उसके आशय को समझते हुए मैंने पूछने से ज्यादा झिड़का, "ट्यूशन ही पढ़ते हैं भाई, और क्या बात हो सकती है।"

"नहीं बॉस," विभूति ने असल बात पकड़ने के अन्दाज में सिर हिलाया, "ट्यूशन तो हजारों लोग पढ़ते हैं और सैकड़ों टीचर पढ़ाते हैं। कौन किसकी इतनी परवाह करता है।"

"सबके स्वभाव भी तो एक जैसे नहीं होते।" अंजनी ने जोड़ा, "फिर भैया विवेक तो अकेले ट्यूशनिया हैं। पहली बार प्रो. नीता मेहता ने किसी को ट्यूशन पढ़ाने की हामी भरी है और वह भी पूरे मार्केट से कम रेट पर। इनके बाद भी किसी दूसरे को पढ़ाना स्वीकार नहीं किया। अब मामला इकलौता हो तो बात खास-सी हो जाती है।"

"सही बात है," विभूति ने जैसे हथियार डाल दिया।

बात करते-करते हम लोग भेलसर चौक पहुँच गए थे। स्थान का खयाल आते ही हम लोगों ने चारों तरफ की सड़कों पर नजर दौड़ाई। जब तक कुछ सोच पाते अलीपुर, कोतवाली, गोलीहाट और विक्रमपुर चारों तरफ से सायरन बजाती बीएसएफ की चार गाड़ियाँ आकर हमारे पास रुक गईं। चारों ओर से बीएसएफ जवानों से घिरे हम लोग हक्के-बक्के रह गए बल्कि हमारा तो गला ही सूख गया। लगभग संगीनों का घटाटोप ही उमड़ आया।

हमारे ऊपर प्रश्नों की बौछार हो गई। कहाँ जा रहे हो?...कहाँ से आ रहे हो?...क्या नाम है?...घर कहाँ है?

इस स्थिति के लिए हम तैयार नहीं थे। लगभग हकलाते हुए अपना-अपना नाम बताया और कहा कि हम सभी गाँव जाना चाहते हैं।

हमारा नाम सुनकर जवानों की आवाज धीमी ही नहीं बल्कि मधुर भी हो गई। कहा, ''ठीक है,...जल्दी से निकलो। पता नहीं शहर में कर्फ्यू है?''

बाकी तीन गाड़ियाँ अपनी विपरीत दिशाओं की ओर चली गईं। जो गाड़ी विक्रमपुर की ओर से आई थी, वह कोतवाली की ओर जा रही थी। जवानों ने हम लोगों को भी बैठा लिया।

कोतवाली परिसर और उसके आसपास के सरकारी भवनों, स्कूलों में वर्दी धारियों का हुजूम उमड़ा हुआ था। सामने की धर्मशाला में सीआरपीएफ और बीएसएफ के जवानों का डेरा था। ले-देकर मन्दिर का छोटा-सा परिसर बचा था जहाँ ढेर सारे लोग टिके हुए दिखाई दे रहे थे। हम लोग भी उसी भीड़ में जल्दी से घुस गए ताकि कोई वर्दीधारी पूछताछ न करने लगे। वहाँ से पूरी कोतवाली का नजारा दिखाई देता था।

कोतवाली परिसर के बीचोबीच टेंट लगाकर आपात कंट्रोल रूम बनाया गया था जहाँ जिला व कमिश्नरी से लेकर प्रदेश स्तर के पुलिस और प्रशासनिक अधिकारी जमे हुए थे। लाउडस्पीकर से जवानों और अधिकारियों को लगातार निर्देश दिए जा रहे थे। पुलिस, बीएसएफ और सीआरपीएफ की गाड़ियाँ सड़कों पर साँय-साँय करती आ-जा, दौड़-भाग रही थीं।

सबसे अलग एसपी हर जगह दिखाई दे रहे थे। सिपाहियों के बीच, उनसे बतियाते, उनकी पीठ थपथपाते। लग ही नहीं रहा था कि पिछली शाम उस शख्स पर बम से हमला हुआ है। किसी तरह की शिथिलता नहीं, कोई खौफ नहीं। ताजा और तेजतर्रार। तैंतीस-चौंतीस वर्षीय एसपी को किसी समय हम लोगों ने कहीं बैठे नहीं देखा। एसपी की सक्रियता से सबसे ज्यादा परेशान डीएम थे। वहाँ उपस्थित लोग कह रहे थे कि शहर का ही एक कद्दावर नेता डीएम को बाँस किए हुए है कि मुसलमानों पर ज्यादा सख्ती नहीं करनी है। जो इसलिए कि चुनाव में अपनी हार की खुन्नस उन्हें हिन्दुओं की क्षति से निकालनी थी। इस खुलासे पर किसी को विश्वास हुआ, किसी को नहीं। लेकिन हम लोग एक-दूसरे का मुँह देखने लगे। गाड़ी में बीएसएफ वाले भी डीएम को ही गालियाँ बक रहे थे। उसे पिछलग्गू और मुस्लिमपरस्त बता रहे थे।

शाम पाँच बजे के आसपास खुसर-फुसर होने लगी कि अलीपुर के मुसलमान कोतवाली लूटने की मंशा से आगे बढ़ रहे हैं। उस समय जवानों की कई गाड़ियाँ अलीपुर की ओर रवाना हुईं तो हम लोगों को उस खुसर-फुसर पर विश्वास भी हो गया। विश्वास तब और पुख्ता हो गया जब आधे घंटे में कई लारियाँ आकर कोतवाली के सामने रुकीं और उसमें ठूँसे गए सैकड़ों लोग बोरों की तरह नीचे गिराए जाने लगे। नीचे बीएसएफ

जवानों की लाठियाँ उन पर बरसने लगीं। तसल्ली भर ठुकाई करने के बाद दौड़ाते हुए सबको लॉक अप में डाल दिया गया। उस ठुकाई को देखकर हम लोगों की धुकधुकी लग गई कि कहीं इधर भी न लाठियाँ बरसने लगें। मन-ही-मन भगवान का सुमिरन करने लगे कि किसी तरह वह गाँव तक पहुँचाने का जुगाड़ लगा दे।

विभूति धीरे-से मुझे एक ओर खींच ले गया। वह बहुत गम्भीर था। मैं प्रश्नभरी निगाहों से उसे देखने लगा। कुछ देर चुप रहने के बाद बोला, "बॉस, इस तरह किसी पराई लड़की के कहने पर जान जोखिम में डालना ठीक नहीं। आपके साथ सबकी जान चली जाती। यह तो संयोग है कि हम सभी सकुशल यहाँ तक पहुँच गए। नहीं तो कुछ भी हो सकता था। और अब भी कोई गारंटी नहीं कि गाँव तक हम लोग सकुशल पहुँच ही जाएँगे।"

"क्या मतलब?" मैं पराई लड़की पर अटक गया था, "आप फरजाना की बात कर रहे हैं न?"

उसने स्वीकृति में सिर हिलाया।

मैं थोड़ी देर चुप रहा कुछ कहूँ या नहीं कहूँ। यही विभूति थे जो नसीम भाई के यहाँ से निकल भागने पर अड़ गए थे कि वहाँ किसी भी तरह सुरक्षित नहीं हैं। जब यही असुरक्षा की बात तुम्हारे मन में उभरी और तमाम वर्जनाएँ तोड़कर तुम उपाध्याय लॉज तक आईं तो अब वह किन्तु-परन्तु कर रहे थे। एकबारगी जोर से गुस्सा आया लेकिन मन को शान्त कर समझाने के स्वर में ही कहा, "वह नहीं आती तो भी हम लोग कितने दिनों तक नवाबगंज में टिकते? बातों-ही-बातों में उपाध्यायजी हाथ खड़े कर ही चुके थे कि अपनी सुरक्षा आप करना। सिन्हा लॉज धनियापुर वालों के निशाने पर था। देर-सबेरे भागना तो पड़ता ही।"

इस पर उसने जवाब दिया, "जब सभी भागते तो हम भी भाग लेते।" मुझे बड़ी खीझ हुई उसकी बात से कि भागते जरूर लेकिन जब गर्दन पर बन आती। मैंने कहा, "लेकिन यह भी तो देखिए कि हमारी जान बचाने की खातिर फरजाना सुबह-सुबह नवाबगंज तक अकेले अपनी जान जोखिम में डालकर आई...तमाम वर्जनाओं के बावजूद।"

"वह हमारी नहीं आपकी खातिर आई थी।" इस बार विभूति की आवाज में शरारत थी।

"चलिए यही सही लेकिन उसका ऐसा करना तो सबके हित में रहा।" मैंने उसके भाव को तवज्जो नहीं दी।

"खाक हित में रहा, बॉस!" थोड़ी तेज आवाज में उलाहना दिया विभूति ने "भेलसर चौक में ही बीएसएफ वाले नाम-धाम पूछने की जगह बुलेटों से छलनी कर देते हम सभी को, फिर भगवान ही मालिक था।"

"ऐसा नहीं हुआ न?" एक-एक शब्द पर जोर डाला था मैंने।

"लेकिन हो सकता था न?" उसने भी उसी तरह जवाब दिया।

"हाँ, हो सकता था...क्यों नहीं हो सकता था।" मैं उत्तेजित हो गया, "हो तो यह भी सकता है कि कोई कोतवाली के ऊपर आकाश से बम गिरा दे। पूरे भागलपुर शहर पर मिसाइलों की बरसात कर दे। यह भी हो सकता था कि मोहल्लों में पड़ रही रेड की जद में उपाध्याय और सिन्हा लॉज भी आ जाते और हम सभी बलवाकारियों की जमात में शामिल कर लिए जाते। फिन इन लॉरियों में भर-भरकर और भुट्टे की तरह कूटे जा रहे लोगों में हम भी शामिल होते।"

मुझे लगा कि मैं कुछ ज्यादा तल्ख हो गया हूँ तो थोड़ी देर चुप हो गया। लम्बी साँस खींची। फिर कहा, "होने को तो कुछ भी हो सकता है विभूति भाई।...फिर भी यदि आपको लगता है कि फरजाना ने जान-बूझकर हम सबको इस हाल तक पहुँचाया है तो आपका लगना बिलकुल जायज है। बल्कि यही उद्देश्य था उसका कि हम सभी नवाबगंज-धनियापुर की आपसी धींगामुश्ती और पुलिस रेड की जकड़ में न आएँ और किसी अनहोनी से पहले अपने-अपने गाँव तक पहुँच जाएँ। फरजाना के कदम पर शक न कर हमें उसका शुक्रगुजार होना चाहिए कि उसने हमारे हित की सोची। मानवता का फर्ज निभाया।"

"मान गए बॉस!" फिर अपने पुराने अन्दाज पर आ गया विभूति, "मामला बिलकुल प्लूटोनिक है।"

"ऐसा कुछ भी नहीं है।" मैंने कहना चाहा लेकिन चुप ही रहा।

शाम सात बजे ही खबर आ गई कि एसपी बदले जा रहे हैं। नए एसपी पटना से रवाना कर दिए गए हैं, देर रात तक पहुँच जाएँगे। खबर रेडियो पर भी प्रसारित हुई थी, सुना ही होगा तुमने। कोतवाली में शालीन अफरा-तफरी मच गई। बड़े अधिकारी आपस में खुसर-फुसरकर रहे थे। सिपाहियों के चेहरे प्रश्नवाचक हो गए। मन्दिर परिसर में जमे लोगों को मानो इस खबर से चोट पहुँची। वे सरकार की निन्दा करने लगे। इस तबादले के पीछे शहर के उस ताकतवर नेता का हाथ होने की दलीलें देने लगे।

हम सभी भूखे तो थे ही, रात नौ बजे के करीब तेज भूख लगी और खाने को कुछ था नहीं। समय काटने के लिए हम लोग इसी मुद्दे पर बड़ी देर तक बतियाते रहे।

बड़ी अजीब बात थी। जेब में पैसा होने के बावजूद बीच बाजार में हम भूखे थे। आदमी का दो कौड़ी का इगो कितनी भयावह स्थिति पैदा कर देता है, उसे हम प्रत्यक्ष झेल रहे थे। जातीय और धार्मिक फसाद साथ-साथ जीने वालों को एक-दूसरे का दुश्मन बना देता है। खून का प्यासा। मन खट्टा हो गया था।

अब हमलोग वहाँ से निकलने की तरकीबें सोचने लगे। हमारी आँखें दरोगा बी.के. सिंह को ढूँढ़ने लगीं। विद्यार्थियों से जुड़े मामले वही सुलझाते रहे हैं, इसी पतली-सी क्षीण उम्मीद के सहारे हम उनसे मिलने और गंगा पार करा देने का निवेदन करने की सोच रहे थे। लेकिन उस दिन बी.के. सिंह थे कि सिरे से लापता। दिख ही नहीं रहे थे।

बड़ी देर सोचते-सोचते मुझे ध्यान आया कि सहरसा के उदय प्रताप मेरे ममेरे भाई के चचिया ससुर हैं और यहाँ इन्स्पेक्टर के रूप में पोस्टेड हैं। एक आस बँधी। लेकिन उनका पता कैसे लगाया जाए, बात यहाँ आकर अटकी। सबका विचार हुआ कि कोतवाली के अन्दर जाकर पता किया जाए। लेकिन परिसर के अन्दर जाना कहने जैसा आसान नहीं था। उससे भी ज्यादा जरूरी था ऐसा करने का साहस होना। बड़ी देर तक तीन-तेरह सोचते रहे।

अन्त में मैंने प्रणव को साथ किया और इस अन्दाज में परिसर में प्रवेश कर गया जैसे विभागीय आदमी होऊँ। किसी ने गेट पर टोका नहीं तो राहत भी मिली। अब पूछा किससे जाए। कोई खाली ही नहीं मिल रहा था। एक-दो सिपाही से पूछा तो पता चला कि उदय प्रताप हैं तो यहीं पोस्टेड लेकिन अभी कहाँ होंगे, पता नहीं। बहुत देर तक हम वहाँ रहना भी नहीं चाह रहे थे कि पता नहीं कौन क्या पूछताछ करने लगे।

आखिर एक साहब अकेले टहलते हुए हमारी तरफ आते दिखाई दिए तो हम भी उनकी ओर बढ़े। तोंद बड़ी नहीं तो छोटी भी नहीं थी। पीछे से बेल्ट कमर के ऊपर थी, मगर आगे से जाँघों को छूती-सी। पास आने पर नमस्ते किया तो उन्होंने स्वीकार में सिर हिलाया और आँखें उचकाई कि क्या बात है? हमने इन्स्पेक्टर उदय प्रताप के बारे में जानकारी चाही तो थोड़ी देर उन्होंने हमें निहारा। शायद समझ गए कि हम विभागीय नहीं हैं। मुँह को बाईं ओर झुकाया और ढेर सारी पीक उड़ेल दी। हमारी तरफ मुड़ ही रहे थे कि फिर बाईं ओर झुके और जोर से गले को खँखारकर थूका।

कोतवाली गेट से ऑफिस पहुँचने के लिए जो मेन सड़क दिख रही है न, उसी पर हमारी बातचीत हो रही थी और वहीं उन्होंने पीक फेंकी और थूका। यह अनुशासनहीनता नागवार गुजरी मुझे। खैर, बाँस की तीली से दाँतों के बीच से मलबा निकालकर उन्होंने जीभ पर डाला। मलबे के टुकड़ों को बाहर हवा में उड़ाते हुए, कुछ को अन्दर निगलते हुए उन महाशय ने पूछा, ''काम क्या है?''

मैंने कहा, ''दरअसल हम लोग स्टूडेंट्स हैं। नवाबगंज मोहल्ले में रहते हैं...और अ...गाँव जाना चाहते हैं।''

अपने दाँत खोदू अभियान में जुटे महाशय ने कहा, ''तो जाओ। इसमें कहने या पूछने की क्या बात है।''

उनकी आवाज की खनक बढ़ने के साथ-साथ हमारा साहस जवाब देने लगा था। इस बीच मेरी नजर उन महाशय के कन्धों पर यह देखने पहुँची कि कितने स्टार लगे हैं ताकि उस हिसाब से फिर बात बढ़ाई जा सके।

सच्ची कह रहा हूँ फरजाना, मेरी तो घिग्घी ही बँध गई। जानती हो, उनके कन्धों पर गर्दन की तरफ अशोक का लॉट था और नीचे बाजू की तरफ तलवारों का क्रॉस।

आईजी-वाईजी से कम नहीं रहे होंगे। सोचा कि बुरे फँसे। विनाशकाले विपरीत बुद्धि। जरूरत ही क्या थी अन्दर घुसने की जबकि मालूम था कि प्रदेश के सारे बड़े पुलिस अधिकारी यहाँ मौजूद हैं। लेकिन फिर तुरन्त 'संस्कृत वचनम् सुधा' की पंक्ति याद आई कि विपत्ति यदि सामने हो तो धैर्यपूर्वक उसका सामना करना चाहिए। धैर्य तो खैर क्या आया लेकिन हाँ, चुपचाप भागना भी नहीं चाह रहा था, वरना क्या पता पीछे सिपाही दौड़ा देते, कुत्ते ही हुला देते, दंगाई घोषित कर भुट्टे की तरह कुटवा देते और फिर जेल में डाल देते। कष्ट का कष्ट, बेइज्जती की बेइज्जती।

"हाँ भाई बताओ?" उन्होंने हमारा ध्यान अपनी ओर खींचा। प्रणव कुछ बोल नहीं रहा था, हारकर मुझे ही बोलना पड़ा, "गंगाघाट तक जाने की कोई व्यवस्था हो जाती तो...।"

"यहाँ कोई व्यवस्था नहीं है।"

"तो...हम लोग जाएँगे कैसे?"

"यहाँ तक आए कैसे?"

"सर, वो तो किसी तरह बच बचाके आ गए।"

"उसी तरह बच बचाके निकल जाओ।"

"ठीक है, सुबह चले जाएँगे।"

"कहाँ रुके हुए हो?"

"इसी मन्दिर में।"

"लेकिन मन्दिर तो मैं अभी खाली करवा रहा हूँ। वहाँ जितने लोग जमे हुए हैं, सबकी तलाशी भी करवानी है।" फिर वह हमारे बोलने या प्रत्युत्तर की प्रतीक्षा किए बिना बोलते चले गए, "पता नहीं कहाँ-कहाँ से क्या-क्या करके आ जुटे हैं। सारी गलतियाँ करें आप लोग और खामियाजा भुगतें हम, दंगे भड़काएँ आप और मोर्चा सँभालें हम।"

वो इस तरह बोले जा रहे थे जैसे मुख्य दंगाई मैं होऊँ और उसे कुचलने की मुख्य जिम्मेदारी सँभाले वे खुद। फिर हमने न उन्हें नमस्कार किया और न ही यह कहा कि हम जा रहे हैं।

जैसे ही गेट के बाहर निकले, उदय प्रतापजी अपनी जीप से उतर रहे थे। हम उनकी ओर लपक लिए। उस समय वहाँ हमें देखकर उन्हें आश्चर्य ही हुआ। हमने उन्हें अपनी समस्या बताई और 'तलवार के क्रॉस' वाले महाशय से मुलाकात की बात भी।

उदय प्रतापजी हँसे। कहा, "अरे बड़े अधिकारी हैं। कुछ तो रौब गाँठेंगे ही। लेकिन जब तक कोई वैकल्पिक व्यवस्था नहीं हो जाती, मन्दिर में टिके लोगों को हटाया नहीं जाएगा।"

हमें मन्दिर में ही रुकने को कहकर वे अन्दर चले गए। थोड़ी देर बाद वे तीन-चार सिपाहियों के साथ लौटे और हमें सामने की धर्मशाला में ले गए। हम एक बड़े कमरे में पहुँचे। उसमें सीआरएफ के जवान टिके हुए थे। अधिकांश पेट्रोलिंग पर थे और बाकी आराम कर रहे थे। उदय प्रतापजी ने दो-तीन जवानों से परिचय कराते हुए कहा कि जब तक वह हम लोगों को वापस नहीं ले जाते, हमें किसी तरह की दिक्कत नहीं हो। परिचय कराए गए जवान हम लोगों से गर्मजोशी से मिले और उदय प्रताप को हमारी ओर से निश्चिन्त किया।

बिस्तर पर पड़ते ही हम लोगों को झपकियाँ आने लगीं। जैसे-तैसे हम उनकी बातों का हाँ-हूँ में जवाब दे रहे थे। हमें थका हुआ और शायद भूखा हुआ महसूस कर उन जवानों ने हमें चूड़ा-गुड़ खिलाया। क्या बताऊँ फरजाना, उस वक्त वह चूड़ा-गुड़ अमृत जैसा लग रहा था कि उससे बढ़िया और लजीज भोजन कुछ हो ही नहीं सकता है।

उसी दरम्यान उन लोगों ने बताया कि 27 अक्टूबर को प्रधानमन्त्री आएँगे। यह भी बताया कि शहर की स्थिति सामान्य होने तक प्रधानमन्त्री से एसपी को यहीं बनाए रखने की गुजारिश की जाएगी। एक मन हुआ कि एक दिन की बात है, रह ही लिया जाए। प्रधानमन्त्री को देख लेंगे। लेकिन मिनट-मिनट की दिक्कतों और असहज स्थितियों से हम लोग ऊबने लगे थे। सो गाँव पहुँचने को ही श्रेयस्कर माना।

सुबह चार बजे ही इंस्पेक्टर उदय प्रताप अपने तीन-चार हमराहियों के साथ वहाँ आए और हमें जगाकर साथ चलने को कहा। सशस्त्र बल से लैस दो जीप घाट की ओर चलीं। खलीफा बाग से आगे भारत टिम्बर के आगे जीप थोड़ी देर के लिए रुकी। उदय प्रतापजी के साथ आए तीन दरोगा टिम्बर के भीतर गए और मुश्किल से दस मिनट के अन्दर वापस हो लिए। हम सभी ऊँघे हुए थे, इसलिए चुप भी थे। फिर घंटाघर के बाद वाया संचार भवन आदमपुर घाट उतरनेवाली रोड न पकड़कर जीप मुख्य डाकघर की ओर बढ़ चली तो हमने आपस में ही एक-दूसरे को देखा कि माजरा क्या है। हमारी मन:स्थिति को भाँपकर उदय प्रतापजी बोले कि कचहरी की ओर से पेट्रोलिंग करते हुए चलेंगे।

कचहरी के बाद जीप खंजरपुर चौराहा होती हुई फिर आदमपुर की ओर वापस मुड़ी। इस बीच उनकी वायरलेस बजती ही रही। घड़ी-घड़ी की रिपोर्ट कोतवाली कंट्रोल-रूम को दे रहे थे, वहाँ से निर्देश हासिल कर रहे थे।

आदमपुर घाट पर ढलान के आखिरी छोर तक जाकर जीप रुकी। भग्गू सिंह का जहाज खुलने को तैयार था। टिकट घर से लेकर डेक तक पुलिस फोर्स लगी हुई थी। पनिया जहाज 'गोमती' पर हम लोगों के चढ़ लेने के बाद इंस्पेक्टर उदय प्रताप अपने हमराहियों के साथ वापस चले गए। हम लोग सेंट्रल केबिन में जाकर बैठ गए।

जहाज पर अधिकांश लोग हिन्दू ही थे। अधिकांश क्या, सबके सब हिन्दू ही थे लेकिन काँय-काँय मची थी। वही हिन्दू-मियाँ, मार-काट, अल्ल-बल्ल की बातें हो रही थीं। उनकी आवाजें टेप कर किसी जगह लाउड स्पीकर पर बजा दी जातीं तो शर्तिया दंगा भड़क उठने से कोई रोक नहीं सकता था। और मुझे लगता है कि धार्मिक मसलों में लाउड स्पीकरों के इस्तेमाल के मूल में कहीं-न-कहीं उन्माद पैदा करना ही है।

ठीक छह बजे संचालक की सीटी बजते ही पायलट ने जहाज स्टार्ट कर दिया। डेक से बँधी रस्सियाँ खोल दी गईं। मिनट-भर में जहाज ने किनारा छोड़ना शुरू किया तो अगले छोर पर एकाएक जोर से हल्ला-गुल्ला होने लगा। हम सभी उधर देखने लगे। एक दाढ़ीवाले आदमी को कई लोग हाथों में उठाए गंगा में फेंकने और कई लोग उसे बचाने की कोशिश कर रहे थे। कई आवाजें एक साथ आ रही थीं। कोई उसे हिन्दू कह रहा था तो कोई मुसलमान बता रहा था। वह आदमी था कि जार-जार रोये जा रहा था, हर किसी को भैया-बाबू पुकारकर बचाने की गुहार लगा रहा था।

उस आदमी को देख अजीत चौंक पड़ा, "अरे, यह तो सुबोध शाह हैं! मुफ्त में मारा जाएगा।" अजीत की सूचना पर हम वहाँ जाने को उठे ही थे कि विभूति और अंजनी ने हमें रोक लिया। हमारी जिद पर दोनों बुरी तरह झल्ला उठे, "मरना है क्या? मॉब के खिलाफ जाने का मतलब समझते हो? देख रहे हो, वहाँ कोई किसी की सुन रहा है? सच्चाई जानने की फुर्सत भी है किसी के पास।"

हम आपस में ही बहस करने लगे। हमारा तर्क था कि यदि वह आदमी मुसलमान होता तो भी हमें उसकी सुरक्षा के कदम उठाने चाहिए। साम्प्रदायिकता के नशे में बौराए लोगों से जाकर झूठ बोलना चाहिए कि वह आदमी हमारा ममेरा-चचेरा है। उनका तर्क था कि वह यदि सुबोध शाह है तो भी हमें अपनी सुरक्षा के बाबत मौका-ए-वारदात से दूर ही रहना चाहिए।

बीमार आत्मरक्षावाद और कमजोर मानवातावद में बहस होती रही और देखते-देखते भीड़ ने दाढ़ी रखने की वजह से मुसलमान मान लिए गए सुबोध शाह

को गंगा में फेंक दिया। शुक्र था कि जहाज किनारे से ज्यादा दूर नहीं हटा था। किनारे खड़े जहाज के कर्मचारियों ने पानी में ऊब-डूब रहे उस आदमी को आगे रस्सियाँ फेंकी जिसके सहारे वह किनारे पहुँच सका।

जहाज पर बैठे लोगों में इसी बात पर चर्चा होती रही। घटना के वक्त मूक दर्शक बने रहे अधिकांश लोग इस कारनामे की मुखालफत कर रहे थे। मुझे उन सब पर और सबसे ज्यादा अपने साथियों पर खीझ हो रही थी। थोड़े से दहशतगर्दियों का सामना पूरे जहाज के लोग नहीं कर सके और सबके देखते उन्होंने घटना को अन्जाम दे दिया।

बहरहाल, नौगछिया पहुँचकर हम सभी अपने-अपने गाँवों की ओर जानेवाली जीपों पर चढ़ गए। गाँव पहुँचने तक हर कहीं शहर में हुए दंगे की चर्चा सुनने को मिली लेकिन इधर दंगे जैसी कोई बात नहीं थी।

गाँव के सीवान पर ही हमारे खानदानी राजमिस्त्री मजीद मियाँ और अशफाक चचा मिल गए। मुझे सही-सलामत वापस आया देखकर उन्होंने सबसे पहले अल्लाह का शुक्र किया। फिर मेरा हालचाल लिया। जानती हो फरजाना, मेरे गाँव की दोनों ठाकुरवाड़ी, चारों मन्दिर इन्हीं मजीद मियाँ और अशफाक चचा के बनाए हुए हैं।

मुझे देखकर घरवालों ने बलैया लीं। माँ-बाप की जान में जान आई। यहाँ हल्ला हो गया था कि इस पार के भी कई लड़के लॉज में ही काट दिए गए हैं।

अब मैं घर पर हूँ और सुरक्षित हूँ। बाकी बातें दिसम्बर में वहीं आकर होंगी। अपना खयाल रखना।

तुम्हारा
विवेक

हंसा रे...!

अनुज

बहस जोरदार चल रही थी। पाया सिंह आपे में नहीं था। मरने-मारने पर उतारू था। अब बीच-बचाव करे भी, तो करे कौन! उधर भँवर डोम भी गुस्से में दिख रहा था। हुआ क्या, किसी को ठीक-ठीक पता नहीं चल पा रहा था। यों तो अकसर ही किसी-न-किसी की आपस में ठन जाती थी। कभी किसी बौद्धिक विषय पर, तो कभी देश की किसी मौजूदा समस्या पर। कभी जातीय दर्प को लेकर, तो कभी प्रान्तीय गौरव के विषय पर। लेकिन बात बातों से ही शान्त हो जाती थी। आज माजरा शान्त होता नहीं दीख रहा था। शान्त होता भी कैसे! आग तो कहीं और लगी हुई थी! यहाँ तो सिर्फ धुआँ उठा था।

पाया सिंह और भँवर डोम कभी एक-दूजे की जान हुआ करते थे। लेकिन जब से अगड़े और पिछड़ों के बीच आपस में ठनी थी, तभी से दोनों के बीच थोड़ी दूरी बढ़ गई थी। नहीं तो, एक समय था जब लोग इसे "हंसों की जोड़ी" की मिसाल दिया करते थे। "दो हंसों" की यह जोड़ी जब लंच में तफरीह को निकलती, लोग-बाग रश्क करने लगते थे। लोगों के गले यह बात नहीं उतरती थी कि गला-कट प्रतिद्वन्द्वता वाली इस दुनिया में दो इनसानों की ऐसी दोस्ती हो सकती है क्या! कहाँ पचती थी ऐसी बातें! उनके लिए यह जोड़ी ईर्ष्या का विषय हुआ करती थी।

राजनीति के खिलाड़ियों ने पता नहीं कैसी दाँव चली थी कि सुख-शान्ति से रहने वाले सीधे-सच्चे लोग भी एक-दूसरे के खून के प्यासे दिखने लगे थे। जब अगड़े और पिछड़ों के चन्द लम्पटों ने हथियार उठाया और सड़कों पर निकल आए, पढ़े-लिखे बुद्धिजीवी समझे जाने वाले लोगों के दिलों में भी दरार गहराने लगी थी। वास्तव में, तलवारें तो कहीं और चल रही थीं, यहाँ तो उसकी गूँज भर

सुनाई दे रही थी। हालाँकि यह कोई नई बात नहीं थी। समाज में ऐसी खींचतान तो चलती ही रहती थी।

इस दफ्तर में भी क्षेत्र और जाति के आधार पर ऐसे कई खेमे बने हुए थे। ठाकुर, ब्राह्मण, जाट, गुर्जर, यादव जैसी जातियों के खेमे तो थे ही, अन्य पिछड़ा वर्ग में शामिल न जाने और भी कितनी ही जातियाँ थीं जो अपने-अपने खेमों में ही रहना पसन्द करती थीं। जनजातीय लोग तो जैसे अलग ग्रहों के प्राणी ही थे! दूसरी ओर, जहाँ पूर्वांचलियों के अलग खेमे थे, वहीं दक्षिण भारतीयों ने अपना अलग कुनबा बना रखा था। उड़िया और पूर्वोत्तर क्षेत्र के लोगों के अलग-अलग समूह थे, तो पंजाब और हरियाणा के लोगों ने अपनी अलग लॉबी बना रखी थी। ऐसी ही दर्जनों लॉबियाँ थीं जो पता नहीं अपने किस हित साधन में लगी हुई थीं! लेकिन ऐसा नहीं था कि एक ही क्षेत्र के लोगों में कोई आपसी भेदभाव न हो। क्षेत्र-भेद से ज्यादा गहरा भेद जातियों के बीच का हुआ करता था। यह जाति-भेद एक ही क्षेत्र के लोगों के बीच भी बहुत तल्खी से महसूस किया जाता था। एक क्षेत्र विशेष की उच्च जाति का व्यक्ति, किसी अन्य क्षेत्र की उच्च जाति के व्यक्ति से, अपने ही क्षेत्र की निम्न जाति के व्यक्ति की अपेक्षा, अधिक अपनापन महसूस करता था। लेकिन पाया और भँवर की दोस्ती इन सभी सीमाओं का अतिक्रमण कर जाती थी।

पाया सिंह और भँवर डोम इस दफ्तर में आगे पीछे आए थे। बस दो चार महीनों की ही ''सीनियरिटी'' और ''जूनियरिटी'' थी। दोनों दोस्त बन गए थे। दोस्त भी ऐसे कि लोग उन्हें हंसों का जोड़ा कहते हुए उनके चरित्र तक पर सन्देह करने लगे थे। सरकारी दफ्तरों में तो बहाना चाहिए। गॉसिप बनते देर कहाँ लगती है! कोई बाज भी तो नहीं आता था मजा लेने से! अधिकारीगण भी गॉसिप का हिस्सा होते थे। उनके पास अखबार पढ़ने के बाद बच गया समय इन्हीं सब कामों के लिए तो होता था। हालाँकि वे इस बात की हिदायत करते रहते थे कि दफ्तर का माहौल दफ्तर जैसा ही रहना चाहिए। निहायत ही औपचारिक। उनका विचार था कि 'दफ्तरों में हँसने-बतियाने के भी समय तय कर दिए जाने चाहिए।'

अब उसी दिन की तो बात है। रूपक सिंह अपने काम की धुन में खोए मस्ती में कुछ गुनगुना रहे थे। अचानक ही उनके सेक्शन इन्चार्ज के.एम. ठक्कर साहब ने उन्हें जोर से झिड़का।

''क्या आपको पता नहीं है कि यह दफ्तर है? यहाँ गाने-बजाने की अनुमति कतई नहीं है। क्या कोई मुजरा हो रहा है यहाँ, जो आप गाना गा रहे हैं? दफ्तर को दफ्तर ही बने रहने दीजिए।''

फिर थोड़ा स्वर सँभालकर बोले, ''आपका गाना भी सुना जाएगा लेकिन शाम में पाँच बजे। आपकी कला का हम सब पूरा लुत्फ उठाएँगे।''

फिर उन्होंने एक सार्वजनिक घोषणा की, "आप सर्वसाधारण को सख्त हिदायत के साथ सूचित किया जाता है कि जिसे हँसना-ठिठियाना हो या कि सुर-साधना करनी हो, वह पाँच बजे के बाद ही शुरू करे। धन्यवाद।"

ठक्कर साहब कला और साहित्य को कुफ्र मानते थे और साहित्यकारों को काफिर। क्यों, मालूम नहीं! ठक्कर साहब का रुतबा ऐसा था कि सभी उन्हें सद्दाम हुसैन कहने लगे थे। शायद इसीलिए जब सारी दुनिया को डराने के लिए अमेरिका ने जनरल सद्दाम हुसैन को सार्वजनिक रूप से फाँसी दी थी, इस दफ्तर के लोगों में भी विरेचन का भाव उमड़ आया था और ये सब भी मन-ही-मन एक रस्सी बुनने लगे थे।

उनका इतना कहना था कि एक हल्की-सी हँसी पूरे सेक्शन में तैर गई और बेचारे रूपक सिंह पूरी तरह से झेंप गए। उन्होंने अपनी झेंप मिटाने के लिहाज से तत्काल पलटवार किया। लेकिन दबी जुबान में।

बोले, "महाशय, जब सेक्शन में कोई 'नीरो' बाँसुरी बजा रहा होता है या कोई 'रावण' अट्टहास करता होता है, तब तो आप कुछ नहीं बोलते?"

इतना सुनना था कि वे आग-बबूला हो गए। उन्होंने दोबारा झिड़क दिया और कहा, "आप अपने आप से मतलब रखिए, यह देखना मेरा काम है आपका नहीं कि कहाँ नीरो बाँसुरी बजा रहा है और कहाँ पखावज। रोम अभी जला नहीं है। और जलेगा भी तो क्या! आप अपने काम से काम रखिए। बाकी मुझ पर छोड़ दीजिए, मैं देख लूँगा।"

इस बार रूपक सिंह चुप रह गए। सेक्शन में कुछ ऐसे लोग भी थे जो या तो सेक्शन इन्चार्ज ठक्कर साहब की बिरादरी के थे या उनके क्षेत्र के या फिर कि उनके शिष्यवत मुँहलग्गू थे। ऐसे लोग सेक्शन में जो चाहे करें, ठक्कर साहब पर कोई फर्क नहीं पड़ता था। लेकिन अन्य किसी की मुस्कुराहट भी उन्हें अनुशासनहीनता ही दिखती थी। अधिकारीगण हमेशा ही अपनी अफसरी को बरकरार रखने के अपने प्रयास में जुटे रहते थे। लेकिन दफ्तरी लोग थे कि दफ्तर को घर जैसा बनाने पर आमदा रहते थे। जब भी मौका मिलता, शुरू हो जाता "हा-हा-ही-ही-हो-हो" का दौर। कोई एक व्यक्ति 'टार्गेट' बना लिया जाता और फिर शुरू होती उसकी अन्तहीन खिंचाई। इस खिलंदड़ी में हर एक शख्स जी खोलकर हिस्सा लिया करता था।

दफ्तर के अधिकारियों के पास इसका पूरा आँकड़ा रहता था कि किस व्यक्ति ने उन्हें दिन भर में कितनी बार नमस्कार किया या कि बिलकुल नहीं किया। लोग-बाग भी उन्हें खुश करने का कोई मौका हाथ से जाने नहीं देना चाहते थे। ऐसे मौके ईर्ष्या-भाव के जनक होते थे। पिछले दिनों ही जब भाई कुँवर सिंह ने भरी महफिल में एक उच्चाधिकारी के पाँव छुए और उनसे आशीर्वचन माँगे, तब दफ्तर का समूचा ठाकुर समाज सन्न रह गया था। मौजूदा ठाकुर समाज द्वारा उनकी घोर भर्त्सना की गई। ठाकुरों को यह बात गँवारा नहीं थी कि एक ठाकुर नीची जाति के किसी म्लेच्छ

के पाँव छुए। ठाकुर समाज ने एक गुप्त बैठक की। बैठक में कुँवर के क्षत्रिय होने पर ही प्रश्न चिह्न लगा दिया गया और इस बात पर खूब गरमा-गरमी भी हुई थी। ठाकुरों के एक खोजी जत्थे ने भाई कुँवर के उत्स और उनकी जन्मस्थली का पूरा लेखा-जोखा तैयार करने की जिम्मेदारी अपने ऊपर ले ली और यह जत्था पूरी तन्मयता से इस मिशन को अन्जाम देने में जुट गया।

दफ्तर में इस बात का बड़ा महत्त्व होता था कि कौन कितने वर्षों से सरकारी नौकरी में है और इस दफ्तर में आने से पहले वह किस दफ्तर में काम करता था। कोई कहता कि वह ''डीफेंस'' से आया है, तो कोई कहता कि वह ''फाइनेंस'' से आया है। किसी को इस बात का घमंड होता कि वह इससे पहले ''पी.एम.ओ.'' में था, तो कोई यह कहकर रौब गालिब करता कि वह ''एक्सटर्नल अफेयर्स'' से आया है। विदेश मंत्रालय से आए एक सज्जन तो यह दावा करते नहीं अघाते थे कि पिछले दफ्तर में उन्हें लन्दन की सैर का मौका मिल चुका था। हालाँकि बहुत कम लोग उनकी इस बात पर विश्वास कर पाते थे। सेक्शन में यह बहस का मुद्दा था कि क्या इस तरह का लुंज-पुंज व्यक्ति भी कभी लन्दन जा सकता है!

यहाँ के वरिष्ठ और अनुभवी लोग प्राय: अपने पिछले दफ्तरों की चर्चा करते हुए आत्ममुग्ध हो जाया करते थे। वे रंगरूटों को अपने बीते सालों के कठिन संघर्षों की कहानी सुनाया करते थे। इन वरिष्ठ और अनुभवी लोगों के संघर्षों की दास्ताँ शुरू तो होती थी एक गर्वीले अन्दाज से लेकिन जैसे-जैसे कथा के प्लाट में भोगे हुए कष्टों का खुलासा होता जाता, किस्सागो का स्वर खुद-ब-खुद मलिन पड़ता जाता। आँखें सूनी हो जातीं और जीवन के संघर्षों की व्यर्थता का बोध चेहरे पर साफ-साफ दिखने लगता था। यह भाव छुप नहीं पाता था कि इतने सालों का जीवन-संघर्ष, इतना कष्ट, इतनी तकलीफ और अन्त में मिला क्या! इस जीवन-संघर्ष की वास्तविक उपलब्धियों के नाम पर अन्ततः बचा क्या है उनके पास?

लेकिन समय कहाँ रुकता है किसी के लिए! चलता ही जाता है! इन्हीं अनुभवी लोगों को देखकर यह लगता है कि यह मानव की जिजीविषा ही तो होती है कि वह अतीत के सुखों में, वर्तमान के दुखों को भूलने का बहाना ढूँढ़ा करता है और जीवन-पथ पर चलता जाता है, अन्तहीन।

यहाँ ''पैरेंट-ऑफिस'' का बड़ा महत्त्व होता था। ''पैरेंट-ऑफिस'' पर खूब गर्व किया जाता था। लेकिन यहाँ से कोई वापस भी नहीं जाना चाहता था। पैसे तो इसी दफ्तर में अधिक मिलते थे। तृष्णा जीवन में समझौता करना सिखला देती है। अधिकारीगण इस रहस्य को जानते थे और शायद इसीलिए वे ''पैरेंट-ऑफिस वापस भेज दिए जाओगे'' जैसे जुमले बोल-बोलकर रंगरूट अधीनस्थों को डराया करते थे। लोग इन धमकियों से घबराते भी बहुत थे! ज्यादातर स्थितियों में ऐसी

धमकियों का शिकार भाई जीवन लाल ही होता था। चूँकि वह इस दफ्तर में सबसे नया था, इसीलिए सबसे ज्यादा उसे ही डराया जाता था।

एक दिन ठक्कर साहब ने जीवन लाल को बुलाकर धमकाया, ''इस बार तो आपको छोड़ दिया जाता है लेकिन यदि आज के बाद से कोई शिकायत आई तो आपको 'पैरेंट-ऑफिस' वापस भेज दिया जाएगा।''

जीवन लाल ने अपने एक अनुभवी सहयोगी कमलेश दास को इस प्रकरण के बारे में बताया और उनसे राय माँगी तो वे हँसने लगे।

उन्होंने जीवन लाल को समझाते हुए कहा, ''तुमको छोड़ देना उनकी मजबूरी है। तुम न घबराओ। ये लोग तुम्हें कहीं नहीं भेज सकते हैं। तुम्हारा तो 'पैरेंट-ऑफिस' भी यही है और 'चिल्ड्रेन-ऑफिस' भी यही, डोंट वरी।'' फिर ठहाका लगाकर हँसने लगे थे।

शायद ठक्कर साहब इस तथ्य से अवगत नहीं थे कि जीवन लाल ने अपनी नौकरी की शुरुआत ही इस दफ्तर से की थी। इससे पूर्व उसने कहीं और नौकरी नहीं की थी। जीवन लाल अपने अनुभवी सहकर्मियों से बहुत प्रभावित रहता था। अन्य सहकर्मीगण अपने पके हुए दफ्तरी अनुभवों से उसे चकित किया करते थे।

कुछ लोग ऐसे भी थे जो फौज की नौकरी से रिटायर होने के बाद इस दफ्तर में आए थे। हालाँकि लोगों को उनके तौर-तरीके रास नहीं आते थे। कुछ लोग तो उनके फौजी होने पर भी सन्देह किया करते थे। लोगों की यह आम धारणा थी कि फौजी लोग धीर-गम्भीर और सहिष्णु होते हैं, दूसरों के लिए अपना सर्वस्व न्यौछावर करने को तत्पर रहते हैं और अव्वल कि निडर होते हैं। लेकिन उन्हें इन फौजियों के मामले में स्थितियाँ उलट दिखती थीं।

पाया सिंह भी फौजी था। उसके भूतपूर्व फौजी होने का सुख भी लोग-बाग खूब उठाते थे। उसे कैन्टीन की सुविधा प्राप्त थी और वह भी हर दूसरे दिन एक बार दौड़ लगा ही आता था। करता भी क्या! कोई-न-कोई पकड़ ही लेता था। जब भी उसके साथ उसके हंसा के अलावा कोई और दिखता तो यह समझ लिया जाता था कि पंखा या ब्रीफकेस खरीदने ही जा रहा होगा। पाया किसी को ''ना'' नहीं कहता था। लेकिन उसकी दो शर्तें होती थीं—एक तो उसे शराब की बोतल लाने के लिए नहीं कहा जाए और दूसरी कि आप आने-जाने के लिए वाहन की व्यवस्था करें। पाया वाहन पर तो समझौता कर भी लेता था लेकिन शराब की बोतल पर बिलकुल नहीं। हालाँकि दबी जुबान में यह चर्चा भी आम थी कि पाया अपने कोटे की बोतलें लाता तो है लेकिन देता उन्हीं को है जो उसके अजीज थे। अजीजों में भँवर डोम का नाम सबसे अव्वल लिया जाता था। इसी बहाने भँवर को चाहने वालों की फेहरिश्त भी बढ़ती जा रही थी।

इन्हीं सब कारणों से दफ्तर में पाया सिंह की बड़ी पूछ थी। सबसे ज्यादा माँग पंखे और ब्रीफकेस की होती थी। लोगों की ऐसी ही छोटी-छोटी माँगों की पूर्ति हेतु पाया लगभग हर रोज एक बार कैन्टीन का दरवाजा खटखटा आता था। कैन्टीन के गेट पर जब दरबान रोक कर पूछताछ करता, पाया जेब से एक मुड़ा-चुड़ा हुआ पुराना-सा अपना पहचान-पत्र दिखाते हुए जोर से बोलता, "एक्स सार्जेंट।" दरबान सन्देह भरी निगाह से उसे घूरता और भृकुटि सिकोड़ लेता, फिर भुनभुनाता हुआ गेट खोल देता। पाया अपने साथ आए दफ्तर के सहयोगी की ओर गर्व से देखता हुआ कैन्टीन के अन्दर दाखिल हो जाता था।

लोग-बाग कैन्टीन की ओर ललचाई नजरों से देखा करते थे। पाये को मिली कैन्टीन की यह सुविधा दफ्तर के अन्य सहकर्मियों के लिए ईर्ष्या का विषय हुआ करती थी। कुछेक तो इस बात से भी भुनते रहते थे कि उसे दो जगहों से वेतन क्यों मिलता है। ईर्ष्या का यह ग्राफ पाये और भँवर की दोस्ती के कारण और भी चढ़ जाता था।

भँवर कहाँ से और किस दफ्तर से आया था, यह दो ही लोग जानते थे। एक तो वह जो उसके सर्विस-बुक का हिसाब-किताब रखता था और दूसरा खुद भँवर। पाया सिंह को भी मालूम नहीं था। लेकिन दोनों में दोस्ती बड़ी गहरी थी। हालाँकि दोनों का उठना-बैठना सब साथ-साथ होता था लेकिन दोनों को साथ-साथ भोजन करते कभी किसी ने नहीं देखा था। शायद जातीय दर्प से हुँकार भरता हुआ रूढ़ सामाजिक संस्कार दोस्ती के आड़े आ जाता था! दोनों अपनी-अपनी सीटों पर लंच करते और फिर निकल पड़ते साथ-साथ तफरीह को। हंसों की इस जोड़ी को देख लोगों के सीने पर साँप लोटने लगता था।

पाया एक शौकीन मिजाज व्यक्ति था। लेकिन अपने शौक को मार-मारकर रहता था। आला दर्जे का कंजूस भी तो था! शौकीन व्यक्ति जब आला दर्जे का कंजूस हो, तो उसकी हालत जैसी होनी चाहिए, पाया की भी वैसी ही थी।

एक दिन रूपक सिंह ने पूछा, "पाया, ये जैकेट कहाँ से खरीदी?" पाये ने घूरकर देखा और कहा, "इट्स नॉट ए जैकेट बड्डी, इट्स ए जर्किन।"

"नहीं, मैं पूछ रहा था कि खरीदी कहाँ से।" रूपक ने अपनी बात दोहराई।

"देखो, खरीदी तो यहीं से है, लेकिन पेमेंट डॉलर में किया है," उसने थोड़े संकोच से कहा।

"क्या मतलब?" रूपक ने सवाल किया।

"मतलब कि इट्स इम्पोर्टेड, नॉट देसी चीज। मैं देसी चीजें कम ही इस्तेमाल करता हूँ। जो थोड़ी घर में थीं, वो भी पिताजी के देहान्त के बाद बदल डाली हैं। सब कुछ इम्पोर्टेड मँगवाया है।" उसने निश्चिन्तता से कहा था।

कुँवर ने चुटकी ली, "भाभी जी को भी!" यह सुनकर पाया नाराज हो गया था।

लेकिन फिर कुँवर के रसूख और पुराने सम्बन्धों का लिहाज करते हुए बोला, "छोड़ो यार, कहाँ मूड खराब कर देते हो! अरे अब बच्चे जवान हो गए हैं, अब क्या रखा है...और पहले भी क्या रखा था!"

बाद की पंक्ति पाया सिंह ने मुँह में ही रख ली और मुस्कराने लगा था। अब उसके चेहरे से गर्व का वह भाव उतरने लगा था, जो अभी-अभी दमक रहा था।

हमेशा अंग्रेजी बोलना और अंग्रेजी के अप्रचलित शब्दों का इस्तेमाल कर सबको चकित कर देना, उसके शौक में शामिल था। टीप-टॉप में भी खूब रहता था। हर समय भँवर को झिड़कता रहता था।

भँवर को डपटते हुए कहता, "क्या बने रहते हो यार, न कपड़े ठीक, न जूते ब्रांडेड! थोड़ा सज-सँवरकर रहा करो। एक लंच बॉक्स भी नहीं खरीद सकते? रूमाल में रोटी लपेटकर चले आते हो! ये कैसी जिन्दगी जी रहे हो? देहाती कहीं का!"

लेकिन भँवर झिड़की सुनकर भी मुस्करा भर देता था। वह एक घाघ और चतुर व्यक्ति था। पाये की अन्दरूनी हालत से वाकिफ था। पाये की कमाई छुपी हुई तो थी नहीं! घर की हालत भी टाट से झाँक ही जाती थी। दो-दो छोटे भाई अभी भी बेरोजगार थे। एक तो निपट गई थी लेकिन एक कुँवारी बहन अभी भी बाकी थी। बूढ़ी माँ की दवा-दारू तो थी ही, बीवी-बच्चों की जिम्मेदारी अलग।

पाया सिंह जवानी भर यह सोच-सोचकर मन मारता रहा था कि पहले जिम्मेदारियाँ निपट जाएँ, फिर ऐश करेगा। ऐश करने के लिए तो पूरी जिन्दगी पड़ी है।

लेकिन जिम्मेदारियाँ कभी खत्म हुई हैं किसी की, जो पाया सिंह की होतीं! समय भागता जा रहा था। जवानी तो कब की निकल चुकी थी। अधेड़पन भी ढलान पर ही था। गुजरा समय फिर लौट के तो आता नहीं, इसीलिए पाया अब जल्दी में था। सारे शौक एकबारगी फूट पड़े थे।

पाया और भँवर दोनों मिसेज सुमन शेखरी के पीछे हाथ धोकर पड़े थे। भँवर ने दोस्ती का हवाला देकर यह करार कराया था कि दोनों में से चाहे कोई भी इस मिशन में सफल हो लेकिन दोस्ती की खातिर अन्तिम बाजी खेलने का कार्यक्रम साझा होगा। दोनों के बीच करार पक्का हो गया था।

पाया एक रोमांटिक व्यक्ति था। कहते हैं कि रोमांटिक आदमी प्रायः आलसी और निराशावादी होता है लेकिन पाया एक जीवन्त और घोर आशावादी व्यक्ति था। घर से भी निकलता तो यह आशा लेकर निकलता था कि पता नहीं, कहीं बस में ही कोई टकरा जाए और बात बन जाए!

एक दिन रूपक सिंह ने पूछा, "पाया, ये तुम हमेशा ही 'माउथ-फ्रैशनर' जैसी चीज क्यों खाते रहते हो?"

पाये ने बेबाकी से कहा, "अब मान लो कि अचानक ही किसी को 'स्मूच' करने का अवसर मिल जाए तो! यदि मुँह से बदबू आएगी तो क्या कभी कोई पास भी आएगी?"

रूपक सिंह ने 'ना' में सिर हिला दिया लेकिन सोच में पड़ गया था, "क्या हो गया है पाये को! कैसी बहकी-बहकी बातें करता रहता है!"

कोई भी यह समझ नहीं पाता था कि ऐसा बोलते हुए पाया सीरियस होता था कि जानबूझकर ऐसी बेवकूफी भरी बातें किया करता था। यह चर्चा आम थी कि पाया सिंह बहुत दिनों से किसी की टोह में लगा हुआ है। लेकिन अब तक मिल नहीं पाई थी।

वह प्रायः कहा करता था, "मेरा टार्गेट तो मेरी 'वो' ही है। यह और बात है कि मैंने सुमन को भी 'स्टैंडबाई' में रख छोड़ा है।"

लेकिन दफ्तर के अनुभवी लोग कहते थे कि पाया को सुमन से इश्क हो गया है और वह इस बात को छुपाए रखने के लिए ही ऐसी फालतू की बातें किया करता है ताकि लोगों का ध्यान उसके और सुमन के सम्भावित रिश्ते से हटा रहे।

सुमन के पीछे अधिकारियों का एक बड़ा जत्था भी तो ताक लगाए बैठा था। कोई काम में छूट देने का लालच देता, तो कोई रात की ड्यूटी से निजात दिला देने की बात करता। कोई "आउटस्टैंडिंग ए.सी.आर." की बात करता, तो कोई अन्य तरीके से चारा डालता। लेकिन मंजिल इतनी आसान नहीं थी। सुमन भी तो अधेड़ ही थी। कितने ही संघर्ष देखे थे जिन्दगी में। कई सालों से सरकारी नौकरी में ही तो थी। ऐसे-ऐसे कितने ही मौसमी मेढकों को देख चुकी थी इस लम्बे जीवन में! इसीलिए दो मुट्ठियों के बावजूद कैद रखती थीं उन मुट्ठियों में बारह-बारह आँखें एक साथ!

केवल अधिकारियों की ही नहीं, दफ्तर के अन्य सहकर्मियों की भी सतत नजर बनी हुई थी पाया-सुमन के इस सम्भावित भावी प्रेमी जोड़े पर। कुछ लोग जातीय दर्पवश इस जोड़े को बनते हुए नहीं देखना चाह रहे थे तो कुछ निजी स्वार्थवश। सामाजिक स्तर पर सुमन और पाये की जाति में गहरा भेद था। पाया अपने को गुर्जर-प्रतिहार वंश के महान राजा मिहिर भोज का वंशज बताता था।

पाया कहा करता था, "हम गुर्जर समुदाय के लोग प्रतिहारों के वंशज हैं और हमारा आविर्भाव आबू पर हुए यज्ञ के अग्नि-कुंड से हुआ है। हम क्षत्रिय हैं, आदिम क्षत्रिय।"

पाया के अपने तर्क होते थे। उससे कोई तर्क-वितर्क करता भी तो नहीं था! उसने जो कह दिया वह ब्रह्म वाक्य मान लिया जाता था। उसके फौजी कद-काठी से लोग डरते थे इसीलिए चुप हो जाते थे। लेकिन जब से गुर्जरों ने अपने को जनजाति की श्रेणी में शामिल होने के लिए संघर्ष शुरू किया था, पाये की तल्खी

भी कम होने लगी थी। कई बार तो वह स्वयं भी इस नूतन आन्दोलन के समर्थन में तर्क-वितर्क करता दिख जाता था। लेकिन वह अपने जातीय दर्प को दबा नहीं पाता था और इस आन्दोलन को दिली समर्थन दे नहीं पाता था। वह यह सोचकर अपने मन को समझा लेता था कि चलो, गाँवों में दलितों का पानी नहीं चलता, जनजातीय लोगों के पानी पर तो कोई प्रतिबन्ध नहीं है!

हालाँकि पाया समाज के जातीय संस्कारों का समर्थक था लेकिन सुमन का ख्याल आते ही उसकी सारी सीमाएँ टूट जाती थीं।

कहते हैं कि एक समय ऐसा भी आया जब पाये की सफलता निश्चित-सी हो गई। प्रेम की गम्भीरता भी अपनी पराकाष्ठा पर पहुँचती-सी दिखने लगी थी। ऐसे में, लोग कहाँ मानने वाले थे! साजिशें शुरू हो गईं। समूचा दफ्तर तो पहले से ही इस सम्भावित जोड़ी के विरोध में खड़ा दीख रहा था। इस होड़ में रकीबों का एक बड़ा जत्था भी शामिल हो गया। ईर्ष्या का ग्राफ तेजी से चढ़ने-उतरने लगा। जत्थे ने भाँभी मारी। अधेड़ उम्र के रोमांस पर शोध कर रहे अनुभवी लोगों के इस मनचले जत्थे ने रूपक सिंह को मोहरा बनाकर यह बात फैला दी कि पाया तो अपने गुप्त मिशन में सफल नहीं हो पाया है, अलबत्ता भँवर डोम अन्तिम बाजी खेलने में सफल हो गया है। जब यह बात पाया के कानों में पड़ी तो वह तिलमिला उठा क्योंकि यह तय करार का खुला उल्लंघन था।

अब इस तथ्य का सत्यापन तो सम्भव था नहीं! कौन करता! प्रेमी-मन तो स्वभावतः सशंकित होता है! पाये का भी था। ऊपर से दफ्तर के अनुभवी लोगों के जत्थे ने जैसे करेले पर नीम की तरह काम किया। पाया सिंह के मन में भँवर के विरुद्ध कुदाल चल चुकी थी। वह बेचैन हो उठा।

ऐसी बातें छुपती तो हैं नहीं! सुमन से भी छुपी नहीं रहीं। उसने यह सब प्रकरण सुना और तत्काल इन दोनों से किनारा कर लिया। इस तरह, एक अमर प्रेम-कहानी बनते-बनते रह गई।

जब से सुमन ने किनारा किया था, पाया उदास रहने लगा था। अब वह कम ही बातें किया करता था। कभी कोई उसके पास जाकर बैठता, तो वह दार्शनिकों की तरह बोलने लगता। कभी रुचि लेकर बातें करता, तो कभी सबको नजरअन्दाज कर अपनी मेज पर झुककर काम करने लगता। कभी सूनी आँखों से घूरता, तो कभी-कभी पंखे की ओर देखकर गुनगुनाने लगता, "कभी किसी को मुकम्मल जहाँ नहीं मिलता..."

आज पाये को इस तरह चीखते देख अजीब-सा लग रहा था। पाया गुर्जरों पर किए गए अपमानजनक मौखिक टिप्पणी से आहत हो गया था। ये शब्द किसी और ने कहे होते तो शायद वह सह भी लेता लेकिन चूँकि यह टिप्पणी भँवर ने की थी, इसीलिए पाया सिंह आपे से बाहर हो गया था।

पाया ने भँवर को खींचकर एक घूँसा जड़ दिया। फौजी का मजबूत घूँसा पड़ते ही भँवर लड़खड़ाकर गिर पड़ा। मुँह से खून निकल आया। खून देख पाया घबरा गया और फौरन कमरे से भाग खड़ा हुआ।

भँवर के होठों से थोड़ा खून का रिसाव होने लगा। उसे चोट तो आई थी लेकिन ऐसा लगा कि उससे अधिक चोट रकीब जत्थे के सदस्यों को आई हो।

जत्थे के सदस्यों ने उसे समझा-बुझाकर यह अहसास दिलाना शुरू किया कि "यह घूँसा उसके मुँह पर नहीं बल्कि उसके आत्म-सम्मान पर मारा गया है। यह उसकी पूरी जाति के मुँह पर मारा गया जोरदार घूँसा है।"

रकीबों के नचिकेता ने भँवर डोम से एक गूढ़ प्रश्न किया, "भँवर, नीची जाति के लोगों के मुँह पर ये तथाकथित उच्च जाति के लोग कब तक घूँसा मारते रहेंगे?"

इतना सुनकर भँवर डोम की अन्तर्रात्मा चीत्कार उठी। उसका जातीय दर्प सजग हो उठा। उसने आव देखा न ताव, तुरन्त एक लिखित शिकायत कार्यालय प्रशासन को दे दी। इतना ही नहीं, जत्थे के एक अनुभवी सहकर्मी की सलाह पर शिकायत की एक प्रति अनुसूचित जाति और अनुसूचित जनजाति आयोग को भी प्रेषित कर दी। कार्रवाई भी त्वरित हुई। सरकारी व्यवस्था में सकारात्मक कार्रवाई की अपेक्षा नकारात्मक प्रक्रिया तीव्रता से निपटाई जाती है। परिणाम यह हुआ कि पाया सिंह तत्काल नौकरी से निलम्बित कर दिया गया। पाये को तो सपने में भी इसकी उम्मीद नहीं थी कि उसका अपना हंसा उसके साथ ऐसी क्रूरता कर सकता है!

निलम्बन का सीधा असर पाये के करियर पर पड़ा। पाया सिंह प्रोमोशन की दौड़ में था। प्रोमोशन खटाई में पड़ गया। बारी तो पाये की थी, लेकिन उसके निलम्बन के बाद उसके स्थान पर कुँवर को बिना बारी के प्रोमोशन मिल गया। इस घाव ने पाये को अन्दर तक हिलाकर रख दिया था।

जत्थे के लोगों को अभी भी चैन कहाँ था! वे पाये को सान्त्वना देने के बहाने उसके घर पहुँच गए। किसी ने निलम्बन के अधिक दिनों तक नहीं चलने की आशा जगाई, तो किसी ने न्यायालय का दरवाजा खटखटाने की सलाह दी। लेकिन सबने किसी-न-किसी रूप में यह जरूर जता दिया कि वह ठगा गया है।

एक ने कहा, "जिसे तुम अपना हंसा समझते थे, वह एक निहायत ही मतलबी और धोखे़बाज इनसान है। पहले तो उसने तेरा प्यार छीना और अब तेरी नौकरी।"

जत्थे ने इस सारे प्रकरण का दोष भँवर डोम के मत्थे मढ़ने की अपनी कोशिश में कोई कसर नहीं उठा रखी।

दूसरे ने कहा, "यहाँ कोई किसी का नहीं होता पाया। तू है बड़ा भोला! सब अपना देखते हैं। अरे तू ही मरता रहता था उसके लिए। उसे थोड़ी भी चिन्ता हुई तुम्हारी?"

जत्थे के बुजुर्ग और अनुभवी साथी ने बेचैन मन को शान्त करते हुए कहा, "पाया, भूल जाओ यह सब और छोड़ दो इन्साफ भगवान पर। भगवान ही सबका फैसला करता है!"

पाया सिंह ने एक ठंडी आह भरी, "हंसा रे तू बड़ा सेल्फिश निकला...!"

एलबम

राजीव कुमार

मेरी नियति बीच में बहने की थी। किनारों से अठखेलियाँ करते, टकराते-टूटते हुए अन्ततः बिखर जाने की। धारा के दो किनारे थे। दोनों एक-दूसरे से अनजान, एक-दूसरे से कभी न मिले। धारा के वजूद के लिए यह स्थिति अनिवार्य थी। किनारे इससे असहमत थे।

एक ओर सुभद्रा थी और दूसरी ओर शलभ। बीच का बहता हुआ जल छलककर किनारे पर पड़ता इससे वहाँ फिसलन बन जाती। अविनाश दूर से आकर शलभ वाले किनारे पर धँसने का प्रयास कर रहा था। लेकिन किनारे अब तक भुड़-भुड़े हो चुके थे। इन पीले ढूहों पर टिक पाना सम्भव नहीं है। अविनाश भी वहाँ नहीं टिक पाया।

सब कुछ बड़ी ही तेज एवं सरपट गति से घटित हुआ। बिलकुल किसी लिखी हुई पटकथा की भाँति। दृश्य के बाद दृश्य, शॉट के बाद शॉट। बिना किसी री-टेक के। इस प्रक्रिया में नदी जिसमें बहाव था, चंचलता थी किनारों को लीलकर दलदल में तब्दील हो गई जहाँ अब सिर्फ लिजलिजे-से फफूँद उगते हैं।

उस रोज जब मैं लौटा तो सुभद्रा के चले जाने से एक किनारे का अस्तित्व ही खत्म हो चुका था। धारा फैलकर हाहाकार मचा रही थी। सब बे-आवाज। खेत-पथार, लोक-वेद, दुनिया-जहान को इससे कोई मतलब नहीं था। किसी ने उसकी सुध नहीं ली।

सुभद्रा का जाना सिर्फ आगाज था।

सुभद्रा की ट्रेन जब चली गई तो कदम वापस ''माँची-निवास'' की ओर ही मुड़ गए, जहाँ जाने से हम हमेशा बचना चाहते थे। बावजूद इसके कि हमारा दिन सड़कों पर कट जाता पर रैन-बसेरा तो ''माँची-निवास'' ही था। उत्साह के दिनों के

अवशेष (किताबें, पत्रिकाएँ) और इन दिनों के शर्म (कपड़े) वहीं थे। वहाँ और भी बहुत कुछ था। दराज में आहत पिता की सहमी हुईं चिट्ठियाँ, सुभद्रा द्वारा दिए गए कचोटते उपहार तथा नींद की गोलियाँ जो रात को नींद तथा दिन के उजाले में आत्मग्लानि देती थीं। साथ ही ''माँची-निवास'' की फिजा में ''अब तक क्या किया, जीवन क्या जिया जैसे'' प्रश्न थे जिन्हें मैं हर शाम जामा-मस्जिद के पास दमतोड़ आवाज लगाते हॉकरों के बीच से गुजरकर उनके शोर में दफन कर देने की असफल चेष्टा करता रहता था।

''माँची-निवास'' जैसा भ्रम देता है दरअसल वैसा वह किसी बँगले का नाम नहीं था। माँची हमारा गाँव था। भूगोल के किसी बिन्दु पर तथा हमारी स्मृतियों के कुछ हिस्से पर अब भी उसका जबरिया नियन्त्रण है परन्तु हमारे लिए यह ऐसा ही है जैसे जड़ से उखाड़ दिए गए किसी दरख्त के लिए मिट्टी का होना होता है। जमीन से एक बार छूट जाने के बाद वह ज्यों-ज्यों सूखकर सिकुड़ता चला जाता है रही-सही मिट्टी भी उससे छिटक-छिटककर गिरती चली जाती है।

''माँची-निवास'' में जड़ से छूटकर हम तने के आधार पर खड़े थे। यह खड़ा होना एक झूठ था जिसे कोई उद्धत झोंका कभी भी गिरा सकता था। हम गिरते-गिरते बचे हुए थे, बचते-बचते गिर रहे थे। ''माँची-निवास'' के खालीपन में झूल रहे ऐसे ही पेंडुलम थे हम।

वह दो कमरों की एस्बेस्टस वाली बरसाती थी, जिसे हमने माट्साहबी के एवज में पाया था। यह बरसाती मेहरबानी-''आजकल मकान कहाँ मिलता है'', हिदायत-''किसी महिला मित्र को न लाएँ बच्चों पर बुरा असर पड़ेगा'', एक आकांक्षा-''उनका परफार्मेंस तो आप खुद ही अव्वल रखेंगे'' जैसी ईंटों से बनी थी जिसके गारे हमारी दयनीयता एवं उनकी चालाकी के मजबूर मिश्रण वाले गारे से निर्मित किया गया था। बहरहाल।

मकान तो उस रहीम ने दिलवा दिया था लेकिन साधे रखने की जिम्मेवारी हम पर छोड़ गए थे। ''साधे रखने'' के प्रयास में ऐसी धैर्यपूर्ण साधना की आवश्यकता थी मानो किसी नवयुवक को शादी के फौरन बाद ब्रह्मचर्य का व्रत लेना पड़े। पिता मकान-मालिक को शिक्षा-व्यवस्था के एक पक्ष में घनघोर आस्था थी। ''प्रोग्रेस।'' लेकिन उनकी फौज कम-से-कम तीन पुरुषार्थों पर फतह कर लेने पर तुली हुई थी। उन्हें ''अर्थ'' एवं ''धर्म'' में सामान्य तथा ''काम'' में विशेष रुचि थी। वे पॉकेट मनी के ग्राफ, बॉयफ्रेंड-गर्लफ्रेंड की तुनक, माता-पिता की निजता की छिद्र-''यू नो राधिका आंटी के कारण न, ममा न, पापा को बहुत...'' एवं अपनी व्यस्तता-''सर ममी पार्क में गई है आज छोड़ दो न, भैया की गर्लफ्रेंड का बर्डे है।'' की ऐसी-ऐसी सूचना देते कि मेरे अन्दर बियाबान उतर आता। मैं उससे भागने लगता।

बदहवासी में प्रोग्रेस की झाड़ी में उलझता तो कभी महिला मित्र को न लाएँ, का सन्नाटा मिलता अगले ही पल ''पापा न...मम्मी न'' के काँटे चुभते। लेकिन और कोई रास्ता न था। ''माँची-निवास'' के अस्तित्व की रक्षा के लिए हमें हर रोज कोटि-कोटि अवरोध और जार-जार बेचैनी के बावजूद इस बियाबान को पार करना ही पड़ता। बियाबान से निकलकर भी कोई फैज हासिल नहीं होता। तकनीक हमें अपनी गिरफ्त में ले लेती। मैं हर सम्भव प्रयास करता कि मोबाइल लेकर पढ़ाने न जाऊँ, लेकिन अगर कभी यह छोटी चूक होती कि बड़ी शामत आती। ''रिंग'' होते ही कोई बिहँस पड़ता/पड़ती। सर की गर्लफ्रेंड है। तकनीक का विकास भी मेरे सपने में अपना बेरहम योगदान दे रहा था।

सपने की सतत प्रक्रिया की विकट योग्यता से अर्जित बरसाती को ''माँची-निवास'' के विरुद्ध में लपेटकर तथा इस विरुदावली को अपने जानने वालों में जबरन फैलाकर हम अपने जड़ से जुड़े होने की बेवकूफाना खुशफहमी पाले हुए थे। इस नाम से हमारे मोहल्ले का डाकिया चकरा जाता था। वह बड़बड़ाने लगता था–''पागल है।'' हमें हार्दिक प्रसन्नता होती थी कि हम आम नहीं खास हैं। पागल ही सही। हम ''माँची-निवास'' के वाशिन्दे समवेत स्वर में गाने लगते–शायर-सिंह-सपूत।

ये बातें उन दिनों की हैं जब ''माँची-निवास'' में ''क्या फर्क पड़ता है'' वाला कायदा निर्विरोध मौन सहमति से लागू नहीं हुआ था। तब माँची की आत्मीय तरलता रिसकर ''माँची-निवास'' तक आ गई थी। तरलता के सूखते ही ''क्या फर्क पड़ता है'' वाली व्यवस्था मनशा-वाचा-कर्मणा से अस्तित्व में आ गई। और तब नई व्यवस्था में सभी पुराने सम्बन्ध ऐसे अखड़ने लगे जैसे पान में चूने की अधिकता। अब हम सम्बन्धों की बीहड़ता से डरने लगे थे।

अविनाश इन सबसे अनभिज्ञ था।

अविनाश हम सभी उजड्ड, सुस्त, अतीतमोही कामचलाउओं के बीच सम्यक एवं दृढ़ विश्वासी था। हम सभी जब महानता के भ्रमबोध से ग्रस्त होकर समाज-परिवर्तनकामी बने हुए थे, वह स्थिति की नजाकत को भाँपकर सबको जिन्दा रखने वाली स्थिति के निर्माण-प्रयास में व्यस्त रहता था। बहुत शुरू में उसका जो कृत्य हमें पलायन लगा था बाद में वही सम्बल बना। ''चलो कोई तो है जो...।'' ''माँची-निवास'' में भले ही पेट पिता के पैसे चलाते थे, शौक तो अविनाश के पैसे ही पालते थे। हम सोचते थे कि चलो कम-से-कम झक मारने की स्थिति तो है। लेकिन हमारे दुश्मन भी थे। वे हमसे जलते थे। वे इसे ऐश करना कहते थे।

तब माँची गाँव एवं कस्बा के बीच के संक्रमण रेखा पर हिचकते हुए मौजूद था और आज भी वहीं खड़ा हिचकी ले रहा है। हिम्मत देखिए, वह भी तब जबकि वह उन निश्चित महीनों में बाढ़ की पीली मटियाली पानी में फँसकर देश-दुनिया

से अलहदा हो जाता है और उस बेरहम (ईश्वर) द्वारा खींचे गए उस वृत्त जिसमें पूरे गाँव का समाना भी मुश्किल होता है, में रहकर तड़फड़ाता रहता है। बाढ़ के जालिम महीनों के बाद भी सूखते-सड़ते पानी की महक एवं बजबजाहट को सोखते हुए तमाम प्रकार की योजनाओं का नाम सुनता है और विकट आधुनिकता की इस सदी में भी मलेरिया, हैजा, कलरा जैसी पुरानी पड़ चुकी बीमारियों को भोगते हुए अफसरों-नेताओं का बेमन दर्शनाभिलाषी बना रहता है। नहीं तो योजना, निर्माण, राहत, छिड़काव, वितरण ऐसे माथापच्ची शब्द या तो मीडिया वालों की चिन्ता हैं या फिर शोषक वर्ग का दुख। हमारे जवार के "सन्तोषम् परम सुखम्" लोग तो निश्चित समय पर आने वाली इस अनिवार्य शामत को "होइहें सोई जो राम रचि राखा" भाव से लेते हैं।

दरअसल, हमारे जवार के साथ कुएँ में कैद गणित वाले बन्दर का खेल चलता है जो एक छलाँग में कुछ ऊपर तो चढ़ जाता है लेकिन अगली ही बार में फिर नीचे फिसल आता है। इधर के बारे में लोगों का कुविचारित निर्मम मजाकिया मत है कि यहाँ तो बेंग के मूतने से भी बाढ़ आ जाती है। अब बेंग के मूतने की फिक्र से कोई कहाँ तक दुबलाए। कमबख्त बेंग के मूतने की स्वाभाविक जैविक वृत्ति को मेरा जवार चाहकर भी तो नहीं रोक सकता न।

बाढ़ चढ़ने पर यह क्षेत्र जो दो सदी पीछे खिसक जाता है उसके उतरते ही जल्दी से जल्दी सदी के साथ कदमताल मचाने को बेकरार हो जाता है। बेलसंड के शंकर बुक स्टॉल पर जहान की मार-तमाम पत्रिकाएँ मिलने लगती हैं। माँची के दिनों में हम वक्त-कुवक्त वहीं मँडराया करते थे।

तब तक "पीठ पर हाथ...ढोल पर थाप" वाले भदेस कटाक्ष से हमारा साबका नहीं था। उन दिनों हम आग मूतते थे और उस गर्मी में बौराकर लाल फीते वाली नौकरी से नीचे टेढ़ी नजर से भी नहीं ताकते थे। लेकिन जब पर्चे से मुठभेड़ हुई, उसमें अलाय-बलाय देखकर हमारा माथा चकराया फिर तो पानी मँगाकर पीने वाले ओहदे से लेकर पानी पिलाने वाले ओहदे के प्रति हमारे मन में कोई भेदभाव नहीं रहा। अपने तईं तो हमने सबको अंग लगाने की कोशिश की।

उन दिनों हम लोग शंकर बुक स्टॉल पर बक-झक नहीं कर रहे होते तो बेलसंड डाकघर में उत्पात मचा रहे होते थे। परेशान होकर वहाँ के तारबाबू हमसे परिहास करने लगे थे कि प्रधानमन्त्री, राष्ट्रपति या फिर चोर अथवा भिखारियों की नियुक्ति अगर आवेदन से होती तो इन्हें उसे भी आजमाने में शर्म नहीं आती। उनकी बातों पर हम मन में लेशमात्र भी मलिनता लाए बगैर ठठाकर हँस देते थे और वे हमारा काम तुरत-फुरत निबटाकर देश की महान जनता-जनार्दन की सेवा में लग जाते थे। न जाने क्यों वे हमें जनता-जनार्दन की सुसभ्य परिचित श्रेणी में नहीं रखते थे, वरन्

जिस तरह आवश्यक फालतुओं के लिए वक्त जरूरत पर कैबिनेट में नया महकमा ही सिरज दिया जाता है उसी ढर्रे पर तारबाबू ने हमलोगों के लिए "उत्पाती" के आक्षेप सम्बोधन से एक नया वर्ग ही बना रखा था। तारबाबू द्वारा दिया गया तमगा हमें एकमात्र सन्तान की तरह प्रिय था।

तब बुक स्टॉल एवं डाकघर हमारे दीर्घकालिक ठिकाने थे और पत्रिकाएँ स्थायी शगल जिसमें हम इतना रत रहते थे कि हम कभी कयास भी नहीं लगा पाए कि आगे चलकर मनीऑर्डर आने पर पत्रिकाएँ खरीदने और महीने के अन्त में चाय का जुगाड़ करने के लिए उसे कबाड़ में बेचने की स्थायी मासिक नियति बन जाएगी।

अविनाश हमेशा ऐसे ही बोलता था। "माँची-निवास" के विपरीत माँची के दिनों में हमें वह अखरता नहीं था। उन दिनों हम लोग एलबम में नहीं सजे थे। हमारे पास साझाओं की एक श्रृंखला थी–"साझा किताब, साझा हुड़दंग, साझा सपना।"

इस साझेपन से सबसे पहले अविनाश ही स्वैच्छिक बेदखल हुआ था। वह "अर्थ" का "शास्त्र" पढ़ता था। एक रोज बेलसंड डाकघर के बाहर पड़े बेंच पर बैठकर यों ही अखबार पलट रहे थे तो उसमें शीतल पेय की एक कम्पनी में अधिकारी पद का विज्ञापन देखकर अविनाश ने यों ही आवेदन कर दिया और भूल गया लेकिन यूँ ही एक दिन बुलावा भी आ गया। कई "यों ही" के बाद "ज्यों ही" वह एक दिन चला गया बाकी बचे उत्पातियों को हताशा ने आ दबोचा। दरअसल, वह अविनाश का आभामंडल था जिसके आलोक में उत्पती लोग कुलाँचे भरते थे, आग मूतते फिरते थे। उसके जाते ही उनके चेहरे पर बसन्त की जगह पतझड़ उतर आया।

अब माँची हमें बैरी लगने लगा था। "रोजगार समाचार" तो पूरा धोखेबाज निकला। ऊपर से माँची में कुछ दिलजले वितंडाबाज प्रकट हो गए। वे हमें सुनाकर कहने लगे थे–पीठ पर हाथ चलाना बहुत आसान है, ढोल पर हाथ सध जाए तब न जानें। जल्दी ही उन्होंने अपनी नस्ल का विस्तार महामारी के वाइरस की संख्या में कर लिया। उन्होंने ढोल-पीठ वाले भदेस कटाक्ष को आमफहम बना दिया। माँची में हमारी भूरि-भूरि निन्दा होने लगी।

बाजदफे हम उनकी गोष्ठी में समन्वय की मजबूर चाहत से शामिल हो जाते और वे इसे तारकर हम पर घनघोर करुणापात करते थे कि उनके दामाद का चचेरा भाई या ससुर का भतीजा या साढ़ू के लड़के के हाथ में बहुत कुछ है, वह बड़ा नेक है, वह हमें कहीं न कहीं लगवा देगा। ये बातें हमें बड़ी रास आतीं, हम आदरभाव से लबालब हो जाते। हम छलकने-छलकने को ही होते कि वे मतलब का बड़ा करछुल डालकर बड़ी मात्रा में सहज अपनापन निकाल लेते–"उनकी लड़की बहुत सुशील है। जिस घर में पैर रखेगी उसका कायापलट कर देगी।" हमारा घर जैसा था वैसा ही हमें अच्छा लगता था। कायापटल की आशंका से हम डर जाते। करुणा

की बारिश में अचानक ओले पड़ने से हम ''हम अकेले ही जाएँगे जानिबे मंजिल पर'' हो जाते। वे हमें नाना प्रकार से समझाते, हम उन्हें एवम् प्रकार से टाल देते।

उत्पातियों तथा पीठ और ढोल वाले भदेस कटाक्ष को नए सिरे से प्रचलन में लाने को आतुर दिलजलों के बीच एक अनजाना संघर्ष छिड़ गया था। वे कहते– ''हंसा तो मोती चुगे।'' वे हमे हिकारत से देखते और हम उन्हें उपहास से टाल देते। संघर्ष में हम कमजोर नहीं थे लेकिन उनका धैर्य शैतान की आँत की तरह था जिसका विस्तार योजनाओं में था। जिसे समेटने में देवताओं का पसीना छूटना सुना गया है तो भला हम किस खेत की मूली, गाजर अथवा चुकन्दर थे। हमारी सीमा यह थी कि हमारी आँतें आदमी मॉडल की थी। दिन के उजाले में फिर भी आँतों की खींचा-खींची को निबाह ले जाते लेकिन रात के अँधेरे में हमारे मस्तिष्क के छोटे क्षेत्रफल में असंख्य चमगादड़ सक्रिय हो जाते। अँधेरा-प्रेमी चमगादड़ उड़ते, मस्तिष्क की दीवारों से टकराते। उनके तीखे नख-दन्त वहाँ खरोंच लगाते। खून की गर्म धारा मस्तिष्क से हृदय में टप-टप चलने लगती। हृदय के वायु स्पेस में अवांछित द्रव के आने से हमारी साँसें फूलने लगतीं। हम बेचैन हो जाते।

एक ओर ''ढोल'' और ''पीठ'' लोगों से हमारी अदावत बढ़ती जा रही थी तो वहीं हम नालायकों के बेबस पिता की आँखें गड्ढे से कुआँ बनती जा रही थीं। उसे और टालने की कुव्वत हममें न रही। सामने नहीं रहेंगे तो नहीं देखेंगे, दिन तो बीत ही जाता है, इसी भाव से भरकर एक दिन पिता का सशंकित आशीर्वाद तथा कतर-ब्यौंत से बहन की शादी के लिए माँ द्वारा पिता से छुपाकर जमा की गई पूँजी को झपटकर अपनी बेपनाह मोहब्बत के बावजूद माँची से अश्रुविगलित महाप्रस्थान कर गए थे। इसके पीछे एक और खेल था। हमें बतलाया गया था कि अवसर-फल दिल्ली-पेड़ पर फलते हैं। अच्छा ऐसा! हमलोग विस्मित हो गए थे। विस्मय के ही क्षण में ''ढोल'' और ''पीठ'' लोगों ने हमें उकसा दिया था कि अवसर-फल पक चुका है। उसे दिल्ली-पेड़ के नीचे पहुँचकर लपक लेना है। सच में अवसर-फल वहाँ था भी। बस हमसे इतना छुपा लिया गया कि उसके डंठल लोहे के हैं। उसे काटने के लिए तेज दाँत वाले हथियार की जरूरत थी। हम जल्दी में थे। हम अपने साथ कुछ नहीं लाए थे।

तब हमें कुछ नहीं पता था। हमें नहीं पता था कि माँची से निकलकर ''माँची-निवास'' में कैद हो जाएँगे। अपने तईं हम माँची के टुच्चेपन से दिल्ली के खुलेपन में जा रहे थे।

अविनाश के शीतल पेय की ठंडाई में खो जाने पर परिस्थितियाँ इस कदर बदलीं जिसे आमूल-चूल कहा जाता है। माँची के दिनों के संग-साथ से हमलोग चिट्ठी पर आएँ और फिर दूरभाष होते हुए एलबम में आकर निश्चित हो गए। हमें

असहुलियत तब होती जब गाहे-बगाहे अविनाश इस निश्चिन्तता में अनजाने ही खलल डालने का प्रयास करता।

माँची के दिनों एवं ''माँची-निवास'' की व्यवस्था में किंचित अन्तर था। ''माँची-निवास'' का कायदा था–''क्या फर्क पड़ता है।'' यहाँ एक-दूसरे में उत्सुकता दिखलाना अपराध था। कोई किसी से दिल भले ही सिकोड़ ले, नाक-भौं नहीं सिकोड़ सकता थ। यहाँ सामूहिक आस्था नहीं व्यक्तिगत स्वतन्त्रता का सम्मान था। सबके अपने-अपने राम थे। किसी के लिए कायर एवं अन्यायी जो क्या बालि, क्या शम्बूक अपनी गर्भवती पत्नी तक के साथ न्याय नहीं कर पाया तो किसी के लिए वही राम मर्यादा पुरुषोत्तम थे, जो व्यष्टि से ज्यादा समष्टि हित की चिन्ता से इस कदर परेशान रहते थे कि अपनी पत्नी को घर से निकालने में तनिक भी हिचक नहीं दिखलाई।

गहन अवसाद से घिरे ''माँची-निवास'' अविनाश के फोन ने उस दिन कुलबुलाहट ला दी थी। फोन शलभ ने उठाया था। अननोन एसटीडी कोड देखते ही वह स्पीकर ऑन कर देता।

''हैलो।...साले को मैं जान से मार दूँगा। (इशारा मेरी ओर था।)''

''भाई साहब तैयार बैठे हुए हैं। कुछ एसाइनमेंट ऊपर भी निबटाना है।''

''मैं अविनाश हूँ।''

''ओऽऽ!'' शलभ मेरी ओर देखकर मुस्कुराया।

''मैं यहाँ सड़ रहा हूँ और तुम लोग मौज मना रहे हो। मुझे भी बुला लो न।'' अविनाश ने मनुहार किया।

''यहाँ क्या मौज है?'' शलभ का स्वर बदला हुआ था।

''ऐटलीस्ट'' तुमलोगों के पास एक साथ रहने का...।

''कुछ न कुछ ऐटलीस्ट हर शहर में, हर किसी के पास होता है, जो ऐटलिस्ट तुम्हारे पास है वह हमारे पास कहाँ है यार।'' शलभ ने मेरी ओर देखते हुए उँगली फिसलाकर मुद्रा का इशारा किया।

''तो मैं नहीं आऊँ?''

''तुम हवा हो। जिधर चाहोगे बहोगे। हाँ, एक बार सोच जरूर लो। धूल नहीं उड़ाना। दम घुटने लगता है।''

''हवा भी अपनी मर्जी से कहाँ बहती है। उसे भी कारकें प्रभावित करते हैं।''

दूरभाष के माध्यम से सम्पन्न हुई अल्प पहर की यह वार्ता हृदय की धड़कन बढ़ा देने वाली थी। दरअसल यह वार्ता ऐसी नवनिर्मित नाली थी जिससे ''माँची निवास'' में बड़े जतन से सहेजी गई घाघ मतलबी बजबजाहट पहली बार बहकर बाहर आई थी।

तब जबकि हम एक-दूसरे से मुक्ति की चाह में नियति के सतत सजदे में थे। अविनाश के कभी भी पधार देने की आशंका किसी अनचाहे लाल फोड़े की टीस-

सी महसूस होती। अविनाश का यह कहना कि हवा भी अपनी मर्जी से कहाँ...ने सुखकर नश्तर का कार्य किया। फोड़े का मवाद बह गया। हमें सुकून महसूस होने लगा। ''माँची निवास'' ने अविनाश को ऐसे ही बिसरा दिया जैसे बरसात खत्म होते ही माँची के लोग उसे भूल जाने की चेष्टा करते हैं। लेकिन बाढ़ है कि फिर भी आती है। माँची को टापू बना देती है। अविनाश भी आया और साथ लाया पुरानी यादों का सैलाब। माँची निवास का सूखा टुच्चापन इस तात्कालिक सैलाब में डूब गया। माँची से देर-सबेर बाढ़ का पानी उतर जाता है। अविनाश भी एक दिन चला गया। माँची को अब भी नियमित रूप से साल-दर-साल बाढ़ की सौगात मिलती है लेकिन माँची के साथ प्रकृति एवं मौसम का जितना सरल सम्बन्ध है वैसा रिश्ता अविनाश का ''माँची-निवास'' के साथ नहीं बन पाया। अविनाश ''माँची-निवास'' से किसी पीपल के दरख्त की तरह उखड़ा जिसे फिर से मिट्टी से बाँधने का विचार मात्र भी हास्यास्पद की श्रेणी में आएगा।

इधर, सरकार हमलोगों को अपनाने में अपने को असमर्थ पाने लगी थी। (सरकार की बेचारगी को समझकर हमलोग ''इम्प्लायमेंट न्यूज'' से क्लासिफाइड पर आ गए थे। तथा अपनी मौलिक क्षमता का उपयोग-प्रयोग, करिकुलम विटा में गैरजरूरी आकर्षक सूचनाएँ ठूँसने में करते रहते थे।) उधर अविनाश अपने दफ्तर में विज्ञापन के उद्देश्य से लिए गए नाजुक शरीर की कामुक अदाओं से उत्पन्न गर्मी एवं शीतल पेय की ठंडी में सन्तुलन साधने में लगा रहा। बीच के वर्ष हमलोगों ने असफलता के वृक्ष पर कुंठा के फल उगाने में गुजारे। इस दौरान हमारी तोंद के साथ अविनाश का एकाउंट बढ़ता चला गया। यह वृद्धि उसे अब कचोटने लगी थी। ''माँची-निवास'' आकर वह कुछ उेसा करना चाहता था जो सार्थक हो। एनजीओ चलाते हुए शलभ की कई बार सार्थकता से मुठभेड़ हो चुकी थी। वह सार्थकता से चिढ़ा हुआ था। शलभ कहा (जिसे हमलोग बका कहते थे) करता था–''एनजीओ चलाना और दूध बेंचना दोनों जघन्य है।''

''कैसे भाई?''

''किसी मानव माँ से पूछो कि अगर उसके बच्चे को हटाकर उसका दूध दूह लिया जाए तो उसे कैसा लगेगा। और एनजीओ? वहाँ एक छौने का ही नहीं पूरे समुदाय का हित मारा जाता है। बिना पत्रम् पुष्पम् के फंड नहीं मिलता। फिर कार्यकर्त्ता है या नहीं। काम का सम्बन्ध कागज से है और फंड का कार्यकर्त्ता से। इस बीच सार्थकता कहीं नहीं है।''

अविनाश जब शीतलता की छाँह में चला गया था तो हम (मैं और शलभ) दिल्ली आ गए थे। और उबाऊ निरर्थक श्रम के बाद शर्मसार थे। माँची से निकलते हुए हमारे पास विकल्पों की फेहरिस्त थी जो असफलता की ठंड में अब तक इस

कदर सिकुड़ गई थी कि उस पर लिखे एक हर्फ भी पकड़ में नहीं आते। सभी सरकारी ओहदे हमारी उम्र से छोटे रह गए थे। शलभ ने एनजीओ ठान लिया था। मैं बेमन से अवसर के साथ ''गणित वाले बन्दर'' का खेल खेल रहा था।

हारे हुए कायर क्षण में हम धर्म की ओर भी लपकते थे। हम वहाँ जाकर आस्था अरजना चाहते थे। लेकिन आस्था नॉटी बॉल बन चुकी थी वह हमारे पाले से उछलकर विस्तृत शून्य में खो जाती। धर्म के दरबार की कोई एक आयत, ऋचा या वाणी हमारा साथ नहीं देती। हम समाधान पूछते, वो कहते, ''विश्वास करो। हम आगे के लिए कोई सँकरी-सी गली तलाश रहे थे। वे अतीत के राजमार्ग के वैभव का बखान करते। जिसकी हमें छूट न थी, लीला के नाम पर तमाम अनाचार वहाँ वरेण्य थे। हम प्रश्न करते, वे कहते संशय पाप है। आखिर वे हमें बिदकाकर ही छोड़ते।

इन्हीं दिनों सुभद्रा की खत्म होने वाली मौजूदगी से आशंकित मन:स्थिति ने मेरी वस्तुस्थिति वहशते दिल वाली कर दी थी। अविनाश अपने शहर से मार्फत दूरभाष से लम्बी-लम्बी बातें करता (बल्कि करना चाहता था), जबकि शर्मसारी में हमने गम्भीरता की पुख्ता दीवार खड़ी कर ली थी। अविनाश का फोन जाने-अनजाने इस दीवार में सेंध लगाना चाहता था। दीवारें पुख्ता थीं। हथियार ही भोथड़े साबित होते।

अविनाश के पास शहर, ऑफिस, लड़की एवं फैशन स्ट्रीट के दिलफरेब किस्से थे जबकि मेरे पास थी–''प्यार की उदास गलियाँ।'' मैं उसका बखान क्या बयान भी नहीं कर सकता था। उसकी उत्कंठा का हमारा जवाब होता–''ठीक है रखो।'' वह भड़क जाता। बिल तुम चुका रहे हो या मैं। मैं उसे नहीं समझा पाता कि चाहे बिल मुझसे चुकवा लो पर फोन रख दो। ऐसे ही एक दिन अविनाश ने बिना किसी भूमिका के सूचना दी–''मैं कल पहुँच रहा हूँ।'' सूचना को मैंने 'माँची निवास'' में अग्रसारित किया तो शलभ झटके की बेचैनी से चौकन्ना होकर बोला–

''अच्छा कब? कहाँ रुक रहा है?''

''क्या मतलब?''

''इसमें मतलब पूछने वाली कोई बात नहीं है, नादान मत बनो।''

''हमारे साथ और कहाँ?''

''अच्छा!'' उसके चेहरे पर मुस्कान फैल गई। पता नहीं उसमें चतुराई-भरा कटाक्ष था या आत्म-भर्त्सना की बेबसी।

''लेकिन इस हालात में वह यहाँ कैसे रहेगा? उसकी आमदनी बीस हजार है जिसके तिहाई में यहाँ तीन लोग बसर करते हैं। फिर उसे सब कुछ स्थगित कर यहाँ आने की...। अच्छी नौकरी है। यहाँ आकर उसे और क्या पाना है?''

''वह अपने जॉब से सटिस्फाइड नहीं है।''

''सटिस्फैक्शन चाहिए...! माँची निवास में मिलेगा...! खैर तुम जानो। तुम उसे अपने कमरे में रखोगे। उतनी लम्बी-लम्बी बहसें अब मैं नहीं कर सकता। रसोई का कबाड़ा समेटकर छज्जी पर रखे दो। अब से खाना घर में नहीं बन पाएगा। डब्बेवाले को बोल दो। तुम दोनों की पसन्द व्यापक है। और तुम दोनों मिलकर 'दो' नहीं 'ग्यारह' हो।''

आज सोचते हुए लगता है कि शलभ की जो बातें उस दिन कटु और वाहियात सी लगी थीं शायद वहीं कुछ दिन अविनाश के टिक पाने का कारण बनीं। अविनाश को महीनों इस बात का पता नहीं चला कि हम लोग एक साथ रह नहीं रहे थे बल्कि एक-दूसरे से मुक्ति के लिए नियति के समवेत सजदे में थे। उसे अगर आभास मात्र भी हो गया होता कि हमलोगों ने बहुत सारे दिन और उससे भी ज्यादा रातें सत्तू एवं सिगरेट पर इसलिए काट दी हैं कि पहल कौन करे तो बहुत पहले फर्क पड़ गया होता।

अविनाश को जब तक पता चला तब तक माँची निवास का पुराना ढब-''क्या फर्क पड़ता है'' एक बार फिर लौट आया था। इस बार कुछ और मजबूत होकर इतना कि अविनाश का जाना माँची-निवास को उतना भी नहीं अखड़ा जितना किसी सार्वजनिक शौचालय के पास से गुजरते हुए वहाँ की बदबू कुछ समय के लिए अखड़ जाती है।

''माँची-निवास'' की आँखों में पानी नहीं बालू था जिसे सबने अविनाश के जाने के बाद झाड़ दिया।

अविनाश के आते ही बहस-मुबाहिसे का दौर शुरू हो गया था। टकराहट-भरा ही सही माहौल में दोस्तानापन उभर आया था। लेकिन यह सुखभाव ऐसा था जैसे कि जेठ दोपहरी में झपकी लेता हुआ कोई व्यक्ति मुकम्मल इन्द्रधनुषी सपना देख ले।

सुनयन उन दिनों ''तेरी दुनिया में दिल लगता नहीं'' था। सुनयन शलभ का वास्तविक एवं मेरा परिस्थितिगत (माँची-निवास में अस्थायी प्रवासी होने के कारण) मित्र था। वह महाराष्ट्र में एक फैक्ट्री चलाता था तथा किसी कुकुरमुत्ता संस्था से उभरते हुए व्यवसायी का बेमतलब तमगा पा चुका था। जनता की पीड़ा से बेचैन होकर विदेश के सामने कमजोर प्रमुदित खड़ी हो गई सरकार को एक विदेशी कम्पनी ने धोबिया पाठ पढ़ाया तो उस क्षेत्र में बिजली का अभूतपूर्व संकट उत्पन्न हो गया। कुकुरमुत्ता संस्थान के इस उभरते हुए युवा व्यवसायी के पास छह महीने की प्रतीक्षा के बाद मशीन को भंगार में बेचकर रणछोड़ जी बनने के सिवा और कोई अवकाश न रहा। वह इस शहर में उड़कर आ गया था और अपना आकाश तलाश रहा था।

दिखावे में सुनयन स्थिति को धैर्य से स्वीकारते हुए मेरे साथ जामा-मस्जिद वाले इलाके का चक्कर लगाता था लेकिन सोये अँधेरे रात के नितान्त अकेलेपन में बड़बड़ाता रहता-''मैं होटल ताज में मखाना भूनकर बेचूँगा। बोलूँगा...मानसरोवर सुना होएँगा

उधरइच उपजता है। हर कोई अफोर्ड नहीं कर सकता। पाँच सौ रुपए का सौ ग्राम...। मिथिला से मुम्बई पहुँचाना है बस। करोड़ों रुपए की कमाई। वाह-वाह...मानसरोवर सुना होएँगा...उधरइच उपजता है...हर कोई अफोर्ड नहीं कर सकता...।''

हम लोग भी बेवकूफ थे। समय, समाज, नियति के अनेक चाँटे खाने के बाद भी चुहल हमसे न छूटती थी। उस रोज हम लोगों ने आकाशझूला झूलने के लिए मीना-बाजार का प्रोग्राम बना लिया। सुनयन बिना टिकट लिये ही प्रवेश करने लगा। द्वारपाल ने टोका तो उसने उसे एक थप्पड़ रसीद कर दिया। तो लिखा क्यों है कि आप सभी का स्वागत है, अंटी ढीला करवाकर...मार रहे हो या स्वागत कर रहे हो। मीना-बाजार में हम लोगों ने एक कुर्सी खरीदी। बाहर एक सज्जन ने पूछा ''कितने का है?'' सुनयन बोला-''लॉट्री लगी है।'' काली मन्दिर के पास आकर प्रसाद वाली दुकान से लड्डू खरीदा और खाते हुए चल दिया।

वह कई-कई दिन लगातार चुप रहता और फिर किसी नई योजना का प्रस्ताव समझाने लगता।

दिनभर की चुप्पी के बाद एक सन्ध्या वह मेरे पास आया और बोला-''एक लड़की ढूँढ़ो। सुन्दर, झकास।''

''क्या करना है?'' मजाक के मूड में आ गया।

''शादी।''

''...।''

''हाँ एक आइडिया है। अब तक क्यों नहीं आया। इतना समय मैंने तुम लोगों की मनहूस सूरतों को देखते हुए जाया कर दिया। पत्नी को पार्लर का कोर्स करवा दूँगा। फिर मेन सैलून खोलूँगा। लड़की कटिंग करेगी। दुकान पर लम्बी लाइन रहेगी।...महीने में हजार, लाख, करोड़...।'' वह लगातार बोले जा रहा था। मैंने खीजकर कहा-''अब बन्द करो।'' वह बोला, अभी ही। दिन भर का स्टॉक है।

जब वह रौ में आता तो बोलता ही चला जाता। ''आइडिया'' उसका एकमात्र ''थीम'' था जिस पर वह धारावाहिक रूप से बोलता। शलभ कहता था, ''बिजली नहीं इसकी प्रेमिका ने इसे दर-बदर किया है।'' एक दिन हिम्मत करके मैंने उसकी प्रेमिका का नाम पूछ लिया तो वह ''ऐ गमे दिल क्या करूँ'' हो गया। बहुत लम्बी चुप्पी के बाद जब तक कि मैं अपना उत्सुक प्रश्न भूल चुका था, वह बोला-''ईमानदारी।''

और उस रोज तो गजब हो गया। सुखी लाल-करोड़पति परिवार की नकल में रात को हम लोग इंडिया गेट पर जाकर आइसक्रीम खाने की चाहत से मचल पड़े थे और इस गुस्ताख आकांक्षा की जुर्रत के एवज में पिटकर आ गए थे।

इंडिया गेट पर टहलते हुए हमने महसूस किया कि सुनयन हमारे साथ नहीं है। उस छोटी-सी दुनिया में थोड़ी देर भटकने के बाद हमने पाया कि वह ''परी'' से बात

कर रहा है। हम लोग टहलने लगे कि अचानक उठे शोर की ओर ध्यान गया। हमने देखा सुनयन कोलाहल के बीच चिल्ला रहा था–"साली रं...।""परी" गुलाम भाषा में न जाने क्या बोल रही थी कि सबने सुनयन को ताबरतोड़ देना शुरू कर दिया। "परी" टाइट जींस एवं झीने गुलाबी टॉप में बेंत का वैलेट लिये सचमुच इतनी परी लग रही थी तथा उसके अंगों के गठन उसके शब्दों की इस तरह गवाही दे रहे थे कि सबने कहा कि ये शोहदे बड़े गन्दे होते हैं। जतन से तराशा गया "परी" के बदन ने लोगों से इस तरह अपनापन बना लिया था तथा हमारे चेहरे की मनहूसियत के बोरे से स्पष्टीकरण का कोई भी सेफ कॉरिडोर इस तरह जाम हो गया था कि हमारे किसी शब्द का कोई अर्थ न रहा और हम लोगों ने स्वीकार कर लिया–"हाँ, हम शोहदे बड़े गन्दे हैं।" बाद में सुनयन ने बताया कि...। छोड़िए उस रात हमलोग साबूत लौट आए थे।

अविनाश ने जब "माँची निवास" आने की बात की तो सुनयन, जिसका अविनाश से अब तक बाता-बाती क्या देखा-सुनी भी नहीं था मुझसे अविनाश का नम्बर लेकर अपने पैसे से फोन करके न आने की बिन माँगी हिदायत दे डाली।

सुनयन कहीं कुछ काम करने जाता था। क्या? कहाँ? किसी को कुछ मालूम नहीं था। शलभ उसे कहता–"तुम मेरी संस्था में आ जाओ," तो वह उग्र हो जाता, "मेहरबानी नहीं।" शलभ उसे आश्वस्त करने का प्रयास करता। "तुम वहाँ से जितना ला पाते हो...।" सुनयन बीच में ही कातर हो जाता। "संग्रह हो जाने पर लुट जाने का खतरा रहता है।" फिर आक्रामक हो जाता। "मैं तुम्हारे साथ मकान में रह सकता हूँ। यहाँ 'साथ' का मतलब साथ है। तुम्हारी संस्था में 'साथ' का मतलब 'अंडर' होगा। यह न मुझे बर्दाश्त होगा, न तुम झेल पाओगे।"

जब कभी ऐसी बातें होती तो दोनों में संवाद बन्द हो जाता। सूचनाओं का आवागमन मेरे एवं वायु के माध्यम से होता। शलभ उसे सुनाकर मुझसे पूछता, "खाना खाएगा?" सुनयन छत की ओर निहारते हुए कहता, "मरने का सुविचार अभी नहीं पनपा है।"

सुनयन का एक परिचित कापसहेड़ा में रहता था। उसके बारे में तफसील लेने का प्रयास जब हमने किया तो वह बोला, "आदमीयता है। 'आदमीयता है' बड़ा ही माई डीयर किस्म का इनसान था। जब हम वहाँ जाते तो वह हमें सामिष भोजन मधुर आग्रह के साथ कराता। सो कभी-कभी हम उसे आतिथ्य का पुण्य लाभ कराते। कापसहेड़ा जाते हुए रास्ते में सीमोन द बोउआ मार्ग पड़ता है, जहाँ बहुत सारे बन्दर रहते हैं। वहाँ बड़ा ही सुन्दर-सा दृश्य होता। आपको विश्वास करना पड़ता कि दुनिया में 'आदमी और आदमी के बीच ही नहीं आदमी और पशु के बीच भी (आ ह हा!) निश्छल प्रेम-भाव है।"

सीमोन द बोउआ मार्ग पर अनेक देशी-विदेशी कारें रुकतीं जिससे हाइप्रोफाइल साहेब, लकदक से कसे कपड़ों में सुगठित कन्याएँ तथा रॉक छाप बालक ''मंकी'' को ''बनाना'' छील-छीलकर खिलाते। वहाँ विदेशी कल्याणकारी संस्थाओं एवं उनके लगुए-भगुए एनजीओ के काम आने वाली एक नंग-धड़ंग बाल-आदम टोली बिखरी होती...उनके पेट की भूख हमारे पेट में समा जाती...भूखे हम...हम भी सीमोन द बोउआ मार्ग के किनारे खड़े हो जाना चाहते थे। लेकिन सभ्यता विकसित हो गई थी। हमारी पूँछें झड़ चुकी थीं, उसे हम फिर से नहीं जोड़ सकते थे। सभ्यता के बंजर विकास पर ऐंठकर रह जाते। दुखी...बेबस कापसहेड़ा की ओर चल देते।

''माई डियर'' जिस तिमंजिले चाल में रहता था उसमें पचास से अधिक पिंजरेनुमा कोठरियाँ थीं। पूरे चाल में निवास करने वाले जीवों का शुद्ध आँकड़ा तो कोई संगणक ही दे सकता है। वहाँ इतने लोगों के लिए बमुश्किल तीन शौचालय थे। सुबह के वक्त लोग पंक्तिबद्ध पैर से पैर सटाकर खड़े रहते एवं बदन ऐंठते हुए अपने नम्बर की रक्षा के लिए ''जो होगा सो देखा जाएगा'' के भाव से लड़ते-भिड़ते रहते।

''माई डियर'' के यहाँ आदर से प्राप्त खाने को डटकर बेरहमी से खाने से उत्पन्न खुमारी, ताश, सम्बन्ध, मिलान, पिंजरावासियों की कचर-बचर से उकताकर एक-सवा दिन बाद ही ''माँची निवास'' लौट आते। सचमुच, तब एक-दो दिन बिना गोली के ही नींद आ जाती।

उस रोज शलभ बोला–

''चलो जनपथ चलते हैं। स्वस्थ, सुन्दर और सुडौल कन्याओं के दर्शन हुए बिना युग बीत गए।'' वह गुनगुनाने लगा–''युग बीता मोहे चैन न आई।''

दिल्ली आने पर गुरु मूल्य वाले मल्टीप्लेक्स के मारक प्रहार के कारण उम्र के इस मकाम पर फिल्में हमसे ''नैहर छुटा ही जाए'' हो गया था। ससुराल की अभिशप्ति में जनपथ के आस-पास मँडराकर हम अपने ऐन्द्रिक सौन्दर्यबोध की आहत पुकार को तुष्ट करते थे।

''नहीं...नहीं...नहीं...बिलकुल नहीं। वहाँ देवियाँ विचरती हैं। अदाएँ बिकती हैं। हमारे वश का नहीं है यह सब। हमारा गन्तव्य तो कापसहेड़ा है।'' सुनयन बोला।

''वहाँ बड़ी मुश्किल है यार।'' मैंने कहा।

''जैसे जामा मस्जिद के हॉकरों की बदहवासी वैसे ही कापसहेड़ा का दुख।'' शलभ का तर्क था।

''अरे नहीं। वहाँ कई लोगों से अपनापा हो गया है। अपनों के दुख देखे नहीं जाते। अन्यथा क्या मतलब है। माँची छोड़कर माँची-निवास में रहने का।'' न जाने उस क्षण कैसे मैं ''नॉस्टालजिक'' हो गया था।

"जामा मस्जिद का क्या चक्कर है?" अविनाश ने मुझसे पूछा।

"कुछ नहीं।" जवाब सुनयन ने दिया। फिर मुझसे बोला, "चलते हो कापसहेड़ा?"

"नहीं। दूसरों के अपेक्षाकृत बड़े कष्ट में राहत महसूस करना...। नहीं...।" मैंने कहा।

"हाँ। सैडिज्म का शिकार मत बनो।" अविनाश बोला।

यह सुनते ही सुनयन आक्रामक हो गया। तुम दोनों बहुमत पर चलते हो। क्या शलभ? सुनयन का आक्षेप मेरे एवं अविनाश के ऊपर था। शलभ चुप रहा लेकिन आहत अविनाश की आँखों में उस पक्षी की निरीह किंकर्त्तव्यविमूढ़ता उतर आई जो शिकारी का गुलेल देखकर उड़ना भूलकर जड़ हो गई हो। उसके चेहरे की चमड़ी जगह-जगह से हिलने लगी। पलक का उठना-गिरना असामान्य-तीव्र हो गया। वह नाक को फैला-फैलाकर साँस लेने लगा।

बहुत देर बाद वह संयत हुआ और पूरे प्रयास से उसने आवाज निकाली।

"क्या शलभ?"

"हाँ" शलभ बोला।

"ऐसा पहले भी लगता था या आज पहली बार ऐसा हुआ है?"

"हमेशा नहीं पर मैंने कई बार ऐसा महसूस किया है।"

"माँची के दिनों में भी?"

"नहीं...शायद...हाँ।"

यह अनहोनी थी या नियति की पूर्व सूचना मन उस रोज विचार नहीं कर पाया। "बहुमत" शब्द गुप्त स्थानों की खुजली की तरह परेशान करने लगा। किसे कहते? और क्या कहते? फिर भी अब तक स्पष्ट आक्षेप की परम्परा "माँची निवास" में नहीं थी। बहुमत वाला आक्षेप मन पर ऐसे चिपक गया जैसे यूकिलिप्टस के सुन्दर, सफेद एवं आकर्षक तने पर काला, भद्दा फनजाई उग आया हो।

"माँची-निवास" में पहली घटना थी जिसने अविनाश को चटखाया था। अविनाश रक्षात्मक हो गया और उग्र भी। रक्षात्मक औरों के साथ तथा उग्र मेरे प्रति। उसमें न्यायपूर्ण होने का ही नहीं न्यायपूर्ण दीखने का भी घातक आग्रह था। जो गठजोड़ था ही नहीं उससे स्वतन्त्र दीखने पर आमदा हो गया। "माँची-निवास" में किसी और के रहने पर चाहे वह शलभ अथवा सुनयन ही क्यों न हो अविनाश मेरे साथ नाश्ता करने भी नहीं जाता। इसी के बाद एक दोपहर मैंने खून बेचकर रुपए वापस करने का क्षणिक निर्णय ले लिया था।

उस दोपहर अविनाश ने मुझसे पूछा था।

"तुमने घर पत्र लिखा?"

"नहीं। क्या लिखूँ। कुछ कहने को हो भी तब न!"

"और प्रशंसिकाओं को कहने के लिए बहुत कुछ है। मादा नाम देखते ही लट्टू हो गए। अरे गँवार, सब की सब मोटी, थुलथुली और जिन्दगी से ऊबी हुई होंगी। जिन्दगी में प्रेम नहीं है तो कविताओं में ढूँढ़ती हैं।"

अतीत के किसी भावुक आत्ममुग्ध क्षण में मैंने कुछ प्रेम-पंक्ति टीप दी थी। जिसके साया होने के बाद मुझसे भी कुछ ज्यादा भावुकों के पोस्टकार्ड जी सम्बोधन के साथ आए थे। खीजने पर अविनाश बिफरता। "इन्हें सँजोने के बदले माँ-बाप की आकांक्षाओं को सँजोए होते...। साला ऐसा दिल्ली से वहाँ कौन जाता होगा जिससे वे अपने राजकुमार का हाल-जरूरत नहीं पूछते हैं लेकिन राजकुमार का तो हाथ थड़थड़ाता है। एक कातिब ला दूँ।"

सच था। लेकिन उस क्षण अविनाश के अधिकारपूर्ण दुत्कार को सुनकर रोष उत्पन्न होने लगा कि मेरे देह में कदम उठाने वाली आग क्यों नहीं लगती? दरअसल पूरे माहौल में ही कुछ ऐसा था जिससे हर कोई तंग आ गया था। लेकिन हम तंग आकर ही रह गए थे। हम पुआल से उत्पन्न किए गए धधरे की तरह थे जो बड़ी तेजी से उठकर और जल्दी से खत्म हो जाता है।

"क्या बोलने लगते हो।" मैं संकुचित हो गया।

"क्या बोलता हूँ। दुनिया में किस कोने में कौन 'लिबरल' है और कौन 'कंजरवेटिव' उस पर घंटों माथा खखोर सकते हो लेकिन जिसका खून चूस रहे हो उनके लिए दो शब्द भी तुम्हारे पास नहीं है। 'इंटलेक्चुअल' जो हो।"

"यह दावा मैंने कब किया? और खून क्या चूसता हूँ। वे अपनी जिम्मेदारी...।" मैं तैश में आ रहा था।

"निभा रहे हैं।" बात अविनाश ने पूरी की, फिर आगे बोला, "हे राजकुमार, तुम क्यों नहीं निभाते।"

"मैं क्या करूँ?" जतन से जुटाई गई मेरी दृढ़ता में दरार आने लगी थी।

"तुम अपाहिज नहीं हो।" वह आत्मीयता चाहता था लिजलिजी भावुकता नहीं।

मैं चुप हो गया। निकलने के लिए कपड़ा बदलने लगा मानो उसी क्षण कुछ करने की ठान ली हो।

"कहाँ चले? इतनी गर्मी में।" उसने अधिकार-भाव से पूछा।

"काम है। जामिया में।" मैंने खिन्नता भरा जवाब दिया।

"आज? वोऽऽऽ? तुमने अब तक आवेदन नहीं किया। पतित हो। चार दिन पहले पैसा लिये थे न! पोस्टकार्ड खरीदकर ले आए होगे सुश्रियों को लिखने के लिए।"

अविनाश की बातों से मेरी तिलमिलाहट बढ़ने लगी। मुझे शक होने लगा था कि वह भी माँची में मौजूद ढोल एवं पीठ वाले कटाक्ष को नए सिरे से प्रचलन में

लाने को आतुरों तथा दिल्ली में हम पर ऐश करने की तोहमत लगाने वाले घाघ दिलजलों के गिरोह में शामिल हो गया है। (माँची-निवास में रहते हुए अपनी उम्र का खयाल कर आवेदन करना, प्रतियोगी पत्रिकाएँ खरीदना आदि कार्यों को आवश्यक आवश्यकता से वैकल्पिक आवश्यकता के कॉलम में स्थानान्तरित कर दिया था। इस वैकल्पिक आवश्यकता को हमसे जलने वाले शौक पालना एवं ऐश करना कहते थे।) मैं संकल्प साधने लगा–"आज खून बेचकर भी इसका पैसा लौटा दूँगा। मुँह पर मार दूँगा। ले रख। तू भी 'ढोल-पीठ, शौक-ऐश' गिरोह का सहोदर निकला।" मैं निकलने लगा। तभी अविनाश बोला, "पानी पी लो। म्युनसपैलिटी का कचड़ा शरीर में नहीं डालना है समझे।"

कुछ दिन पूर्व मुझे पीलिया हो गया था। वह "माँची-निवास" में मौजूद नहीं था लेकिन यह बात उसकी स्मृति में थी। बचने के प्रयास के बावजूद मेरी आँखों में भावना तैरने लगी। सुनयन वहाँ से चुपचाप उठकर चला गया।

अविनाश का न्यायपूर्ण बनने-होने-दीखने का आग्रह तो बना रहा लेकिन साथ ही वह बहुमत वाले आक्षेप से निर्मित रोषभरी अँधेरी सुरंग में समन्व [illegible]नी बिखेरने का प्रयास करने लगा। अब वह कोई भी बात अधिकार भाव से न कहकर आग्रह-भाव से कहता। उसका स्थायी वाक्यांश "होना चाहिए" का रूपान्तरण "होता तो" में हो गया था। लेकिन उसका यह प्रयास नीचे की ओर आ रहे स्केलेटर से ऊपर जाने की कवायद थी और स्वयं उसकी गति स्केलेटर से मन्द थी।

अब मुझे जरा-जरा-सी बात अखरने लगी थी। मैं कनखजूरा नहीं था जिनकी चौरासी टाँगें होती हैं और एक टूट भी जाए तो कोई बात नहीं। दर्द तो उसे भी होता है। हाँ उसकी गति बरकरार रहती है। दर्द के साथ मेरी गति में फर्क भी आ गया था।

इन वर्षों में मैंने अपनी तमाम बाकी रह गई इच्छाओं को नियति के खाते में सप्रयास डाल दिया था, बावजूद इसके एक चीज थी जो कि नियति से उछलकर मेरे मन के रास्ते सीने पर धमक देती रहती थी। सुभद्रा।

अविनाश के आने तक सुभद्रा मेरे लिए "जा तन लागे, सो तन जाने" हो चुकी थी। पेट चलाने के लिए मैंने एक पार्ट-टाइम कोर्स पकड़ा था। सुभद्रा उसी में शौकिया तौर पर मौजूद थी। न जाने वह कैसे इतनी करीब आ गई कि माल रोड के बस स्टॉप पर खड़ी लड़कियों में मेरी रुचि बुझ गई। मेरे ऊपर "बुला रहा है कौन चिलमनों के उस तरफ, का भाव चढ़ गया था।"

उस रोज मैं सुभद्रा के साथ विदेशी रेस्टोरेंट के देशी संस्करण में लंच लेने गया था। सुभद्रा सामने की सीट पर न बैठकर बगल में बैठी। उसने अपने जूड़े खोल दिए। उसके बालों ने उसकी गाल के पूरे विस्तार में फैलकर एक काली चादर तान मेरी आकांक्षा एवं उसकी सहमति के बीच एक आभासी दूरी उत्पन्न हो गई। मेरे अन्दर

महाकवि-महाप्राण का द्वन्द्व आया-"लहर कच कर कमल मुख पर, सार या कि आसार रे कह।"

संस्करण रेस्टोरेंट की चमक-दमक से हतप्रभ एवं मैनर्स से आक्रान्त होकर छुरी-काँटे को उठाने के लिए हिम्मत संचय कर ही रहा था कि सुभद्रा ने अपनी एक पूरी की पूरी हथेली मेरे कँपकँपाते हाथ पर रख दी। वह एकटक मेरी ओर देखने लगी। मनभावन स्थिति से भावविभोर होकर मैंने उससे पूछा, "क्या?" वह अपने सर को मेरे कन्धे पर झुकाकर बोली-

"हम लोग एक-दूसरे को पसन्द करते हैं न।"

"हाँ।" मैंने कहा।

"सच!"

"तुम्हें विश्वास नहीं है?"

"नहीं, बात दूसरी है। मेरे पापा...उन्हें 'हर्ट प्रॉब्लम' है। अगर मैं बिरादरी से बाहर शादी करूँगी तो...तो वे 'हर्ट' होंगे। वे मेरे प्रति बहुत ज्यादा 'पजेसिव' हैं।"

"कोई बात नहीं।" मैंने कह तो दिया पर तत्क्षण मुझे लगा कि विधाता ने धोखा करने के लिए एक बार फिर से सरस्वती का सहारा लिया है। देवी सवार हो गई थीं कुम्भकरण की जिह्वा पर बक दिया था उसने अनर्गल।

"तुम इतनी आगे की बातें क्यों सोचती हो। हमलोग दोस्त हैं।" मैंने कहा।

"सिर्फ दोस्त!" सुभद्रा की आँखें डबडबा आईं। वह उदास हो गई थी लेकिन मैं अविचल था। संग-सुख की चाह के बावजूद मेरे वे दिन काफूर हो गए थे जब तमन्ना बेकरार होती है। कोई भी आशिकी क्या खाकर उतना सब्र तलब करती जितने सब्रजदा हम थे। हम माँची के "ढोल-पीठ" लोगों से मुकाबला कर आए थे तथा दिल्ली में ऐश की तोहमत लगाने वाले के बरक्स खड़े रहे थे। इस प्रक्रिया में हमारी भी आँतें खिंच चुकी थी।

"नहीं जो है। जैसा है।...मतलब कि तुम जैसा चाहती हो।" मैंने कहा।

" ...और तुम कुछ नहीं चाहते।"

सुभद्रा की आँख से एक बूँद आँसू लुढ़क पड़ा। इस एक बूँद आँसू से भावनाओं का जो सैलाब उमड़ा उसमें मैं निर्जन द्वीप बनकर रह गया। निर्जन द्वीप का सन्नाटा मेरे अन्दर घर कर गया। मैं चुप रहने लगा। एक दिन ऐसा भी आया जब सुभद्रा के पिताजी का तबादला हो गया। सुभद्रा रहते हुए भी नहीं थी। उसके पिताजी के तबादले ने इस "नहीं" को और मुकम्मल बना दिया।

एक दुर्लभ क्षण में जब माँची-निवास में सिर्फ मैं और अविनाश थे तो अविनाश ने मुझसे पूछा-

"तुम इतने चुप क्यों रहते हो?"

"तुम नहीं समझोगे।" मैंने कहा।

"यह तो बाद की बात है कुछ कहोगे तब तो।"

"यही तो बात है कि कोई बात नहीं है।" सफेद झूठ की एक पूरी पंक्ति मैंने बिना किसी हकलाहट के बोलने में सफलता प्राप्त कर ली थी लेकिन मैं जानता था कि "कोई बात" है। पता नहीं अविनाश ने अव्यक्त क्या महसूस कर लिया कि उसने बात बदल दी। बहुमत वाले प्रकरण के बाद शलभ अविनाश से कटने लगा था। अविनाश धीरे-धीरे शलभ के न रहने तथा आते ही असहज हो जाने को महसूस करने लगा। उस रोज अविनाश ने पूछा–

"क्या बात है? शलभ आजकल ज्यादा बाहर ही रहता है।"

"नहीं, एनजीओ में तो तबाही है ही।"

अचानक वह ठठा करने पर उतर आया–

"कहीं कोई प्रेम-व्रेम तो नहीं है। और तुम्हें अब तक कुछ हुआ-हवाया या नहीं।"

"मुझे तो तुम जानते हो।"

"हाँ, तुम तो आत्मघुसरे हो। शलभ की डायरी लाओ। देर रात तक न जाने क्या टीपता रहता है। शायद वहाँ से कोई सुराग मिले।"

उसने उछलकर शलभ की डायरी ले ली। आत्मीय चुहल के अधिकार-भाव से उसके चेहरे पर सूर्योदय की लालिमा फैल गई थी। डायरी में वह ज्यों-ज्यों आगे बढ़ रहा था सूर्योदय की कुनकुनी लालिमा दोपहर की चिलचिलाती सफेदी में तब्दील होती चली गई।

डायरी बन्द करके वह निढाल हो गया। उसकी बेहिस आँखें अपलक ऊपर देखे जा रही थीं जहाँ मकड़े की जाली में एक मक्खी फँस गई थी और पंख फड़फड़ा रही थी। एक गिरगिट लपलपाती तृष्णा से उधर बढ़ रहा था। न जाने यह गिरगिट कौन था–"समय" या "सिस्टम"। हमारा मतलबीपन या हमारी कायरता।

शलभ ने लिखा था–

"अविनाश अब भी उस गर्मी को महसूस कर रहा है जिस पर पानी पड़ चुका है और वह धुएँ से घिर गया है। आठ महीने बीत गए उसे यहाँ आए हुए पर वह समझ नहीं रहा है...या समझना नहीं चाह रहा है...या समझना नहीं चाहता। वह तो हाथ घुसाकर गर्मी पा जाता है लेकिन धुआँ हमारी आँखों को कडुआता रहता है। हर रोज लौटने पर पूछता है–"आज क्या हुआ?" हर रोज नया विश्वसनीय झूठ कहाँ से लाऊँ। आजकल प्रयास रहता है घर तभी लौटूँ जब वह सो चुका हो।

उस शाम जब मैं सब्जी लेकर लौटा तो अविनाश बिलकुल मेरे पास खड़ा हो गया। उसकी आँखें मेरे पूरे चेहरे पर इधर से उधर दौड़ रही थीं। वह क्या ढूँढ़ रहा था?

"मैंने तुम्हारी भी डायरी पढ़ी है।"

"अरे तुमसे क्या छुपाया है।" मैंने बचने का प्रयास किया।

"सुभद्रा?" उसके इस एक शब्द से मैं सकते में आ गया। मुझे लगा कि उसने मेरे जीवन के सारे गुप्त कोडों को डिकोड कर लिया है। मेरी घिग्घी बँधी गई थी।

"माँची-निवास" में हमारे-इसके-उसके दोस्त जानने वाले वगैरह-वगैरह आते रहते थे। किसी दुष्ट "वगैरह" ने कभी मेरी अनुपस्थिति का फायदा उठाकर सुभद्रा-कथा की चुगली अविनाश से खाई थी।

"तब आगे भी पढ़ ही लिया होगा कि...क्या बतलाता?" कातरता के लिहाफ में शातिर चालाकी को ढँककर मैं किसी प्रकार बच निकलना चाह रहा था।

"और एक्सिडेंट?"

"...।" तत्क्षण मुझे कुछ नहीं सूझा।

एक रात किसी "वगैरह" से जबरन लिये गए जन्मदिन की पार्टी में मुफ्त का दारू छककर चढ़ा लिया था। लौटते हुए एक बेरहम ऑटोवाले ने धक्का मार दिया। टाँग-हाथ तो नहीं टूटा पर पखवारे तक हल्दी-चूना चढ़ाने की नौबत बनी रहती। फिर क्या था? रिंद "माँची-निवास" के वाशिंदे एवं विजिटरों में समान रूप से बदनाम हो गया था। यह बात न मैंने घर में बतलाई थी और न ही अविनाश को। पर कमबख्त डायरी, मुझे न जाने किस समय इसका चस्का लग गया था।

"मुझे ग्लानि थी।"

"हाँ, अब बीच में यही सब रह गया है। मैं सोचता हूँ?"

"क्या?"

"कि कब क्या होना चाहिए।"

क्या उसी शाम अविनाश ने निर्णय कर लिया था?

पिता के तबादले के बाद सुभद्रा सपरिवार शहर छोड़कर जा रही थी। देवी-दर्शन का लोभ मैं संवरण नहीं कर पाया। लौटने पर सुनयन ने कागज का एक टुकड़ा दिया था जिस पर अविनाश की लिखावट थी–"शायद हम लोग अब एलबम में ही साथ रह सकते हैं।"

वह दिन और आज का दिन अविनाश मुझे फिर से नहीं मिला। एलबम मेरे पास है।

❑❑❑